또
그리움

김천영 목사 에세이 ❷

―김천영 지음―

쿰란출판사

또 그리움

김천영 목사 에세이 ❷

머리말

　인생이란 긴 여행이다. 통상적으로 이미 정해진 루트가 있기도 하지만, 순간마다 모험이자 도전의 여정이다. 이제까지의 인생 여정에서 겪었을 슬픔과 비애, 거부와 순응, 감사와 기쁨, 말할 수 없는 행복한 감정 등 수많은 장면들이 눈앞을 스친다. 그러나 뭐니 뭐니 해도 교회를 근거지로 목회자로서 살아왔던 지난날들이 내 삶을 지배했던 키워드가 되었음을 부인할 수가 없을 것 같다.
　주변을 좀더 성찰하고 나의 여정을 계속해 가고 싶은 마음이 부끄러운 글들을 모으게 된 계기가 되었다. 뒤엣것은 잊어버리고 앞에 있는 것을 잡으려고 오직 달려갈 뿐이라는 바울의 심정처럼, 외롭지만 여전히 도상에 서 있고 싶다. 만유 안에서 만유를 누리고 싶은 자유혼이 여전히 식지 않고 내 걸음을 채찍하고 있다는 것이 내게는 다행이다.
　인생은 감사의 여정이다. 감사할 것이 더 많은 인생이다. 나의 스승들, 친구들, 가족, 그리고 부족한 모습이라도 믿고 따라오는 적은 무리들, 모두가 감사한 분들이다. 아들과 딸, 원고를 정리해 주고 늘 힘이 되는 아내 홍성윤 목사께 특별한 감사를 보낸다. 그리고 쿰란 이형규 장로님과 직원 여러분께 깊은 고마움을 드린다.

목
차

머리말 5

1.
송림숲을 거닐며

목포유정 *10* / 군산에 건너가서 *14* / 고산과 함께 보길도 *18* / 해남에 가면 *22* / 몽마르트에 해가 지다 *26* / 바르셀로나의 하늘 *30* / 코스모스 길 *35* / 신성리 갈대밭 *38* / 노고단에 오르며 *41* / 이탈리아 기행 *45* / 바르샤바 풍경 *49* / 탈린의 노을 *53* / 니스를 거닐다 *57* / 쑥 해장국 *60* / 송림숲을 거닐며 *64*

2.
민주적 신념은 지켜질 수 없는가

미국의 얼굴 *70* / 광주여, 무등산이여 *74* / 세상 바꾸기 *79* / 민주적 신념은 지켜질 수 없는가 *83* / 저 강은 알고 있다 *87* / 비겁해지는 이유 *91* / 야망에 대하여 *96* / 유전무죄 무전유죄 *100*

3.
비가

세례자 요한의 생 *106* / 엘머 갠트리 *109* / 왜 나만 겪는 고난이냐고 *113* / 천재는 요절하는가 *118* / 카뮈, 그리고 험프리 보가트의 초상 *122* / 늙는다는 것 *126* / 조르바를 다시 생각하며 *130* / 니체를 생각한다 *134* / 영원히 사는 법 *138* / 또, 그리움 *143* / 낙화 *147* / 겨울 나그네 *151* / 비가 *155*

4.
인간의 조건

내 이름은 범부(帆父) 160 / 모세의 인생 164 / 저 구름 너머 그리움 169 / 김산을 그리며 173 / 인간은 변할 수 없는 걸까 178 / 정직함 182 / 희망이 있는가? 187 / 인간의 조건 192 / 사랑의 신비 196

5.
영성의 맥을 찾아

최후의 유혹 202 / 진리의 샘 206 / 내가 목마르다 212 / 십자가 언덕 216 / 설교자를 위한 변명 220 / 교회엔 미래가 있을까 225 / 예수의 제자 230 / 기도의 골방 237 / 자기를 부인하고 241 / 예수와 함께 245 / 교회와 함께 249 / 교회가 아름다운 이유 254 / 영성의 맥을 찾아 259

6.
인물 탐구

우사 김규식 266 / 몽양 여운형 271 / 늦봄 문익환 276
간도의 스승 김약연 목사 281

7.
칼릴 지브란과 함께 생각하기

기쁨과 슬픔에 대하여 286 / 자유에 대하여 291 / 자아를 아는 것에 대하여 295 / 우정에 대하여 300 / 아름다움에 대하여 304

1. 송림숲을 거닐며

목포유정
군산에 건너가서
고산과 함께 보길도
해남에 가면
몽마르트에 해가 지다
바르셀로나의 하늘
코스모스 길
신성리 갈대밭
노고단에 오르며
이탈리아 기행
바르샤바 풍경
탈린의 노을
니스를 거닐다
쑥 해장국
송림숲을 거닐며

목포유정

목포는 항상 그리움의 고장이다. 아련한 유토피아 같은 그리움을 자아낸다. 목포는 항구다. 과거 고깃배들로 채워지던 비릿한 포구로서만이 아니고 인근 여러 섬에 많은 여객선들과 여행객들이 드나드는 관문으로서 항구의 면모를 지키고 있다. 목포에 내려갈 때쯤이면 옛날 섬에서 나와서 유학하던 중학교 시절부터 성인이 되어 다시 내려와 사역하던 시절의 추억들이 페이지를 넘기듯 눈앞에서 명멸해간다.

오거리에서 뒷개까지

뒷개는 유달산 뒤편의 작은 어항이다. 지금은 북항이라 부르는 것이 더 자연스럽기도 하지만 뒷개라는 이름이 더 정겹다. 이곳에서 압해도까지 도선을 타고 왕래하던 중학 소년 시절의 묵혀진 이야기들이 하나둘 생각나기도 한다. 아슬아슬하게 배를 놓쳐버린 안타까움에 발을 동동 구르고 울음을 삼키던 시절이 있었다. 해는

지고 어둠은 몰려오는데 기다리실 어머니 생각에 건너갈 배를 알아보러 사방으로 뛰어다니기도 했다. 뒷개에서 걸어나와 대성동을 지나고 멀리 산정동 갯벌길을 지나 자취방까지 가야 했던 소년 시절의 도보행군도 생각난다.

오거리는 목포의 중심이었다. 그리고 거기에 YMCA가 있었다. 서울에서 내려와 목포에서 첫 사역하던 곳이다. 5.18 광주 목포 민중항쟁의 처열함이 채 식지 않은 1981년의 일이다. 기독교청년회 건물은 도로에서 약간 들어간 곳에 있었다. 아주 세련되지는 않지만 오거리의 상징과도 같은 건물이었다.

만난 사람들

YMCA 총무로 일하는 동안 비로소 나는 세상에 서서히 눈 떠가게 되었던 것 같다. 고작 학생운동을 하며 교회 언저리에 머물러 있던 내가 더 큰 사회라는 바다에 나가게 된 계기가 되기도 했다. 기라성 같은 각계의 지도자들과 접촉하며 서로의 경험을 나눌 수 있었던 가슴 뛰던 시절이었다.

서 박사는 환경운동으로부터 시작해서 시민단체들을 연합하게 해나가는 데 기둥이 되었던 분이다. 와이즈맨 운동의 열혈 리더 조 총재와의 만남도 있었다. 목회 선배이신 이정선, 이서하, 이만성 목사 등은 어린 내게 호형호제를 허락하며 훗날 목회의 길잡이가 되어준 고마운 분들이다.

그 즈음 수시로 찾아와 강연도 하고 교분을 이어갔던 광주의 문병란, 윤영규 선생 등도 잊지 못할 분들이다. 안철 장로는 가히 목포의 양심이기에 충분했고, 그의 약국에서 서슬퍼런 그 시절 앰네스티를 중심으로 민주화 운동의 맥을 이어가려 했던 불굴의 지사로 기억한다. 다만 그의 정치적 좌절과 짧은 생이 두고두고 안타까울 뿐.

Y에서 만난 청년들은 그야말로 재기발랄한 희망 그 자체였다. 문화패 '민예'로부터 시작해서 '갯돌'에 이르기까지 함께 울고 웃던 인물들 하나하나가 생각난다. '아름', '열매'의 여러 친구들 얼굴도 주마등처럼 지나간다. 고교 독서스터디 그룹의 아이들도 어엿한 어른이 되었을 것이다.

나는 정들었던 YMCA를 떠나 어느 날 교회 목회의 길로 행로를 바꾸게 되었다. 어쩌면 사회운동의 한계에 너무 쉽게 굴복해 버린 비겁함이 내 안에서 갈등하고 있었던 게 아닌가 생각해 본다. 내 나름으로는 인간 변화와 교회 영성을 통해 민족의 미래를 개척해 갈 수 있는 장으로서의 교회를 선택했던 것이 아닐까? 아니 내가 선택한 것이 아니라 어쩌면 지존하신 분의 섭리와 선택이 개입되었으리라. 아무튼 목포 남부교회에 둥지를 틀고 목회에 열정을 다했던 시절이 아니었을까 생각한다.

'선지자는 고향에서 대접받지 못한다'는 얘기는 예수님 때부터 지금까지 회자되는 이야기이지만 목포에서의 목회는 행복했고, 따뜻하게 목사를 품어준 교인들이 있어 외롭지 않았다. 아직도 뇌리에 남아 있는 애틋했던 교인들의 섬김과 사랑의 신앙은 젊은 목사를 감동시키기에 충분했고 훗날까지도 그들과의 만남은 내 목회에 많은 깨우침을 안겨준 결정적 자양분이기도 했다. 변화를 시도하려고 했고 메시지의 파격을 결행하기도 했지만 그 모두 어린 목회자의 치기에 불과했을지도 모르는 일이다.

슬픈 그리움

목포는 내게 항상 슬픈 그리움이다. 소외되었던 지난 역사가 있어서도 그럴 것이고 내 젊은 날의 열정의 무대였기에 그럴 수도 있다. 그리고 항구에 나가보면 떠나가는 배들이 고하도 앞을 지나가는 모습이 슬프고, 아직도 이루지 못한 내 꿈들이 슬프기 때문이리라.

군산에 건너가서

군산은 아름다운 항구도시이다. 항구마다 낭만 없는 곳이 어디 있겠는가마는 군산은 아련하기도 하고 많은 이야기를 간직하고 있을 법한 서해안의 대표적 명소이기도 하다. 장항에서 동백대교 너머 군산을 바라보면 옛생각이 저절로 떠오르고 그리움을 한가득 담고 있는 듯한 푸근한 느낌이 더한다. 장항에서 군산으로 넘나들던 도선이 오가던 시절에는 더했을 것이고 하구둑이 생기기 전 바닷물이 강경, 부여까지 밀려 올라가던 시절에는 애틋한 향수 같은 것을 품고 있었을 것이다.

일제의 흔적들

개항 이후 군산은 쌀 수출항으로서 일제의 직접적 침탈의 근거지가 되었으니 슬프기 그지없는 역사를 안고 있다고 할 수 있다. 근대사 역사 박물관에 그 비운의 역사기록들이 우리들의 묻혔던 기억들을 다시 깨우고 옛 세관 건물이나 신흥동 일대의 일제 때 지어진 목조가옥들을 지날 때 왠지 모르게 일제 강점기의 어두운 식민통치 흔적들이 우리를 아프게도 한다. 어쩌면 이 모든 흔적들이 역사의 거울이 되어 군산을 찾는 모든 사람들을 숙연하게 만드는 계기가 되는지도 모르겠다. 우리들의 선대가 겪었을 고통과 통한의 세월만큼이나 후손들이 각성하고 슬픈 역사를 반복하지 않도록 결의를 다지는 것이 필요할 것이다.

추억과 맛, 그 그늘 아래서

옛 자취가 아직 남아 있고 보존되고 있다는 것은 풍성한 추억을 우리에게 남겨줄 뿐 아니라 신비한 세계로 우리를 유인하기도 한다. 그래서 군산은 신비한 포구이다. 음식 맛있기로 소문난 곳이기도 하고 그래서 소문난 맛집이 한둘이 아니다.

종종 군산에 건너가는 것은 친구들 핑계도 있지만 맛을 돋우는 음식점들이 즐비한 까닭이기도 하다. 월명공원, 은파 유원지는 대표적 휴식공간이다. 기다란 호수를 끼고 걷노라면 어느새 뱃사공이 되거나 유유자적의 날개를 단 것 같은 느낌을 은파에서 맛본다. 호반을 따라 벚꽃이 만개하는 계절에는 자연의 향기까지 더하여 신선한 바람따라 더 이상 바랄 것 없는 생의 충만감을 누린다.

전킨선교기념관은 이 지역 기독교 선교의 선구자였던 전킨(1865~1908) 선교사를 기념하여 이 지역 교계에서 힘을 합쳐 세운 성지이다. 레이놀즈 전킨은 미국 유니온 신학교에서 언더우드의 선교 보고를 듣고 조선 선교사로 헌신하게 되었던 인물이다. 그는 콜레라 퇴치에 앞장서기도 하고 돌에 맞아가며 복음을 전하기도 했던 순명의 전도자이기도 했다. 두 아이를 하늘나라에 앞세우면서까지 하나님 나라를 위해 전부를 드린 두고두고 기억될 만한 선교사가 되었고 그의 활동 근거지가 군산이었다.

군산의 새벽을 기다리며

새만금은 군산의 희망이자 이 나라의 희망이기도 하다. 해상으로 나아갈 수 있는 서해의 전진기지이면서 장차 이곳에서 이루어질 백년대계의 꿈과 프로젝트에 기대를 걸게 되는 곳이다.

비응항에서 신시도까지 가로질러 가노라면 여기가 바다인지 육지인지 알수 없는 신비와 모험의 세계로 빨려 들어가는 듯하다. 가도가도 끝이 보이지 않는 그 길을 어떻게 내었을까. 토목공사의 가공할 만한 기술에 탄복하지 않을 수 없다. 하물며 신시도에서 다시 변산까지 이어지는 장대한 도로를 또 달려야 한다면 그 감회가 오죽하겠는가.

신시도 전망대에서 바라보는 수문을 통한 해수유통의 웅혼한 바닷물의 흐름은 정신을 일시 멈추게 한다. 이제 내륙 쪽은 육지가 될 것이라 하니 장차 드러날 광활한 간척지와 거기에 펼쳐질 서해안 시대의 프로젝트가 궁금하다. 물론 공사 착수 전후에 걸친 생태환경 파괴로 인한 가늠할 수 없는 손해에 대한 논쟁은 일단 접어둘 수밖에 없는 단계에 와 있는 것 같다. 아무튼 그 손익계산서야 훗날에 차차 드러날 수 있는 것 아니겠는가.

군산의 미래도 이곳 새만금에 있다고 감히 말할 수 있다. 군산이 어느 정도의 도시 확장성과 산업 생산성, 새로운 문화 창출의 기회를 새만금을 통해 확보해 낼 수 있느냐가 관건이라고 할 수 있다. 고군산군도의 아기자기한 섬들이 신선들의 놀이터에서 새만금의 거대한 용트림에 폭발력을 더해주는, 정녕 기적의 공간이 되어주길 기대해 본다.

고산과 함께 보길도

'어부사시사'로 고산 윤선도를 떠올리게 되는 섬이 보길도이다. 해남 땅끝마을 포구에서 배에 몸을 싣자 설레는 마음에 비릿한 바닷바람이 흥분을 더 자극한다. 지난날 적지 않게 보길도를 찾았던 추억이 고스란히 남아, 추억을 떠올려 보기도 한다. 예송리 자갈 해변에 이르니 지난 세월만큼이나 많이 변형되고 훼손된 느낌이 서글프다. 아열대성 식물들, 그리고 해변과 푸르른 바다가 어우러져 보길도의 진면목을 한껏 뽐내려 하는 듯하니 그나마 위안이다.

고산의 향기

들르는 곳마다 고산 윤선도의 흔적과 옛 향기가 자욱하다. 고산이 제주로 가는 중 태풍을 피해 이곳에 머물게 되었다고 하나 바로 이 섬에 매료되어 그의 시가 곳곳에 이곳의 수려함이 수놓아져 있다. 이처럼 보길도는 단순한 지도상의 섬 그 이상이다.

세연정, 낙서재 등 그가 지었다고 알려진 스물다섯 채 구옥에는 십여 년 이곳에서의 그의 삶이 녹아 있다. 행여나 유적 주변에 이끼라도 발견하고 옛날 에피소드라도 담겨 있을까 눈을 더 크게 떠본다.

고산이 부용동을 발견하고 지은 정자가 세연정이라는데, 주변 경관이 물에 씻은 듯 깨끗하고 단정하여 기분이 상쾌해지는 곳이라 하여 이름을 붙였다는 그곳에 걸음을 멈추었다. 가히 그 이름의 뜻이 허언이 아니었음에 탄복한다. 깨끗하고 안정되어 있는 구조에 물과 나무와 공기마저 어우러져 고색을 자아내고 있다.

닭 울음소리를 듣고 깨어나 후학들을 가르치고 오후가 되면 이곳에서 춤추는 여인네들과 술잔을 기울여 취하곤 했다는데 병자호란의 변고로 왕이 항복했다는 소식을 접하고 울분을 참지 못했다는 우국충신의 좌절과 허허로운 마음을 잠재워 주었을 법하다.

동천석실은 윤선도가 실제로 글을 쓰고 거처하던 장소로 자연석이 어우러져 이루어진 작은 석굴 아래 맑은 물이 흘러내리고 있다. 그가 후학들을 양성하던 공간인 낙선재도 들러 본다. 전통가옥의 구조와 흡사한 작은 마당과 소박한 정원이 시인의 마음을 읽게 해준다.

> "압개에 안개것고 뫼희 히비췬다
>   비떠라 비떠라
>   밤믈은 거의 디고 낟믈이 미러온다
>   지국총 지국총 어사와
>   강촌 온갓 고지 먼 빗치 더옥 됴타"
>   – '어부사시사' 중에서

그가 남긴 불후의 서사시가인 '어부사시사' 중에 봄의 정취를 노래한 '춘사'에 나오는 대목이다. 그는 이 노래를 통해 사계의 변화와 더불어 자연과 일체된 존재의 기쁨을 표현하고 어부들의 힘겨운 삶의 애환을 안빈낙도의 감정으로 풀어냈으니 그의 선비정신과 섬세한 감수성이 빚어낸 걸작 중의 걸작이라 할 것이다.

또 하나, 보길도 백도리 끝에는 병풍처럼 둘러선 바위에 우암 송시열의 글씨가 새겨져 있다고 한다. 세자 책봉 문제로 왕의 노여움을 사 제주로 귀양가던 송시열이 그곳 바위의 수려함에 탄복하여 바위에 글씨를 새겨 넣었다고 하니 이래저래 보길도는 남해의 보석임이 분명하다. 발 닿는 곳마다에 짙은 문향이 배어나오는 신비한 동네이다.

섬을 떠나며

세연정 가까이 한 카페에서 아내와 나는 발걸음을 멈추고 전통차와 커피를 나누며 유유자적의 여유를 느껴본다. 고산의 시심과 기품이 어우러져 서늘하면서도 묵직한 맛이 목구멍을 달랜다. 그러고 보니 목포에 있을 적 학생들을 데리고 이곳에 와 문병란의 시를 읽고 한참 동안 심취했던 추억도 되살아난다. 청춘이 아름답다고 어린 후배들을 다독이며 "어두운 시대에는 핏빛 시혼이 불타지 않고는 청춘이 아니다"라고 소리 높였던 그때 일이 뇌리에서 사라지지 않는다.

내 청춘은 왜 그다지도 초라하게 저물고 말았을까 하는 회한과 슬픔이 갑자기 울컥하게 한다. 동행했던 이들의 찻잔이 보길도의 역사적 무게와 그 향기가 버거워 멈칫 움츠러드는 듯하다. 어느새 보길도에 슬픈 노을이 깔려 온다.

해남에 가면

해남은 남도의 정취가 고스란히 묻어나는 옛 고읍이다. 우슬재를 넘어서면 따사롭고 포근한 느낌이 온몸으로 저려온다.

고개를 넘어

우슬재 고개를 넘으면 해남읍이다. 고개 넘기 전에도 행정구역상으론 해남이지만 이 고개를 넘어야 비로소 해남에 온 느낌이다. 어느 해 초 겨울인가 뜻하지 않게 수북이 내린 첫눈 때문에 이 고개에서 차량으로 몇 번 미끄러지면서 아슬아슬 넘어가던 일이 생각난다.

읍내는 아담하면서도 옛 정취가 듬뿍 담긴 곳이다. 떠돌아다니다 인생의 풍파 속에 많은 곡절을 담고 어떤 객이라도 이곳에 오면 푸근하게 맞아주는 어미 품속 같은 정을 느끼게 될 것이다. 내려가다 보면 진도 가는 길, 완도 가는 길이 갈라질 것이니 내륙 끝에서 다시 한번 전율 같은 신비감에 머뭇거리기도 할 것이다.

하게 되니 그 황홀한 감정을 어디에 비견할 수 있으리오! 과연 장부의 호연지기를 여기서 배울 수 있을 것만 같다.

토말에서 생각나는 것

해남은 땅끝이 있어 좋다. 반도가 끝나는 곳이기도 하지만 무한한 대해로 생각을 펼쳐나가며 환상의 나래짓을 하는 곳이기에 좋다. 작고 규모 있는 모래 해변이 유년 시절 소꿉놀이를 생각나게 하고 해변을 둘러싼 소나무 숲은 시원한 그늘이 되어 지친 이들을 너그러이 받아 준다.

이곳에 와 오토캠핑카에서 하루를 보냈던 추억도 생생하다. 저녁의 고즈넉함과 어두움이 점차 밀려올 때면 노래를 흥얼거렸다. 그럴 때면 어느새 외로움은 푸근함과 새로운 기대감으로 설레었던 밤도 엊그제 같다. 아침에 눈을 떴을 때 동이 터오는 햇볕과 맑디맑은 하늘과 상쾌한 공기가 어우러져 나를 바닷가로 유인하던 신비한 경험들을 잊지 못한다.

어느 시인의 애틋한 시 한 소절이 시비에 아로새겨 있다.

"더 이상 갈 곳 없는 땅끝에서 사랑하는 사람을 위해 노래 부르게 하소서. 오늘 하루만이라도 욕심의 그릇을 비우게 해 주시고."

- 명기환의 《땅끝의 노래》 중에서

해남은 고산 윤선도의 문향이 서린 곳이기도 하다. 커다란 은행

나무 한 그루, 그리고 녹우당, 그 뒤편의 비자림까지 그의 선비로서의 기개와 깊은 시심이 곳곳에서 풍겨온다. 이곳에서 그가 한때 머물렀던 보길도가 멀지 않으니 문향만리 고산의 높은 기품, 그리고 자연과 어우러져 하나 되려는 도인의 풍모가 절로 느껴진다. 이곳은 그렇다. 시인 고정희와 김남주, 황지우의 고향이기도 하다. 그 핏발 서리고 애처롭기까지 한 역사적 서정들이 이곳에서부터 꿈틀거렸다는 이야기다.

황석영이 《장길산》을 집필하던 해남 시절이 있었다. 김지하가 5·18 이후 이곳에 내려와 문명사의 대전환과 후천개벽에 대한 고뇌를 되씹었다. 심상치 않은 고장 아닌가. 화가 홍성담도 이곳에 머물며 민중의 한과 슬픔, 서릿발 돋는 기상을 판화로 그려냈다.

해남 반도를 둘러싸고 있는 서남해안은 갯벌로 널려 있다. 각종 어류와 갑각류들의 자생단지이며 활발한 생태 활동의 보고다. 가까이서 생명의 고귀함과 신비함을 들여다볼 수 있는 길목에 해남이 있다. 해남에 또 내려가고 싶다. 해남에 가면 내 그리움의 조각조각들을 다시 만나 볼 수 있을 것이다.

몽마르트에 해가 지다

파리 하면 몽마르트 언덕을 떠올리게 된다. 몽마르트를 들어보지 못한 사람은 드물 것이다. 그만큼 프랑스 파리와 잘 어울릴 법한 동네다. 아마도 내게는 어렸을 적 귀동냥으로 들었을 파리 유학생들의 로맨틱한 이야기가 환상으로 남아 있었던 것일 것이다.

한때 가난한 예술가들의 집단부락이 되기도 했던 몽마르트 언덕과 골목, 거기에 깃들인 수많은 화가, 예술가들의 에피소드가 여기저기 새겨져 있는 듯하다. 파리를 생각하면 먼저 떠오르는 그림들은 에펠탑, 센강, 몽마르트가 아닐까? 많은 화려한 명소들 말고 그야말로 중심부에서 밀려났던 빈자들이 둥지를 틀고 들어와 형성했던 마을이 어떻게 파리를 대표하게 되었을까 생각해 보면 아이러니한 면이 있다. 물감 사기도 버거운 화가들과 가난한 예술가들이 이곳에 와서 작업을 이어갔다니 몽마르트가 왜 파리의 판타지가 되었는지 이해가 간다.

몽마르트의 사람들

지금도 그 테르트르 광장에는 화구들을 벌여놓고 스케치해 주는 가난한 화가들이 즐비하다. 나도 초상화 한 장을 의뢰하고 포즈를 취한다. 그럴 듯한 내 모습에 감탄하며 확실히 화가들에게는 인상의 특징을 집어내고 그것을 표현하는 재주가 남다르다는 사실을 깨닫는다. 인근 카페에서 커피 한 잔을 마시며 몽마르트에 나온 화가들의 얼굴들을 떠올려 본다. 가난해서 아름다운 사람들이다. 화가들과 카페와 관광객들과 전설적인 이야기들이 어우러져 판타지를 만들어 낸다.

고흐와 동생 테오가 거하던 집 앞에도 서 본다. 그 외에도 피카소, 달리, 르누아르 등이 거쳐갔던 동네이다. 알랭 들롱의 친구였던 샹송 가수 달리다의 흉상도 만난다. 순교자 생드니 주교의 동상도 있고 '벽 속에 갇힌 남자' 조각도 만난다. 그야말로 예술의 늪이다. 에디트 피아프의 '장미빛 인생'이 여기저기서 흘러나오고, 환상의 언덕이 맞다.

파리의 시야

그 언덕배기에 사크레쾨르 성당이 있다. 파리 시내를 내려다보며 거룩한 빛을 계속 쏘여주고 있는 듯하다. 각지에서 몰려든 사람들이 성당 앞 푸른 잔디에 앉아 있기도 누워 있기도 하고, 수많은 이야기들을 마주 앉아 쏟아 놓기도 한다. 이 언덕에서 바라보는 파리는 참 아름답다. 몽마르트 언덕은 파리의 시야이다. 한눈에 에펠탑도 개선문도, 루브르도, 물랑루즈도 눈에 들어온다.

사랑과 꿈이란

파리는 사랑과 꿈이 어울릴 만한 도시다. 물론 지저분한 구석이 없는 것은 아니지만 역사와 문화가 아름다움과 꿈을 더 많이 품고 있다. 절대왕정의 위세 아래 유럽 어느 누구도 함부로 넘볼 수 없었던 프랑스의 위엄이 베르사유 궁전과 루브르 박물관에 녹아 있다. 격동의 혁명기를 거치면서 위대한 자유와 박애, 그리고 평등까지를 온 세계 시민들에게 가르쳐 줬던 품격과 고아한 정신이 거리와 건물 곳곳에 아로새겨 있다. 위대한 자유여! 삼색기에서 펄럭이는 자유의 공기가 파리 시내에 충만하다. 파리에 와서는 사랑을 할 법한 분위기가 분명 있다.

빅토르 위고의 고장 프랑스의 품위와 사랑을 이곳에서 느끼는 것 같다. 《레미제라블》 같은 작품 말고도 평생 어려운 이웃들에 관심을 갖고 손길을 뻗쳐 박애를 실천했던 대문호의 묵직한 힘이 왜소해진 나를 누른다. 모파상과 에밀 졸라 같은 소설가도 있다. 사르트르와 시몬 보부아르 같은 커플도 눈앞에 보인다. 실존하는 존재의 예민함에 눈떴던 위대한 철인 사르트르와 페미니스트 시몬 보부아르의 만남과 동거가 퍽 괴이하면서도 그들이 확보했을 자유와 해방 공간, 거침 없는 사유와 사랑의 진정성 등을 헤아려 볼 때 사랑의 멋진 모델이었다는 생각이 든다.

어느덧 몽마르트에도 노을이 진다. 불그스레한 황혼의 은은하면서도 짙고 드넓은 자락이 파리를 감싼다. 그 속에서 꿈이 잉태되고 현란한 조명 속에 그 꿈이 폭발한다.

대혁명 당시 로베스피에르의 기개와 영화 '남과 여'의 감미로운 음악이 어우러지면서 그래도 갈 데 없는 빈자들을 아주 삭제해 버리지 않은 관용과 이해력, 그리고 몽마르트로 품어준 프랑스의 또 다른 꿈이 모락모락 피어난다.

바르셀로나의 하늘

다시 바르셀로나에 들어왔다. 처음 왔을 때는 단순히 가우디의 성가족 성당에 대한 기대와 환상이 전부였다. 하늘은 맑고 카탈루니아의 중심지이기도 한 스페인의 제2도시 바르셀로나는 가우디 이상의 신비를 담고 있는 곳이었다. 스페인은 언제나 기대 이상이요, 기이한 매력을 지닌 땅이다. 지중해 무역의 중심이기도 한 이 항구 도시는 푸른 물결과 대륙의 공기가 교차하면서 이 도시만의 독특한 문화를 만들어 내고 있다고 생각한다.

바르셀로나의 역사 지형

이 도시의 형성기로 따지자면 고대 로마시대까지 거슬러 올라가야겠지만 8세기 아랍 이슬람 세력이 진출하고 그들에게 항복했던 바르셀로나는 그리 길지 않은 이슬람의 지배하에 들어가게 되었다. 801년 카롤루스 대제에 의해 다시 탈환된 후 카탈루냐 공국, 아라곤 왕국에 편입되더니, 페르디난드 2세와 이사벨라 여왕의 신대륙 꿈이 펼쳐지면서 스페인의 주요 거점이 되었다. 그러나 바르셀로나의 비극은 프랑코 독재체제에 대항한 바르셀로나 공화파들이 패배하면서 갖은 탄압을 받았고 급기야 카탈루냐어를 사용하지 못하도록 하는 데까지 이르렀다.

바르셀로나와 마드리드의 대립은 단순히 두 도시를 거점으로 한 축구팀들 간의 적대적 경쟁만을 뜻하는 것이 아니라 바르셀로나의 꺼지지 않는 민족주의와 독립의지가 계속 도시 안에 잠재되어 있다는 이야기가 될 것이다. 이미 교통, 산업, 금융, 무역의 중심이 되어 상대적으로 타 지방보다 부유한 바르셀로나가 스페인 전체를 먹여살려야 하는 부담도 작용했으리라고 혹자는 말하기도 한다.

바르셀로나 항구의 광장에는 크리스토퍼 콜럼버스의 60미터 높이의 기념탑이 세워져 있다. 바다를 향해 손을 뻗치고 있는 탐험가 콜럼버스의 기상이 잘 표현되어 있는 조형물이다. 물론 여기에는 그의 후원자였던 페르디난드 2세와 이사벨라 여왕의 얼굴도 부조되어 있다.

1492년 대항해를 통해 아시아에 가고자 했던 콜럼버스의 꿈은 아메리카 대륙 발견이라는 뜻하지 않은 결말을 가져왔다. 그는 항해를 시작하면서 새로운 대륙의 총독 지위와 거기에서 얻는 모든 부의 일정량을 본인이 갖도록 하는 협정을 성사시킬 정도로 야심 있는 모험가이기도 했다.

재미있는 사실은 이탈리아 제노바 출신인 그의 기념탑이 왜 이 도시에 있는 것일까? 그가 이탈리아 태생이긴 하지만 일찍이 스페인, 포르투갈을 무대로 항해술을 배웠고, 그의 탐험이 이곳에서 이루어졌기 때문일 거라고 생각해 본다. 아무튼 그에게는 두 가지 엇갈린 평가가 따라다닌다고 한다. 신대륙을 개척하고 모험적인 항해를 성공시킨 영웅이라고 보는 측과 원주민들을 학살하고 식민 지배를 낯선 땅에 이식한 세계 식민 약탈사의 원흉이라고 보는 평가가 그것이다. 그러나 당시 꿈도 꾸지 못할 미지의 세계에 대한 탐험과 신세계에 대한 꿈을 이루고자 했던 그는 의당 비범한 인물이었음에 틀림없다.

가우디의 예술

가우디가 본 하늘은 어떠했을까? 어떤 색, 어떤 조형, 어떤 미학이었을까? 대개 방문자들은 카탈루냐 지방 출신의 이 천재적인 건축가를 떠올리며 바르셀로나를 찾는다고 한다. 구엘 공원이며 성 사그라다파밀리아 성당에서 그의 절묘한 건축작품에 넋을 잃고 만다. 직선 구조에 익숙했던 인류에게 곡선 건축물의 아름다움과 균형미를 알려준 건축 설계가 안토니오 가우디, 그는 신이 보낸 예술가였다.

나는 언젠가 로마의 베드로 대성당을 방문했을 때 이는 사람의 손으로가 아니라 신이 직접 내려준 건축이라고 경탄했다. 사람의 힘으로는 지을 수 없는 거대함과 신성 그 자체에 한동안 가슴이 먹먹해졌다. 성가족 성당 안팎에서 느끼는 내 감정도 베드로 성당에서 느꼈던 바와 같다. 정교한 조각들과 곡선으로 수놓아진 성당의 구조는 그 비범함과 탁월함에 한동안 입을 다물지 못할 정도였다. '과연 거룩함의 자리란 이런 것이구나' 하는 생각에 한참이나 빠져 있었다.

그러나 뛰어난 세기적 건축가의 최후는 너무 비극적이었다. 길을 건너다 그만 전차에 치어 회복하지 못하고 세상과 작별했다고 한다. 허름한 차림새에 노숙자인 줄 알고 전차 운전사도 한쪽에 눕혀 방치한 채로 떠나 버렸고 두 번, 세 번 택시도 승차를 거부하여 응급실로 옮겨졌으나 의사조차 허름한 부상자를 진심으로 치료하지 않고 기초 치료만 하고 성의를 보이지 않았다고 하니 그의 뜻하지 않은 죽음이 너무 슬프지 않은가? 그는 마지막으로 이렇게 말했다고 한다. "옷차림을 보고 판단하는 이들에게, 그래서 이 거지 같은 가우디가 이런 곳에서 죽는다는 걸 보여 주게 해라. 그리고 난 가난한 사람들 곁에 있다가 죽는 게 낫다."

그는 치료를 거부한 후, 결국 생을 마치게 되었다는 것이다. 천재를 알아보지 못할 뿐 아니라 무관심하고 방관할 뿐이었던 세상과 이웃들은 오늘도 여전히 냉정과 이기심에 사로잡혀 일상을 이어가고 있는 것은 아닐까? 그가 건축한 성가족 성당이 아직도 계속 건축을 이어가고 있다 하니, 아마도 가우디의 성당은 영원히 미완으로 남을 수도 있겠다. '거룩함'을 꿈꾸었지만 그 '신성함'은 완성될 수 없는 것이기에 그럴 것이다.

마드리드를 향해

바르셀로나에서 신비로운 감정에 싸여 있던 나는 수도인 마드리드로 향했다. 거기에는 프라도 미술관이 있다. 미술에 문외한인 내게도 르네상스 이후 근현대 직전까지 스페인 화가들의 그림은 마냥 설레게 하고 몽환적인 분위기 속으로 이끌어 가는 힘이 있었다. 고야, 벨라스케스, 엘 그레코 등 거장들의 회화를 감상할 수 있는 절호의 기회였다.

　엘 그레코의 '수태고지' 앞에서는 경건함마저 느껴졌다. 벨라스테스의 궁정 인물화 등은 궁궐 내의 호사스러움보다는 한 사람, 한 사람에 대한 인물 묘사와 비교 불가의 심미안을 느끼게 한다. 스페인 최고의 화가 고야의 풍속화에 눈이 갔다. '파라솔'과 '투우', '이사벨 코보스 데 포르셀 부인의 초상' 등이 압권이었다. 섬세하면서도 금방 그림 밖으로 열정이 쏟아져 나올 것 같은 착각을 일으킬 정도다. 스페인 분위기란 말이 가능하다면 그의 그림에 그 말을 덧붙이고 싶다. 마드리드의 생명력은 프라도 미술관의 대표 화가들과 작품들에서 나오는 것인지도 모른다. 스페인은 가톨릭의 엄중함, 그리고 리듬과 플라멩코가 뒤섞여 마력을 자아내는 땅이다.

코스모스 길

초가을로 접어드는 코스모스 길이 아름답다. 코스모스가 가녀린 자태를 하고 바람결에 흔들리는 모습이 아름답다. 코스모스는 자기 색을 분명히 해 아름다움을 더한다. 그래서 그 미색을 알아보고 벌, 나비가 사방에서 춤춘다. 잠자리도 어느새 윙윙댄다.

가을은 코스모스
물론 6월부터 개화가 시작된다지만 코스모스는 가을이다. 이제 뙤약볕에 소슬바람이 섞여 올 때면 한층 하늘거리는 코스모스는 계절을 반기며 설레이는 내 마음과 같다. 감도 익어갈 것이고, 가을은 풍성한 열매들이 마지막 숙성의 날갯짓을 하는 때이다. 고적한 분위기도 좋고 가을은 생각을 많이 담게 한다. 저절로 손이 모아지고 기도를 배우게도 한다. 겸손한 마음이 안에서부터 인간들을 보채고 밖에서 손짓하는 듯한 느낌이 와서 좋다.
가을에는 어느새 외로움도 오고 그것이 싫지 않다. 인간 존재 자체가 불안을 달고 사는 것이지만 혼자 떨어져 나가고 싶은 마음이 가을은 누구에게나 찾아온다. 높고 맑은 하늘, 끝 간 데를 모르는 광야와 어둑해지는 황혼에 잔물결 일렁이는 호수가 제격인 가을은 고독에 사로잡히게 한다. 원천적인 문제에 집요한 생각몰이에 나서기도 하고, 그냥 감정 그대로 '쓸쓸함'에 한참이나 매료되기도 한다.

'내가 누구인가?' 대부분 상대와의 관계에서 혹은 사회적 관계망 속에서 답을 내놓으려 하겠지만 그 어디에도 구속되거나 엮이지 않은 나를 찾아내는 것은 고독 안에서 가능하다.

길따라 정따라

양쪽 길가에 하늘거리는 코스모스 물결에 올 가을에도 심취한다. 그리고 아름답던 코스모스 꽃길의 추억도 새록새록 가슴에서 피어난다. 유년 시절, 초등학교 등굣길 섶에 촘촘히 피어 있던 코스모스 군락이 생각난다. 교회로 들어가는 길 옆에 피었던 분홍, 하양, 빨강 코스모스가 내 마음속에 어딘가를 물들이고 있었다. 때로는 친구들과 왁자지껄하게 떠들며 지나기도 하고, 또는 나 혼자 어스름 코스모스 길을 천천히 걷기도 했다.

백양사 입구 길목에 핀 코스모스도 아름다웠고 김제 심포항으로 가는 코스모스 길도 장관이다. 아스라이 끝을 모르고 펼쳐지는 코스모스 길은 절로 감탄을 자아내게 한다. 끝을 모르고 펼쳐지는 만경 평야를 배경으로 하고 있으니 이런 꽃길이 세상에 어디 있을까? 부안 해변가 도로변 코스모스도 아름답다. 소소하기는 하지만 오히려 더 애처롭고, 그래서 절정의 미학이 담겨 있다. 그 코스모스 밭에 들어가 사진이라도 한 장 남기면 오래오래 가슴에 남고, 때로는 슬픔이 되기도 하며 또 한편으로 쉽게 가시지 않는 따뜻한 여운으로 남기도 한다.

내가 좋아하는 꽃들을 헤어 본다. 진달래, 코스모스, 목련, 그리고 붉게 물든 단풍, 그리고는 없다. 코스모스와 함께 한 계절을 지낼 수 있다는 게 행복이다. 문밖에 코스모스는 어느 모퉁이에서 나를 기다리고 있을까? 지금도 한창 하늘거리고 있을까? 아니면 기운이 다하여 자취도 없이 어디론가 사라져 버리고 없을까? 꽃이 떨어지고 앙상해진 줄기들은 싫다. 꽃이 있어야 세계가 열리고 나와 세상은 의미를 찾아가겠지.

꽃지고 나면

언젠가는 꽃이 지고야 만다. 코스모스도 말없이 인사를 건네는 것도 없이 무심코 떠나고 만다. 성서 전도서의 말처럼 "날 때가 있고 죽을 때가 있으며 심을 때가 있고 심은 것을 뽑을 때가 있다"(전 3:2). 범사에 기한이 있을 뿐, 인생의 종말도 그와 같으리라. 그런데도 매사에 초조하고 세상사에 굳이 집착하는 인생들을 생각해 보라. 다만 살아 있다는 것 때문에 욕심 부리고 과도하게 집착하는 것이 당연하다고 말하는 것이 정당한 이유일 수 있을까?

다 부질없는 추론들이겠지만 우리에게 정해진 기한들이 있는 것만은 분명한 듯 싶다. 그렇더라도 짙은 향을 내뿜으며 가녀린 자태를 흔들어 대던 그 코스모스가 어느 날 갑자기 떠나버렸다는 것은 내게는 슬픔이다. 코스모스 계절에 엮여진 많은 인연들과 애틋한 감정들이 일거에 떠나버렸기 때문이다.

신성리 갈대밭

장항에서 하구둑을 지나 금강변을 따라 가다 보면 월남 이상재의 고향 한산에 이르고 샛길을 따라 조금 더 나가다 보면 신성리 갈대숲에 이르게 된다. 서천이 자랑하는 명소이기도 해서 사계절 찾아오는 방문객들이 적지 않다. 영화 촬영지로도 유명하고 많은 이들이 와서 추억 쌓기를 하는 곳이기도 하다.

갈대숲
갈대숲이 장관이다. 높은 곳에서 바라보는 갈대밭은 거대한 초원 같기도 하고 바람에 일렁이는 갈대들이 마치 파도 물결과도 같다. 숲에서 풍겨오는 내음이 싫지 않다. 구수하기도 하고 파릇한 신선함이 느껴지기도 한다. 국내 4대 갈대밭으로 꼽힐 정도이며 생태습지로서도 뛰어난 조건들을 갖춘 갈대 군락지이기도 하다. 계절마다 갈대에 부딪히는 서로 다른 바람소리를 들을 수 있다니 신묘하기 그지없다. 영롱한 햇빛에 금빛 물결이 빛나는 금강을 배경으로 생태 숲이 살아 숨쉬는 모습이 참으로 아름답다.

미로의 숲을 헤치며

갈대 숲속으로 들어가면 수십 갈래의 미로가 길을 연다. 숨바꼭질이라도 하라는 듯이 꼬불꼬불, 길을 잃을 것 같다. 사랑하는 이들은 다정함이 더할 것이고 나이 지긋한 노인들도 옛날이야기들이 자꾸 생각날 법한 갈대숲이다. 인생의 회한이 소스라쳐 몰려오기도 하고 그러나 곧 따스한 평온이 온몸을 싸매어 주는 느낌도 있다. 불의의 사고와 직면할 것 같은 두려움이 압박해 오기도 하고 어느 모퉁이에선가 정다운 이들이 반겨 마중 올 것 같은 설레임도 생긴다.

무엇보다도 아련한 그리움은 갈대 숲속에서 품을 수 있는 가히 몽환적 감정이다. 누군가를 그리워하며 사는 것이 인생 아니던가. 무엇인가 스토리가 잘 짜여진 사연들을 떠올리고 기다리며 바라보는 그리움 아니던가

앞에 금강이 흐르는데

갈대밭 바로 앞으로 금강이 유유히 흐른다. 내 인생의 사연들을 아는지 모르는지 무심코 흘러가는 듯싶다. 역사의 격랑을 잘 알고 있는지 모르는지 그냥 어디론가 흐르고 또 흘러간다. 하구둑을 지나 군산 포구나 서해 바다로 흘러가겠거니 생각한다. 무심한 듯 흐르는 강물이 인생살이의 곡절을 모를 리 있겠는가. 그들의 설움, 땀과 피눈물을 다 받아서 강이 되고 저렇게 흘러가고 있을 터인즉,

신동엽의 '금강'이란 시가 떠오른다. 불후의 명문시라 할 '금강'이 호남 백성의 애환과 슬픔, 분노와 희망을 노래하고 있다면, 그 노래가 우리네 인생을 녹여내고 처절했던 역사의 흔적들을 품고 있기에 감동을 줄 수 있을 것이라 생각한다.

봉건유제들의 사슬을 끊고 동학농민 전쟁의 피울음 소리가 오늘도 저 강에서 들리는 듯하다. "저 강은 알고 있다." 그렇다. 강은 알고 있다. 호남 민중의 슬픔과 고난의 기나긴 장정을 한순간도 빠뜨리지 않고 뜬눈으로 관찰하고 지켜보고 있었다.

황포돛배를 연상케 하는 유람선이 강을 떠돈다. 인생 나그네 길과 흡사하다. 금강변 작은 마을들의 높은 곳에 교회와 십자가가 보인다. 지친 갈대 같은 영혼들에게 구원의 손짓을 하고 있는 듯하다. 늦여름이 다가올라 치면 갈대밭 둑에 흐드러진 코스모스가 애잔함을 더한다. 갈대밭과 강은 함께 어울려 한 폭의 아름다운 수채화를 선사한다. 이리저리 흔들리고 눕기도 하는 갈대숲의 율동이 흘러가는 강물과 어울려 인생의 여유를 노래하는 것 같다. 신성리 갈대밭의 절정은 어느새 드리워진 황혼이 금강에 밀려오는 일몰 때이다.

낙지도 생각나고 청정한 바다에서 건져 올린 횟감도 입맛을 다시게 하며, 각양 산나물과 풍미 있는 채소들도 미식가들의 시선을 끌기에 충분하다.

대흥사 숲이 좋아

해남하면 대흥사, 이끼 묻은 고찰이 풍기는 짙은 역사문화의 무게가 해남에서 먼저 떠올리는 이름일 수 있다. 대흥사로 들어가는 좁은 길은 세속의 허튼 잡념들을 하나둘 정리하고 고요와 침묵의 명경지수에 다다르게 하는 듯 길다란 가로수 길이 신호를 보내고 있다. 사찰의 이름이 각인된 판액이 높이 걸린 입구 문을 지나면 굴곡진 계곡과 빽빽이 들어선 숲이 반긴다. 사실 나는 사찰보다는 이곳 두륜산 계곡과 동백, 후백, 굴참나무, 곰솔 등의 다양한 식생 분포로 어우러진 숲 때문에 찾아오곤 했다.

농익은 산림의 깊은 호흡에 나의 숨이 맞닿으며 느끼는 자연의 상서로움과 신비는 말로 표현할 수 없는 희열이다. 이미 정화되어 버린 욕계의 분진들이 흩어지며 밖으로 소멸되어져가는 짜릿함을 맛본다. 어느 해 여름이던가. 이곳 계곡에 와서 아이들과 물장구를 치며 수박을 먹던 기억도 아스라하다.

가련봉까지 가는 산행길은 가파르기도 하고 기암괴석을 헤집고 가는 쉽지 않은 길이지만 구름다리를 건너고 갈대숲에 다다르고서야 야성의 맛바람과 천상의 즐거움을 함께 맛보는 비경에 이르고야 말 것이다. 그리고 마침내 그 봉우리에 이르고서는 바다가 펼쳐지고 크고 작은 다도해가 점점이 수놓아진 평화로운 신선도를 접

노고단에 오르며

지리산 노고단은 항상 아름답다. 그 꼭대기에서 바라보는 장대한 지리산맥이 가히 비경이라 할 만하다. 나는 해마다 봄이 되면 노고단에 오른다. 쉽게 오를 수 있겠다는 생각이 노고단으로 이끌기도 했고, 수십 년 전 처음 노고단에 올랐을 때의 감동과 만족감이 두고두고 내게 각인되어 있는 듯하다.

찬바람이 잦아들고 봄기운이 완연할라 치면 나는 '올해도 노고단에 가야지' 하는 생각에 멈칫하곤 한다. 벌써 봄이 왔다는 느낌, 그리고 그곳에 가는 여정이 올해의 인생 시야를 열어주리라는 기대감이 설레게 하기 때문이다. 눈 녹는 소리가 들리는 듯하다. 그리고 잠에서 채 깨어나지 못한 나무 이파리들이 여전히 숙연하게 시간의 경과를 지켜보는 듯하다.

간간이 고로쇠 수액의 신선한 내음이 코끝을 간지럽힌다. 그 어디에도 구속받지 않는 자유함이 산바람, 흐르는 물, 생명의 위용을 뽐내는 거목들과 숲을 이루는 초목들을 통해 온몸에 전해온다. 시름과 걱정은 부질없는 것이다. 이렇게 높은 곳에 서 있는데 세상의 거추장스러운 인연의 실타래들이 무슨 소용이 있겠는가. 이런 생각 저런 생각들이 걸러지고 정화되어 간다. 무념무상의 지경까지 이르려면 대피소 산장은 지나야 하겠거니 생각해 본다.

산을 오르는 일은 어리석은 사람들의 일이라고 우습게 생각했던 젊은 시절이 있었다. 그러나 산은 말 없는 듯 살아 있고 아무것도 소유하지 못한 듯하지만, 무한대의 자연 그 풍성함을 품고 있다. 세상사 모든 곡절까지 다 알고 있으면서도 지금 묵묵히 침묵하고 있다. 그래서 장부의 호연지기는 산에 올라와야 생기는가 보다.

노고단에서 소리 지르다

노고단은 1,500미터가 조금 넘는 높이에 있다고 한다. 결코 얕볼 수 없는 천상계에 속하는 위치다. 대피소에서 가파른 길을 따라 땀 흘려 오르다 보면 돌탑 언덕이 나오고 거기서 계단을 따라 위를 향해 오르다 보면 노고단 정상에 이른다.

어디쯤엔가 천왕봉, 반야봉, 토끼봉들이 자리잡고 지리산의 기세를 뿜어대고 있을 것이다. 과연 구름의 바다다. 양털 같은 운해가 끝없이 이어져 호남벌을 감싸고 영남까지 지켜보고 있다. 이 하늘천지에서 인간계는 한없이 왜소하고 티끌만도 못한 비루함이 전율처럼 다가온다.

정상에 왔으니 있는 힘을 모아 소리쳐 본다. 갈피를 잡을 수 없는 민족의 난맥상에 시원한 활로가 열리기를 기도하면서, 사랑하는 이들의 의미 있는 회복을 바라기도 하고, 내 인생의 비상과 깊은 깨달음에 이르기를 목놓아 소리쳐 본다. "아아아!" 사자 울음소리 같지 않아도 좋다. 작은 소자의 어디론가 향하는 큰 소리라면 더 좋겠다.

역사가 숨어 있는 곳

지리산은 생명의 산등성이면서 비극적인 역사의 한을 품은 골짜기이다. 노고단에 와서 이 피울음을 듣지 못하고 내려갈 수는 없을 것이다. 6.25 내전이 낳은 어이없는 증오와 학살, 거기에서 비롯된 피의 강이 이 지리산 계곡마다 흐른다. 이곳에 들어와 유격전을 펼치던 빨치산들과 그들을 소탕하기 위해 총격을 가하다 흘린 토벌대의 핏물이 교차하던 곳이다. 이념이고 뭐고를 떠나서 사실 자신들의 생존을 위해 공격하고 증오했던 것 아니겠는가.

피아골, 노고단 모두가 지리산의 또다른 이름이다. 어떤 이념도 주장도 대자연의 부요함과 올곧음을 대신할 수는 없다. 화해와 상생, 평화의 산맥을 따라 생명 살리는 길을 선택해야 할 때다.

선교사 별장 앞에서

대피소 산장 옆에 선교사 별장의 터가 남아 있다. 어떻게 이 산 꼭대기에 당시만 해도 험악하기 짝이 없을 산길을 헤쳐 별장을 세우려는 생각을 했을까? 전쟁통에 다 파괴되고 잔해만 남아 있다 하나 50여 채나 되었다고 하니 입이 벌어질 정도다. 물론 피곤한 선교사들의 퇴수 장소이거나 교인들의 수련 장소로 사용되었을 거라 짐작되기도 하지만 또 한편 선교사들의 우월의식이 낳은 넘을 수 없는 경계 밖의 장소일 수도 있었다는 생각을 지우기도 쉽지 않다.

지리산 노고단, 그러나 내게는 항상 아름다운 곳이다. 내년 봄에도 진달래, 철쭉의 계절을 기다리는 마음으로 이곳에 오를 것이다. 땀을 채 닦기도 전 성삼재 주차장까지 내려오고 식당에서 맛보는 라면 한 그릇이 왜 이리도 맛있을까!

이탈리아 기행

　적잖게 이탈리아를 여행할 수 있었던 것은 내게 행운이었다. 그리고 다시 갈 때마다 지루함이나 식상함이 없었다. 설렘과 기대감, 뭔가 계속해서 자신의 묻어두었던 자취를 자꾸 꺼내 보이려고 하는 모습에 매료되지 않을 수 없다.
　베네치아는 언제 가도 아름답다. 곤돌라는 이제 타지 않으리라 몇 번 다짐해도 그곳에 가면 의당 먼저 곤돌라에 올라 있는 나를 발견한다. 뱃사공의 노 젓기에 어느덧 흥을 타게 되고, 그곳의 공기는 이미 내 가슴을 로맨틱으로 부풀어 오르게 한다. 광장은 언제나 자유와 사랑, 비상과 절제, 충만한 만족을 느끼게 하기에 충분하다. 비둘기 떼들이 날아 들어 광장을 채우는 것도 평화이다. 대성당 앞에 설라 치면 신성의 거룩함이 베네치아를 살리고, 통행하는 온갖 인종들을 숙연하게 하는 것 같다. 이번에는 카페에 들러 핫초코 한 잔에 물 위의 도시 베네치아를 만끽한다. 역시 이곳에서는 커피향이 최고일 거라 생각해 본다.

괴테의 느낌

독일의 문호 괴테도 서른일곱 살 때인가 이탈리아에 왔다. 《젊은 베르테르의 슬픔》을 썼던 그가 이탈리아에 머물렀다니 과연 그의 감동은 어떠했을까? "나는 나 자신을 찾기 위해, 독일을 떠난다"라는 선언처럼 일상에서의 탈출은 모든 공직과 명예를 내려놓는 데서 시작됐다. 북부 베로나, 피렌체, 베네치아, 나폴리로부터 로마에 이르기까지 자연과 예술, 인간의 원형을 향한 탐색의 여정이었다.

로마에 이르러 그는 "예술은 자연의 이상화이며 그 원형은 로마에 있다"고 탄복했다. 그의 로마 기행은 그의 삶과 작품세계에 일대 전환점이 되었다고 평가된다. 자연과 예술, 고전과 현재의 풍경 속에서 존재의 심연을 탐구하는 여정이 되었으며 그가 말했듯이 "나는 비로소 이곳에서 완성되어져 가는 느낌이다"라는 고백은 결코 허언이 아니었다. 이미 그는 로마의 미술과 건축에 푹 빠져 있었고 낮과 밤의 풍경들이 그 자신의 존재를 재탄생시키는 데까지 이르게 되었다. "어제 저는 많은 것을 보고 또 보았습니다. 아마 교회를 열두 개쯤 들렀는데 모두 훌륭하기 그지없는 제단화들이 있었습니다"(《로마기행 2》에서)라며 끓어오르는 감동을 나타내기도 했다.

"평생 저를 따라다니며 괴롭힌 커다란 결함 두 가지를 찾아냈습니다"(《로마기행 2》에서)라고도 했는데 그 하나가 계획했던 일들을 가능하게 해주는 방법을 배우려 들지 않았다는 것, 또 하나는 일이나 사업에 요구되는 만큼의 시간을 기꺼이 투자한 적이 없다는 것이었다. 괴테는 이탈리아 여정을 통해 자기 내부를 성찰하는 선물을 이미 누리고 있었다.

로마에서

역시 로마는 신비로운 곳이다. 괴테처럼 그림이나 조각, 건축에 관심을 기울이며 자기 존재에 대한 관조에까지 이르지는 못하지만 로마에 올 때마다 탄복하는 것이 있다. 먼 옛날과 현대를 공유하고 사는 이곳 이탈리아 사람들이 참 부럽다는 것이다. 눈을 뜨면 베드로 성당과 미켈란젤로의 예술품들, 아직도 역사의 이끼가 채 벗겨지지 않은 베드로 광장의 고전적 미학, 눈을 돌리면 현대적 건물들과 거리를 꽉 채운 자동차 행렬, 이 모두가 공존하고 있다는 게 신기하다.

트레비 분수에 가면 아무런 상관없는 로마시대의 전차 경기가 연상되고 명소가 되어버린 아이스크림 가게에서 주문을 마치고 분수처럼 솟구쳐 오르는 내 젊은 날의 추억들을 셈해 본다. 스페인 광장에도 발걸음을 멈추고 계단에 앉아 본다. 이미 수많은 사람들로 인산인해다. 광장 같은 느낌은 아니지만 왠지 젊음의 활화산 같은 흥분을 머금게 한다. '로마의 휴일'에서 오드리 헵번이 계단에 앉아 젤라또를 먹던 것이 연상된다. 로마에는 꿈도 있구나. 스페인 계단, 그리고 광장은 꿈의 활화산 같다.

버릴 곳이 없구나

이탈리아는 들르는 곳마다 유적지 아닌 곳이 없고, 서구 문명의 수원지로서 물론 희랍 사람들은 서운해하기도 하겠지만 짙은 향기가 배어 있는 것 같다. 나폴리에 가면 지중해의 푸른 물결과 더불어 가공적인 도시가 아니라 원색적인 맛을 느끼게도 한다. 베수비

오 화산의 용암이 모든 것을 삼켜 버렸다던 폼페이의 유적들이 고스란히 드러나 저 멀리서 손짓한다. 나폴리는 마피아가 장악한 도시라는 소문 때문인지 항구에서 느끼는 지저분함이나 골목에서 풍겨오는 싸늘함 때문에 채 그 진면목을 드러내 보여주지 못하는 아쉬움이 있다. 그러나 자연의 풍광과 아름다움은 인생과 자연을 노래한 이탈리아 가곡이 생각나지 않을 수 없다.

한적하면서도 고아한 소도시 베로나의 느낌도 잊을 수 없다. 아레나 광장에서부터 줄리엣의 집 앞에까지 마치 어릴 적 숨박꼭질하던 느낌을 안은 채 걸음을 옮겨본다. '로미오와 줄리엣'의 고향답게 중세적인 고전미가 눈을 어른거리게 한다. 줄리엣의 집 발코니는 곧 요정이라도 튀어나올 듯 동화적인 분위기에 빠져들게 한다.

이탈리아는 신비하고 아름답다. 그렇게 넉넉하지 않지만 자존감과 기품 있는 신사를 떠올리게 한다. 작고 왜소한 듯하지만 왜 그 나라가 유럽의 중심이고 문화사의 주류가 되는지를 엷은 미소로 속삭이는 듯하다. 일직선으로 뻗은 길가의 사이프러스 나무가 그렇게 장대하지 않으면서도 아담한 풍채를 지닌 채 숨을 고르게 해 준다. 하늘도 높고 푸르다. 작열하는 태양이 이탈리아인의 또 다른 열정을 짐작게 해 준다.

바르샤바 풍경

바르샤바에 도착한 날은 4월 말, 가랑비가 내리고 있었다. 다소 을씨년스러운 느낌도 들고, 역시 북극해의 서늘함과 매서움이 긴장감을 더해주는 듯 했다. 바르샤바도 슬픈 도시이다. 어디를 가나 전쟁을 안 겪은 나라가 없고 과거 역사적 상처가 오늘의 그들을 여전히 고통스럽게 하는 것이 비슷한 양상이다. 한때 폴란드도 리투아니아와 연방이 되면서 동유럽의 강국으로 전성기가 없었던 바는 아니되, 1, 2차 세계대전을 겪으면서 입은 전쟁의 피해나 상처는 말로 다할 수 없을 정도의 것이라 한다. 오스트리아, 프로이센, 러시아로 3분할되는 아픔도 있었고, 급기야 2차 세계대전 시에는 독·소 불가침 조약으로 인해 초기 양쪽으로부터 협공을 당하고 탄압을 받은 바 있다.

슬픈 바르샤바

2차 대전 당시 독일 히틀러의 탄압은 극에 달했다. 1944년 8월

봉기에 앙심을 품은 나치 히틀러는 폴란드에 대대적 말살 작전을 감행하고 독일군 탱크에 의해 바르샤바는 모두 무너지고 초토화될 지경에 이르렀다. 군인, 민간인 사망자가 전 인구의 20퍼센트에 달했다고 하니 참으로 슬픈 역사가 아닐 수 없다. 건물들은 거의 파괴되었고 바르샤바 구 시가지 입구에 일부 남아 있는 성벽이 애처롭기까지 하다.

그것뿐이겠는가. 폴란드는 유대인 학살의 중심이 되어 유럽에서도 나치의 포악한 인종말살 행위가 잔혹하게 행해지던 곳이 되었다. 아우슈비츠 수용소가 바로 이곳에 있지 않은가?

폴란드의 슬픔은 그것으로도 끝나지 않았다. 구소련 붕괴와 더불어 우여곡절 끝에 공화정이 들어섰고, 2010년 법과 정의당 출신의 카친스키 대통령은 임기 6개월을 남겨두고 의문의 비행기 사고로 사망하는 사건이 벌어졌다. 과거 소련이 비밀리에 폴란드의 지식인, 예술인, 종교인 등을 학살한 일이 있었고 이 사건의 진상을 밝히기 위해 매장지를 방문하려 했던 대통령은 총리를 제외한 모든 각료들을 대동한 채 비행기를 탔으나 의문의 비행기 추락으로 끔찍한 죽음에 이르고 말았다.

쇼팽과 바웬사의 나라

바르샤바 왕립공원은 쇼팽 공원이라 불리기도 한다. 그 면적 자체가 어마어마하고, 숲에서 풍겨오는 향취는 전설적인 쇼팽 음악에 심취하게 하고 방문자 모두를 숙연하게 한다. 입구에서 천재 음악가 쇼팽의 동상을 만난다. 7세에 이미 레슨 선생으로부터 더 가르칠 것이 없다고 찬사를 받았고, 8세에 이미 황궁에 들어가 피아노를 연주할 뿐 아니라 작곡까지 했다니 가히 그 천재성에 놀라울 따름이다.

조성진이 연주하는 녹턴 정도로 이해하고 있던 쇼팽의 음악이 참으로 방대하고 깊은 울림을 주는 음악이었음을, 바르샤바가 부끄러운 나를 깨우쳐 주었다. 시내에 쇼팽이 활동하던 거주지 앞 벤치에서는 그곳에 앉아 버튼만 누르면 쇼팽의 피아노곡이 울려 나왔다. 바르샤바는 쇼팽의 도시이다. 쇼팽은 자기 유해를 폴란드에 묻어 달라 했고, 당시 삼엄한 경비망에 유해를 운구할 수 없어서 그의 심장만 몰래 이곳에 옮겨와 바르샤바의 성 십자가 성당에 안치했다고 한다. 39세를 일기로 세상을 떠났지만 조국 폴란드를 사랑한 천재 음악가, 그가 안치되어 있는 심장 때문에 바르샤바가 숨을 쉬고 있다.

폴란드는 바웬사의 나라이기도 하다. 폴란드가 구소련연방의 영향하에 위성국가로 있던 시절, 공산당 정권에 항거하여 10년여 '자유노조연대'를 이끌며 폴란드의 자유와 민주화 운동을 이끌어 갔던 인물, 레흐 바웬사를 잊지 못한다. 억압받던 세계 민중들에게 그의 자유노조연대 운동은 얼마나 큰 희망이 되었으며 용기를 주었던가? 1990년에 치러진 선거에서 제2대 대통령에 당선되었지만 얼마 못 가 실각하는 비운의 결말을 맞게 된 것은 참으로 아쉬운 일이다.

비신스키 추기경

폴란드는 가톨릭 국가이다. 인구의 90퍼센트 이상이 가톨릭일

정도로 교회의 영향이 대단하다고 할 수밖에 없다. 폴란드 출신의 요한 바오로 2세도 훌륭한 교황이지만 그에 못지 않게 국민들로부터 존경받는 인물이 바로 스테판 비신스키 추기경이라 한다. 바르샤바의 성 십자가 성당 앞에는 십자가를 짊어진 예수 그리스도, 그리고 입구 좌우편에 교황 요한 바오로 2세와 폴란드 공산 치하에서 국민들에게 용기를 주고 신앙의 지조를 지킨 비신스키 추기경의 동상이 있다. 낮은 곳을 향하여 빈자들의 친구가 되고 억압받는 자들의 동반자가 되었던 추기경이 왜 폴란드 국민들의 존경을 받는지 이해가 갔다.

예수 그리스도의 성상 받침대에는 "마음을 들어 올리라"라는 라틴어 문구가 새겨져 눈길을 끈다. 어떤 억압이나 고통, 어둠의 세월에도 마음을 들어 올려 십자가에 달린 그리스도를 바라보라는 의미로 들려진다. 거기에 희망이 있다는 메시지이기도 하다. 바르샤바에는 퀴리 부인 생가도 있다. 퀴리 내외와 딸, 사위 등이 노벨상을 6개나 수상했다 하니 바르샤바에는 천재가 또 있구나 하는 생각이 든다.

구 시가지를 나오며 성벽 앞 대형 사진 한 장 앞에 발걸음을 잠시 멈춘다. 2차대전 당시 도시의 85퍼센트가 파괴되었다는 폐허화된 바르샤바의 모습이다. 이곳 시민들은 결코 이 사진을 잊지 못할 것이다. 히틀러의 만행, 전쟁 범죄자들의 야만적이고 폭력적인 반인류, 반문화적인 폭거를 더 이상 용인하지 않겠다는 바르샤바 시민들의 슬픈 눈빛이 빛을 발하는 것 같다. 바르샤바는 슬픈 도시이다. 그러나 영웅적인 시민 저항과 공동체에 대한 애정이 그 어디보다 뛰어난 도시이기도 하다.

탈린의 노을

　모처럼 발트 3국 여행에 발을 옮겼다. 바르샤바에서 탈린으로 가는 비행기에 몸을 실었다. 4월 하순인데도 날씨는 쌀쌀했고 북해의 찬 기운이 살까지 파고드는 느낌이다. 사실 몇 년 전 북유럽을 여행하면서 헬싱키에서 페리로 발틱해를 건너 탈린에 잠깐 머문 적이 있었다. 그때의 감동과 강렬한 느낌이 다시 발틱해 연안의 작은 나라들을 찾게 한 것 같다.

　우울한 역사
　에스토니아는 고대로부터 추디에스티인들의 땅으로 알려진 곳이다. 이후 외세의 개입과 침략이 반복되면서 바람 잘 날 없는 고통을 겪어야만 했다. 중세에 리보니아 그리스도 기사단에 의해 정복된 이후 스웨덴, 덴마크, 북방십자군 독일과 러시아의 속령이 되거나 영향권 아래 놓이게 되었다. 제1차 세계대전 후 잠시 독립을 쟁취했으나 제2차 세계대전 중에는 러시아와 독일에 번갈아 병합

되기도 했고, 결국 구소련에 점령되면서 소련의 일부가 되는 얄궂은 운명을 겪기도 했다. 1991년 8월 20일 완전독립을 하기까지 이른바 '노래혁명'의 시위는 모든 인류의 가슴을 뭉클하게 했다.

에스토니아인들은 노래를 부르며 거리에 결집했는데 이후 라트비아, 리투아니아에서 몰려든 200만 시민들이 빌뉴스에서부터 탈린까지 가도를 점령하고 손에 손을 잡고 노래했고, 이 행렬은 무려 600킬로미터에 달할 정도였다고 한다. 독일 통일 과정에서도 보았듯이 성 니콜라이 교회를 중심으로 한 월요 평화기도회와 시위가 동·서독 장벽을 무너뜨렸듯이 민중들의 저항과 평화시위가 오늘의 발트 3국의 독립을 가능케 했다.

자연, 역사, 인간의 조화

탈린은 고즈넉한 작은 도시이다. 물론 발틱해를 중심으로 한 한자(Hansa)동맹의 전성기엔 부유하고 번화한 무역도시이기도 했다. 구 도시에 발걸음을 내딛으면 고풍스런 중세풍의 건물들이 흘러간 역사의 희비를 말해주는 듯하다.

탈린 여행의 백미라고 할 코투오차 전망대에 서면 그야말로 한 폭의 아름다운 그림이 전개된다. 멀리 발틱해가 배경이 되고 우뚝 솟은 성탑과 교회들은 지나온 역사를 말해주며, 그 안에 살고 있는 인간들의 모습들이 신비롭게 겹쳐진다. 실로 자연과 역사와 인간의 조화, 이 아름다운 균형과 배치를 누구라서 흉내 낼 수 있겠는가? 그래서 모든 이들이 이곳 탈린에 와서 도시의 고아한 풍광에 매료될 뿐더러, 인간의 겸손과 품격을 떠올리곤 고개를 끄덕일 수밖에 없지 않았을까 생각해 본다.

톰페아 언덕에 자리한 러시아 정교회 알렉산더 네브스티 성당은 양파 모양 돔의 아름다움으로 방문객들의 눈길을 끈다. 그리고 높이 올라간 성탑과 교회의 첨탑, 고풍스런 건물 사이로 눈에 띄는 건물 하나가 있다. 구소련이 1980년 모스크바 올림픽을 대비해 지은 호텔이라 한다. 당시 소련의 아프간 침공에 항의하며 서방 66개국이 불참한 반쪽 올림픽이었는데, 선수단과 손님들을 위해 지은 호텔이다. 그런데 끔찍한 사실은 나중에 밝혀진 내용이었던 바 모든 방마다 도청 장치가 숨겨져 있었고 지하에는 KGB의 사무실과 고문실이 준비되어 있었다는 것이다. 가공할 만한 독재체제가 어떻게 무서운 음모와 계략으로 인간을 배반하고 야만적인 폭력을 행사했는지를 잘 보여준다고 할 것이다.

이 아름다운 조화를 파괴하려 드는 폭력세력들은 오늘에도 여전히 기승을 부리고 있다. 이 어두운 세계에 평화가 얼마나 절실한지를, 그리고 이 아름다운 조화를 어떤 야만적 행위로도 영구히 파괴할 수 없다는 것을 탈린은 웅변해 주고 있다.

저항과 목마름

도시 곳곳에 우크라이나 국기가 자국 국기와 함께 나부끼고 있는 것을 목격하는 것은 여타 발트 국가들과 차이가 없다. 러시아와 우크라이나 전쟁 중에 자기들 처지와 비슷한 우크라이나를 응원하는 의사 표시인 것 같다. 숱한 외세의 침략에 짓밟혔고 가깝게는 러시아에게 유린당했던 슬픈 역사가 어두운 시민들 표정에서도 드러난다. 그런 까닭에 평화에 대한 갈망도 더할 것이라 생각해 본다.

IT 강국으로 도약하여 사는 형편이 여타 인근 국가들에 비해 낫다는 이야기는 탈린의 내일을 밝게 해 준다고 할 것이다. 그러나 오히려 이 도시의 미래는 더 가까운 곳에 있다고 보여진다. 구 시청사 광장에서 보는 마치 동화책에서나 나올 법한 중세풍의 환상적인 건축물들, 크리스마스 마켓이 유명하다는 겨울 풍경, 그리고 올드타운 성문 앞에 있는 24시간 꽃가게 거리, 길가 노천 가게에서 중세 복장을 하고 건네는 전통기술로 이어져오는 달콤한 아몬드 맛. 그리고 거리에서 들려오는 에스토니아 전통 백파이프 음악까지 탈린의 미래는 아련한 중세풍의 이 향기를 이어가고 발전시켜 가는 데 있을 것 같다는 느낌이 문득 들었다. 노을 지는 탈린이 더 환상적이고 아름답다.

구 시가지를 거슬러 다시 전망대 앞에 이른다. 황혼 노을에 탈린은 다시 중세 마을로 돌아간다. 정숙하면서도 따뜻해지는 듯한 발트해와 오버랩되는 성당의 첨탑, 성벽들이 어우러져 또 한 편의 동화를 만들어 낸다.

니스를 거닐다

프로방스, 아를을 거쳐 니스에 왔다. 남프랑스 일대를 한 바퀴 돌아보는 이번 여정은 그동안 내가 갖고 있던 환상에 대한 대답이었다. 국제영화제의 도시 칸과 연결되어 있는 니스는 지중해에 몸을 던지는 휴양도시이기도 하면서 영화적 낭만과 뜨거운 태양빛이 만나는 곳이기도 하다.

지중해 푸른 빛

지중해는 생각만 해도 푸른 물결 속에 요동치는 생명력의 파고가 생기 이상이다. 그런가 하면 잡다한 모든 속물적 생각들을 조용히 잠재우고 그저 무한한 휴머니티의 침묵을 느끼게도 한다. 화려한 마차 행렬과 수천 송이로 꾸며진 카퍼레이드의 니스 카니발이 눈에 선하다. 마세나 광장에 이르니 카니발에 죽고 카니발에 사는 이곳 사람들의 지중해성 로맨틱한 성격이 그대로 깔려 있는 듯하다.

니스 해변을 따라 걷노라면 'I LOVE NICE'라는 글씨의 조형물을 만나게 된다. 나는 이 글씨를 볼 때마다 가슴이 요동치고 무슨 일인가 곧 벌어질 것 같은 긴박감 같은 것에 사로잡히곤 했는데 오늘 그 자리에 와서 포토존에 선다. 5킬로미터에 달하는 해변은 검은 조약돌 밭이 뜨거운 태양에 반사되어 더욱 이글거리고 있다. 젊은이들은 선글라스에 가벼운 옷차림으로 커플에게 어필하기에 온 정신이 팔려 있는 듯하고, 반려견과 산책 나온 노부부들은 자연 속에 동화되어 기다란 호흡을 조절해 가기에 바쁘다. 여기에서의 숨은 축복이다. 천연의 공기에 깊이 호흡하며 바람결에 머리칼 정도는 흩날려도 좋다. 해변의 햄버거 가게에서 가까스로 자율주문을 성공해서 세트 메뉴로 점심을 대신한다.

샤갈을 생각한다

니스에는 벨라루스 출신의 '색채 마술사' 샤갈의 미술관이 있다. 유대인 가정에서 태어난 화가 마르크 샤갈은 상트페테르부르크에서 미술 공부를 했고 파리에 와서 몽마르트 작업실에서 그림을 그렸다. 이후 모스크바, 파리, 프랑스 남부, 미국 망명으로 그곳에 정착했던 천재 미술가는 다시 파리에 돌아와 마지막 불꽃을 사른다. 그의 회화는 환상적인 주제를 화려한 색과 능란한 붓놀림으로 묘사했다는 평을 받는다.

알 듯 모를 듯한 그림은 환상과 추상의 세계로 끌고 들어가 가히 현란한 색채의 마술에 매료되게 한다. 그의 나이 86세 생일을 기념하여 개관했다는 니스의 샤갈미술관은 조용하면서도 그의 작품 성격이 잘 드러나는 듯한 풍경에 싸여 있었다. '검은 장갑을 낀 나의 약혼녀', '기도하고 있는 유대인'이 눈길을 끈다. 현란하면서도 묘하게 통일되고 조화되는 그의 회화가 왜 피카소의 그림에 버금가고 현대 미술의 양대 거장이 되었는지에 고개를 끄덕이게 했다.

역시 예술은 무한하며 길고 또 긴 생명력을 품은 것인가 보다. "우리 인생에서 삶과 예술에 진정한 의미를 주는 단 하나의 색은 바로 사랑의 색이다. 삶이 언젠가 끝나는 것이라면 삶을 사랑과 희망의 색으로 칠해야 한다"라고 그가 말했다던가. 이 말은 그의 삶과 작품을 통해 추구했던 바 진정한 가치는 따뜻함과 인간애였음을 짐작하기에 충분한 것 같다. 생폴드방스의 샤갈 묘지에서 느꼈던 존엄한 인간의 풍모가 이곳에서도 느껴졌다.

뜨거운 태양 아래

니스는 뜨거운 태양이 좋다. 흰 피부를 금방이라도 벌겋게 익혀 버릴 것 같은 태양, 그래도 그 태양이 이 해변 도시를 내려쪼이기에 니스는 빛난다. 그 태양 아래 꿈이 영글어 간다. 조깅하는 사람들, 자전거 타는 이들, 아장아장 어린아이의 서투른 걸음에도 태양은 작열한다. 《이방인》에 나오는 뫼르소를 연상하게 하는 불타는 태양이다. 해변에서 불타는 태양에 반사된 칼날을 보며 우발적 살인을 하고 어느 누구에게서도 인정받지 못하는 이방인이 되고 만다는 뫼르소의 이야기가 생각난다. 우리는 저 태양 빛 아래 무심한 도심 속에서 점점 소외되어 가고 있는 것은 아닌지.

쑥 해장국

어느 지역을 가나 거의 대부분 쑥국을 파는 음식점들이 있다. 된장을 적당히 풀어 넣은 쑥 해장국은 천하일품이고 그 맛과 풍미에 찾는 마니아들이 많다. 3, 4월에 나는 쑥이 식용으로는 최고라고 한다. 약용으로 효능이 탁월하여 약재로 많이 사용된다는 쑥은 소화 기능뿐 아니라 항염, 항균 작용, 혈관 정화 등 몸에 이로운 것으로 예로부터 잘 알려진 터다. 나는 쑥해장국이 좋다. 그 향이 사람을 끌어당긴다. 그 쌉싸름한 맛이 구미를 당기고 식욕을 돋운다. 정읍에 살던 시절, 그 유명한 쑥해장국 집에 자주 들르곤 했다.

쑥향으로 아침을 채우며

그 향기가 정겹고 분위기를 따뜻하게 한다. 왠지 마음이 평안해지고 관용과 여유로움이 가슴을 통해 전해진다. 아침 해장국은 신선한 바깥공기와 더불어 새날에 대한 기대와 자신감을 찾아준다. 조급함을 떨쳐내고 자연의 느긋함과 폭넓음에 가까이 가게 한다.

지난날을 돌아보고 이 아침을 관조하며 내일에 대한 생각들을 정리하게 한다. 해장국 한 사발에 무슨 그렇게 심오한 의미를 덧붙일 게 있겠느냐고 비웃을 수도 있겠지만, 어쨌든 나는 이미 그윽한 쑥 향에 취해 있다.

두 맛집

정읍에 가면 쑥해장국으로 알려진 맛집이 두 군데 있다. 하나는 시내에 있는 쑥해장국집인데 깊이 우려낸 걸쭉한 국물이 일품이다. 천년 묵은 체증도 내려갈 판이다. 많은 반찬도 필요 없다. 깍두기와 몇 가지면 충분하다. 오래된 듯한 작은 공간 안에서 아침 해장국을 즐기는 손님들의 대화가 정겹다.

시장 할머니의 구수함과 정겨움이 이미 맛을 결정하고도 남는다. 투박한 말투와 사람을 구별하지 않고 거칠게 건네는 어투에 손님들은 오히려 정을 느끼고 그 분위기에 빠져드는 듯싶다. 언제나 내게는 깍듯하고 목사 대접을 하려는 그 배려가 고맙기도 하고 당황스럽기도 하다. 차라리 내게도 거칠게 대하고 욕(?)이라도 쏟아주었으면 하고 생각될 때도 있었다.

또 하나 잊지 못할 쑥국 집은 천변에 있다. 할머니 두 분이 하시는 식당인 듯한데 맛이 그만이다. 천변의 풍경을 앞으로 깔고 마주 대하는 쑥해장국은 그 향기와 쑥시레기가 어우러져 많은 이들이 사랑하는 명품 집이 되었다. 내가 좋아하는 파나물과 갓김치는 맛을 열 배나 더해주고 동네 사랑방 같은 분위기는 나그네에게도 쉽게 동화되고 친밀하게 녹아들도록 만드는 묘한 매력이 있다. 할

머니들의 친절과 배려가 깊은 안도감을 안겨주며 속깊은 얘기조차 나누게 하는 처소이기도 하다. 천변에 벚꽃이라도 만개할 즈음이면 왁자지껄한 바깥 구경꾼들의 감탄과 함께 쑥 해장국은 잊지 못할 맛을 더해간다. 정읍에 가면 그 집에 또 들러야 한다고 벌써 가슴속에서 박동이 빨라진다.

추억은 아름다워라

쑥국 한 그릇에 추억은 모락모락 피어난다. 아름다운 사람들, 정겨운 이들, 울고 웃던 지난날 그 흔적들이 되살아난다. 교회에서 만난 수많은 신자들, 성품 좋고 믿음 좋은 아름다운 사람들, 사람을 알아봐주고, 목사를 믿어주며 끝까지 돌봐주었던 기둥 같은 사람들이 가슴에서 미어져 온다.

수많은 세월 동안 교회학교를 넘나들며 자라던 그 어린 생명들은 지금 어디서 무얼할까? 연약하고 상처 많아 제 몸조차 제대로 가누지 못하던 이들은 지금은 어떻게 하고 살아갈까? 그리고 시대를 걱정하고 고장의 내일을 염려하며 생각의 깊이를 공유하려 했던 많은 시민들의 얼굴도 떠오른다.

추억은 아름답다. 그 기억 때문에 인생이 풍성해지고 부자가 될 수 있는 것이다. 울고 웃던 순간순간들이 어쩌면 내 인생에서 최고의 꼭지점이었고 내가 누린 최상의 선물이었다. 비록 힘겨워하고 슬플 때였더라도 그 추억은 내게 최고였다. 쑥국 이야기를 하면서 왜 추억을 들먹이게 되는가? 그 맛에 빠지고 보니 내 마음도 이완이 되고 옛날 생각이 자꾸 오버랩되는 듯싶다. 헤르만 헤세가 쓴 책의 한 구절이 생각난다.

"그리고 헤아릴 수 없이 많은 값진 고향의 기억이 골짜기로부터 밀려오자 저 아래 고향 사람들을 아주 감탄케 하려던 나의 자랑스러운 귀향의 감정과 기쁨은 점점 사라지고 감사와 외경의 마음이 일어나는 것이었다."

- 《청춘은 아름다워》 중에서

그렇다. 정읍은 아름다운 곳이요 기쁘고 슬펐던 내 감정의 진폭과는 상관없이 감사와 외경을 불러일으키는 공간이었음이 분명하다. 짙어가는 쑥향과 더불어서 말이다.

송림숲을 거닐며

해풍과 송림

　장항의 명소 송림 숲은 점점 유명세를 더해가는 듯하다. 인근 지역뿐 아니라 전국 각지에서 소문에 소문을 타고 사람들의 발길이 끊어지지 않는다. 장항 하면 우선 덩그러니 솟은 장항제련소 굴뚝을 떠올릴 것이나 이제는 산업화 시대의 퇴물이 되어 문을 닫은 지 오래다. 오히려 지금은 그동안 제련소에서 뿜어낸 낙진 오염으로 인해 그 폐해를 걱정하는 상황이 장항의 그늘진 얼굴임을 부인할 수 없다.

　그럼에도 송림숲과 해변은 이 지역의 새로운 랜드마크처럼 신선한 이미지를 선사해 준다. 빽빽이 들어선 소나무 숲은 청량한 공기와 자연의 풍성함을 온몸으로 느끼게 하기에 충분하다. 조금만 발걸음을 옮겨 거닐다 보면 산소 호흡의 위력이 가슴에 저며든다. 마음은 금세 안정을 되찾고, 잊었던 추억들이 새록새록 기억을 자극해 온다. 그뿐인가. 툭 터진 해변 멀리에서부터 불어오는 해풍의 은

은한 맛이 깨끗함, 그리고 오래 묵은 것 같은 향을 더해준다.

맨발 걷기에 나선 사람들이 떼를 이뤄 모래밭과 갯벌로 나간다. 일몰의 황혼이 해변 일대를 드리울 때면 고즈넉함과 쓸쓸함이 밀물처럼 밀려와 나그네의 옷깃을 한번 고쳐 세우게도 한다. 동네 뒤편 옛 동산 같은 느낌도 있고, 섬집아기의 노랫말 같은 애틋한 정서도 품고 있는 곳이다. 소나무 숲을 지나면서 많은 생각들이 떠오르다 사라지다를 반복한다. 칸트처럼 철학적 상념의 깊은 골짜기로 내려갈 수 있을까? 숲속 걷기의 장점은 아무래도 일상적 고뇌의 해소에서부터 시작해 삶에 대한 여러 가지 관념들을 응축시켜 가는 데 있는 것이 아닐까? 자연 속에 거닐면 거닐수록 점점 안정되고 무게감 있는 삶을 얻어갈 수 있을 것 같은 생각이다.

월든 호숫가에 오두막을 짓고 자연생태와 하나 됨을 꾀했던 미국의 시인이자 사상가 헨리 데이비드 소로의 생각은 어떠했을까? "이 타락한 시대에 잔물결이 이는 강물 소리를 들을 줄 아는 사람은 완전한 절망에는 이르지 않으리라"는 그의 말의 깊은 뜻을 생각한다면 그가 왜 톨스토이나 간디에게까지 영향을 미쳤는지 이해될 법도 하다. 모두가 철학가가 될 필요는 없지만 흩어지는 낙화처럼 인생이 그렇게 가벼운 즉흥적 편린들로 끝나 버린다면 서글플 것이다.

기벌포 전장터라니

그런데 이런 아름다운 해변과 소나무 숲이 먼 옛날 기벌포 전쟁터였다니 믿겨지지 않는다. 스카이워크에 올라가 보니 역사를 알려주는 안내판이 참혹했던 전쟁의 전말을 알려주고 있었다. 당나라가 옛 백제의 거점이었던 웅진도독부를 철수하게 될 즈음 황해 해로를 통해 철수할 길을 열기 위해 신라의 측면을 공격하게 되었고 이곳 기벌포에서 전투가 벌어졌다고 한다. 신라군이 크게 승리를 거둬 당군 4천여 명을 참수했다니 참으로 끔찍한 싸움이라 아니할 수 없다. 평화로운 자연도 쉽사리 전쟁의 제물이 될 수 있고 싸움의 피아를 막론하고 수많은 피를 흘렸을 것이니 이리도 슬프고 애통할 일이 또 있겠는가. 아직도 전쟁의 피울음이 귓전을 때리는 듯하다. 인간들이 만들어 낼 수 있는 평화는 정말 그리도 힘든 것일까. 한참 상념에 잠겨본다.

건너편 군산

송림 해변에서 바라다 보는 군산은 왠지 아련하고 때로는 착잡한 감정이 뒤엉켜 오기도 하는 곳이다. 멀리 새만금까지를 조망해 보면서 그런 감정이 더해온다. 새만금 프로젝트는 서해안 시대의 상징과도 같았을 것이나 지지부진한 사업 전개로 군산을 새로운 도시로 변모시켜 가는 데 역부족인 듯한 느낌을 지울 수 없을 것 같다.

과거 식민지 시대의 역사 유산은 우리가 안고 가야 할 소중한 흔적들이기는 하지만 미래를 향한 도시 전체의 동력과 움직임이 더딘 것만 같아 안타깝다. 그러나 여기 장항 사람들은 군산이 가깝게 바라보이는 것이 꿈 자체였을 것이다. 도선을 타고 군산으로 건너가려 치면 늘 설레었을 것이기 때문이다. 송림해변에서 바라보는 강건너 군산은 로망이다. 마치 보스포루스해협 건너 유럽 쪽을 바라보는 아시아 쪽의 이스탄불처럼 말이다.

갯벌에 나간 어린 꼬마들이 저마다 소리지르며 바다가 들려주는 작은 소리에 감탄을 금치 못하는 듯하다. 모래 위를 거니는 젊은 남녀들은 저마다의 암호를 모래밭에 그리며 서로의 마음을 공감해 가는 것 같다. 송림 해변 소나무 숲에 해가 기운다.

2. 민주적 신념은 지켜질 수 없는가

미국의 얼굴
광주여, 무등산이여
세상 바꾸기
민주적 신념은 지켜질 수 없는가
저 강은 알고 있다
비겁해지는 이유
야망에 대하여
유전무죄 무전유죄

미국의 얼굴

"미국에 대해 잘 알고 있나?"라고 묻는다면 반응은 여러 가지일 수 있다. 미국에 몇 번 다녀와 봐서, 혹은 가족이 그곳에 살고 있기에 주워들은 이야기를 통해 잘 아는 편이라고 허풍을 떨기도 하고, 미국에 대한 정보를 여기저기서 좀 주워들었거나 학문적으로 미국을 전공한 사람들도 할 말이 있을 것이며, 최근 뉴스에서 오가는 몇 가지 시그널로 미국 이해를 대신하려는 이들도 있을 것이다. 그럼에도 자신있게 "미국은 이렇다"라고 말할 수 있는 사람이 얼마나 될까?

미국은 알다가도 모를 모호한 얼굴을 하고 있는 나라임이 분명하다. 합중국에 뒤섞여 사는 인종들만큼이나 색깔도 다르고 보이는 모습이 다를 수도 있을 것이다.

태생적 결함

미국의 기원을 더듬어 볼 때 크게 두 가지 흐름을 지적하는 이들이 많다. 하나는 메이플라워호를 타고 대서양을 횡단해서 동부 플리머스에 정착한 경건한 이주민 그룹이다. 그들은 표면상 적어도 신앙의 자유를 좇아 신대륙에 건너온 퓨리탄들이 대부분이었다. 지금도 로드아일랜드나 동부 지역의 잔디 마당과 화이트 하우스, 그리고 호수와 정돈된 숲들의 배열에서 고전적인 향취와 경건했던 선조들의 체취를 느끼기에 부족함이 없다고 생각한다. 이들이 바로 미국의 양심을 담은 인권존중의 정신적 흐름을 형성해 올 수 있었다고 생각해 보는 것도 무리한 일은 아닐 것이다.

또 하나는 탐욕에 찬 거침 없는 꿈을 안고 신대륙에 정착한 이들이 있었다. 원주민들을 학살하고 카우보이식 위용을 자랑하며 골드러시와 서부 개척의 야망을 실행해 나갔던 모험주의자들의 그룹이 있었을 것이다. 어쩌면 태생적으로 미국은 이 두 그룹의 정신적 유산이 오늘의 그들을 지배하게 되었다고 생각할 수도 있다.

고립주의와 국가이기주의

이미 세계적으로 패권국의 지위를 얻었다고 생각하는 미국은 평화의 수호자이거나 민주적 가치의 종주국처럼 행세하기도 하고 대다수 세계시민들이 그렇게 받아들이거나 그런 역할을 미국에 기대하기도 한다. 그러나 미국의 진면목은 사뭇 다르다. 찰스 A. 굽찬이 말한 대로 미국의 안전을 효과적으로 지키기 위해서는 유럽 대륙의 지정학적 경쟁관계로부터 자국을 고립시켜야 한다는 고립주의 외교노선으로 시작해서 자국의 이익을 최우선시하는 탐욕주의적 정책을 수없이 펼쳐 왔다. 겉으로는 불개입원칙을 천명하면서도 끊임없이 교역, 전쟁, 군사, 에너지 등의 문제에 개입해서 패권 지위를 유지해 가려는 시도를 거듭해 오고 있다. 친미정권을 세우기 위해 정보기관을 동원해 독재정부를 전복하려 했다든지, 대테러 전쟁의 명분을 앞세워 무수한 희생을 강요하기까지 한 일들은 비일비재하다.

트럼피즘이라 일컬어지는 국가 이기주의 노선은 돌출적 정치인의 개인 퍼스널리티의 문제가 아니라 미국 저변에 깔려 있는 인종주의와 자국 우선주의의 급격한 노출 현상이라고 봐야 맞을 것이다.

혹자는 말하기도 한다. 오늘의 미국을 구성하는 세 개의 흐름이 있다고 말이다. 하나는 토크빌주의이다. 미국 건국 정신인 공화적 자유주의의 가치를 존중하며 헌법에 녹아 있는 가치들을 현재화시키려는 세력과 그 흐름을 일컫는다고 할 수 있다. 또 하나는 헌팅턴주의라 일컬을 수 있는 문명간 충돌을 불사하는 세력들이다. 새뮤얼 헌팅턴이 말한 것처럼 "다문화주의와 다양성의 이념은 미국의 정체성에서 남은 중심적 요소들, 즉 문화적 핵심과 미국 선조의 정당성을 약화시켰다"고 믿는 세력들이 엄연한 흐름을 구성하고 있다고 봐야 한다. 마지막으로는 바이든에게 경선에서 패배했으나 워싱턴 정가에 돌풍을 일으켰던 버니 샌더스가 상징하는 미국적 민중주의, 끊어지지 않는 사회주의, 급진적 공화주의라고도 일컬을 만한 그런 흐름이 여전히 미국 사회에 흐르고 있다는 것이다.

그러나 이런 다양한 흐름과 내세우는 주장에도 불구하고 엘리트주의에 기초한 백인 우월주의 문명에 대한 집착과 국가이익 우선의 탐욕성을 떨쳐 버릴 수 없다는 것이 미국의 그늘진 모습이다.

중생의 가능성

잠재된 전쟁터와 같은 오늘날의 살벌한 국제관계에서 마냥 도덕적 국가를 기대하기는 힘들다. 실리를 빼고 평화와 인권을 앞세울 나라도 거의 없을 것이다. 그러나 이미 어쩔 수 없이 세계의 패권을 장악한 상황에서 평화에 기여하고 통상적인 정의와 질서를 위해 노력하는 미국의 얼굴을 보고 싶어 하는 것은 나만의 치기 어린 바람일까? 일상화된 전쟁, 기후위기와 팬데믹까지 직면한 오늘의 상황에서 스스로 물어본다. 그토록 토마스 페인이 칭찬했던 민주주의의 가치를 재현해 낼 수는 없을까? 제퍼슨, 해밀턴 등으로 대표되는 건국의 주류가치와 헌법정신을 되살려 낼 수 있는 가능성은 없을까?

우리가 가장 우려하는 것은 오래전 조지 캐넌이 지적했던 "결국 소비에트 공산주의의 문제에 대처할 때 우리가 직면한 가장 큰 위험은 우리가 우리 스스로 우리가 상대하는 이들처럼 만들어 버리는 걸 허용하는 것이다"라는 말처럼 미국이 변질되어 가는 것이다. 두 얼굴의 미국이 점점 더 참혹한 하나의 얼굴로 급변해 가는 것이다.

광주여, 무등산이여

광주는 한국 현대사에서 특별한 의미를 가진 도시이다. 남도의 중심이기도 하고 인심 좋고 음식 맛있기로 소문난 고장이기도 하다. 빛고을 광주는 이 한반도에 한 줄기 빛이 되는 고을이요 민주주의의 성지처럼 불리워지게 되었다. 1929년 11월 3일 촉발되었던 광주학생 항일운동은 단순한 역사가 아니었다. 그 의기와 독립투쟁의 애국의지는 결국 1980년 5월 광주 민주 민중항쟁으로 불타올랐고, 광주는 피 흘리는 희생을 통해 민주주의를 지켰다.

또 5·18이 오면

그날이 오면 우리는 또 한 번 가슴속 맺힌 한의 울음소리를 듣는다. 당시 민주화 제단에 목숨 바친 영령들의 슬픈 울음소리요, 아직도 구악을 채 청산하지 못하고 미완의 시대를 살아가는 산 자들의 신음소리이다. 1980년 신군부와 군사 쿠데타 세력의 망동으로 촉발된 광주 항쟁의 결말은 처참했다. 광주는 군인들에 의해 무도하게 진압되었으니 이후 숨죽여 살아야만 했던 야만의 시대를 다시 떠올리는 것조차 고통스러운 일이다. 그 수많은 세월 동안 그 폭력 세력과 잔당들을 채 청산하지 못한 채로, 틈만 나면 고개를 들고 5·18을 폄훼하거나 조롱했다. 그들의 역겨운 모습들을 봐줘야 하는 것도 괴롭고 한편으론 부끄러운 일이다.

다시 망월동에 올라가 본다. 유족들과 시민들의 눈물로 몇 번이나 씻겨나갔을 묘역 앞에서 눈을 감는다. 우리에게 민주주의는 무엇인가? 의열들의 죽음은 오늘 우리에게 어떤 의미를 가져다 주는가? 민주주의의 반대가 무엇인지 확실히 알기에 우리는 민주주의를 찾아 오려고 했고 또한 지키려 한다. 민주헌정을 중단시키고, 유린하려 획책했던 시도들이 있었지만 다행히 광주라 불리는 민중들과 이 나라의 민주시민들이 불의한 모든 음모들을 막아서고 민주주의를 지켜왔다.

서슬 퍼렇던 1980년 5월의 광주, 이곳저곳에 낭자한 핏자국들을 떠올리며 그 긴박하고 공포로 뒤덮였을 그날들을 생각해 본다. 나는 이미 전국으로 계엄이 확대될 즈음 피난처를 찾아 이곳저곳으로 도망다니는 신세였다. 숨죽여 신문을 뒤적이며 광주항쟁의 경과를 주시하고 있었다. 미 항공모함이 광주 시민들을 도우러 오고 있다는 오보 아닌 가짜뉴스가 들뜨게 하기도 했던 때이다. 미국이 한국의 민주주의를 지켜주려는 파수꾼도 아니며 오히려 군사독재자들을 이용하고 보호해서 지역패권을 유지하려 했던 것이 한두 번이던가? 순박한 광주 민중들은 한가닥 기대를 갖기도 했겠지만 오히려 무참히 도청 진압이 자행되고 수많은 젊은이들과 시민들이 죽음으로 내몰렸던 결과에 직면하게 되지 않았던가.

김준태의 시가 가슴 아픈 5·18을 눈물로 지나가게 한다. 1980년 6월 2일 〈전남매일신문〉에 실린 109행의 장시이다. 군부의 검열에 걸려 고작 33행만 세상에 나왔다.

> 아아 광주여 무등산이여
> 죽음과 죽음 사이에 피눈물 흘리는
> 우리들의 영원한 청춘의 도시여
> 우리들의 아버지는 어디로 갔나
> 우리들의 어머니는 어디서 쓰러졌나
> 우리들의 아들은 어디에서 죽어 어디에서 파묻혔나
> 우리들의 혼백은 또 어디에서 찢어져 산산이 조각나
> 버렸나
> 하느님도 새떼들도 떠나가 버린 광주여
> ……죽음으로써 죽음을 물리치고
> 죽음으로써 삶을 찾으려 했던
> 아아 통곡뿐인 남도여 불사조여 불사조여 불사조여
> 아아 광주여 광주여 이 나라의 십자가를 짊어지고
> 무등산을 넘어 골고다 언덕을 넘어가는
> 아아, 온몸에 상처뿐인, 죽음뿐인 하느님의 아들이여……
> — '아아 광주여 우리나라의 십자가여' 중에서

15살의 나이에 《바람찬 날에 꽃이여 꽃이여》를 펴낸 5월 광주

소년 시인 박용주의 '목련이 진들'도 생각난다.

> 목련이 지는 것을 슬퍼하지 말자
> 피었다 지는 것이 목련뿐이랴
> 기쁨으로 피어나 눈물로 지는 것이 어디 목련뿐이랴
> 우리네 오월에는 목련보다 더 희고 정갈한
> 순백의 영혼들이 꽃잎처럼 떨어졌던 것을
> 해마다 오월은 다시 오고 겨우내 얼어붙었던 이 땅에 봄이
> 오면
> 소리없이 스러졌던 영혼들이 흰빛 꽃잎이 되어
> 우리네 가슴속에 또 하나의 목련으로 피우는 것을
> ……우리들의 오월꽃이 아직도 애처로운 눈빛을 하는데
> 한낱 목련이 진들 무에 그리 슬프랴
> 　　　　　　　　　　－ 박용주의 '목련이 진들' 중에서

무등산에 올라

무등산에 올라 광주를 바라본다. 입석대와 서석대에 이르러 광주를 바라본다. 아름다운 도시요, 슬픈 눈빛을 하고 오히려 무등을 치켜보고 있다. 광주와 화순 일대에 걸쳐 솟아오른 이 산은 남도 일대를 아우르는 신비한 비경이 일품이다. 광주에서 언제 핏빛 항쟁이 있었느냐는 듯 무심하다. 그러나 정상에서 바라다보는 겹겹이 에워싼 산맥의 흐름은 아무도 쉽게 뚫지 못할 민주성산의 무게를 보여 주기에 충분하다. 무등이 있기에 광주가 있고, 광주의 준

엄한 역사가 무등의 기개를 더 곧게 해 주었다.

도청 광장에 서면

다시 구 도청 광장으로 나가본다. 긴박했던 시가전의 중심이었던 도청은, 마지막 시민군의 항쟁 근거지였던 도청은 무심코 서 있다. 어둑해진 황혼녘의 금남로는 슬픈 기색을 하고 야경을 펼쳐갈 채비를 하고 있다. 날으는 새들은 이 땅의 민주주의를 지켜달라는 절규를 담은 전단지들이다. 아아, 그렇구나. 광주에 오면 왜 내 마음은 진정되지 못하고 술렁대는 걸까? YMCA 시절, 그리고 목회하던 시절, 숱하게 찾아왔던 동네인데 왜 광주는 나를 두렵게 하는 걸까? 고향 같지는 않다. 오히려 나부끼는 민주주의 깃발처럼 나를 격동시키고 보채는 곳이다.

세상 바꾸기

오늘의 우리가 사는 세상이 대단히 불안정하고 미래 역시 불투명하다. 격랑에 휩쓸리듯 세상이 급변하고 요동친다. 점점 더 나은 세상을 꿈꾸는 젊은이들을 비웃기라도 하는 듯 더 어지러워지고 사는 게 힘들어진 것 같다. 문명세계는 초호화 세상을 보여주려 하고 계속 진화를 꾀하지만, 반대로 어두운 구석들은 시간이 갈수록 더 처참한 질곡이 되고 무절서와 야만의 얼굴을 드러내곤 한다는 것이다.

세계 1, 2차 대전을 겪으면서 인류는 전쟁의 참혹함을 뼈저리게 느끼는 양 평화를 외치고 평화를 갈망했지만 오히려 세상은 전쟁이 그치지 않고 더욱 가공할 만한 파괴와 폭력을 수반한 전쟁으로 발전하고 있는 게 아닌가. 또한 평등과 공생을 위해 사회주의도 실험하고 복지를 실천하기 위한 모색을 끊임없이 하고 있음에도 사회적 불평등과 빈부격차의 간극이 점점 벌어지는 사회에 진통하고 있는 것이 엄연한 현실이다.

신자유주의의 격랑

뉴욕의 노숙자들의 실태를 고발하는 영상을 본 적이 있다. 최첨단 유행과 월가의 금융기관들로 상징되는 뉴욕에 노숙자가 웬 말인가 할 수 있겠다. 그러나 실제로 한 구석에는 온갖 쓰레기가 뒹굴고 약에 취해 비틀거리거나 굶주려 허기진 손을 벌리고 구걸하는 사람들, 무질서하게 텐트를 치거나 건물 앞에 자리를 깔고 작은 몸을 의탁하는 밀려난 사람들, 버려진 사람들이 수두룩하다는 것이다. 이것은 비단 뉴욕뿐 아니라 필라델피아, LA도 마찬가지다.

국경이 무의미해진 자본의 유통과 금융거래, 무역개방을 통해 신자유주의 열풍은 세계를 장악했다. 자유시장 경제에 대한 맹신과 글로벌 체제에 대한 순진한 추종의 결과는 끔찍하다. 오히려 부의 쏠림현상과 빈익빈을 가속화했다. 더불어 관권개입과 국가적 통제를 불러오고 극우적 국가이기주의를 부추기게 되었다. 민주적 질서를 위협하는 자본의 지배와 기득권 세력의 아성을 더욱 공고화하게도 했다.

공화주의가 위험하다

유사 이래로 인류는 피로 물든 희생을 통해 민주주의라는 가치와 사회구성의 틀을 만들어 왔다. 민주주의의 핵심은 공화주의라고 달리 말할 수 있을 것이다. 대의제를 기반으로 한 국민주권주의, 토론과 설득을 통한 공생의 원리를 습득한 셈이다. 신자유주의라는 거센 회오리 속에 과거의 유물인 봉건과 절대왕정의 파편들이 다시 국가적으로 크게 세력을 얻게 되거나 극적으로 부상하는 현상들을 곳곳에서 목도한다.

자유라는 가치를 만능처럼 구호로 내세웠으나 오히려 국가적 통제와 나치즘과 같은 일방적 선동과 독과점 세력의 자유만을 방어해 주는 기형적인 정치행태가 자리잡아 가기도 한다. 대의제가 일거에 무시되기도 하고 국민주권이 조롱당하기도 한다. 국가 이익을 앞세운 보수화 정책들이 속도와 효율을 내세우며 공화주의의 틀을 파괴하고 있다.

공화주의가 개인을 소외시키거나 자유를 멸시하는 것이 아니라 더 나은 공동체를 위한 견제와 균형의 틀이요 공공선의 확대를 꾀하며 설득과 합의를 지향하는 것이라면, 공화주의에 대한 위협과 파괴는 원치 않는 역사적 퇴행이요 값비싼 희생으로 일구어낸 민주주의 체제에 대한 도전이라고 할 수 있다. 미국에서도 이미 이러한 보수 기독교 세력과 결합한 괴물 같은 극우준동이 시작되었고 불행히도 한국에서조차 비슷한 현상이 소동을 일으키고 있다.

공생가능한 새 세상

과연 지속가능하며 공생이 보장되는 세상이 가능할까? 노숙자들이 점차 자취를 감추고 가정이나 직장으로 복귀하는 변화가 우리 사회에서 가능할까? 극단적으로 간격이 벌어진 빈부격차가 해소되고 공평이 받아들여지는 사회를 어떻게 하면 만들어 나갈 수 있을까? 재벌과 부자들 그리고 기득권자들이 공평과 분배에 히스테릭한 반항을 보이지 않고 한 발 물러설 수밖에 없는 사회적 틀을 과연 만들어 낼 수 있겠는가?

지금 현실로 보자면 새 세상은 요원하다. 철학과 사상의 뒷받침, 진리에 대한 구도정신과 실천을 겸비한 종교적 신념, 적극적 시민참여와 공론장의 확대를 통한 진보된 사회에 대한 다각적 노력과 헌신이 필요할 때다. 그리고 글로벌 체제의 안목에서 공생의 틀을 쉬지 않고 모색해 가고, 개별 부족과 국가단위의 공화적 공생체제를 세워나가는 노력을 경주해야 한다.

더 나은 나라에 살고 싶다. 더 나은 세상을 꿈꾼다. 이러한 소박한 시민적 기대와 꿈이 물거품이 된다면 사는 게 고통스러워질 것이다. 민주공화정에 바탕을 둔 견고한 체제하에 국격이 제고되고 자신의 사회에 자부심을 가질 수 있을 때만 흔들리지 않는 생을 지켜갈 수 있다. 살맛 나는 세상에 존재하고 싶다.

민주적 신념은 지켜질 수 없는가

　민주주의에 대한 신념이 최고의 가치라고 단언할 수는 없다. 어떤 이념에 자신의 삶을 얽어맨다는 것은 인생을 왜소화시키고 치졸하게 격하시키는 일이기 때문에 그러하다. 그러나 오늘 이 시대를 살아가는 이들에게 민주주의를 추구하고 더 나은 민주진보 사회를 향해 투쟁하고 격렬한 감정을 품는 일이야말로 고상하고 가치 있는 일이라는 사실을 부정할 자가 과연 몇이나 될까? 더구나 혈기방장하고 의분에 불타는 심장을 가진 청년들에게서야 더 말해 무엇하랴.

　60년대 이후 한국 사회에서 끊임없는 민주화 투쟁과 노력들이 모든 사회운동, 청년학생 운동의 주류를 이루고 마침내 그 결실을 이루어 온 것도 결국 어디에도 굴하지 않는 민주주의에 대한 신념과 그 지조를 지켜온 이들, 그리고 그들의 고난과 희생을 담보로 얻어진 것임을 우리는 익히 알고 있다.

변절에 대한 애도

 민주주의에 대한 신념을 지키고 이를 위해 자신의 삶을 일관되게 지켜간다는 것은 위대한 일이다. 그리고 숭고하기까지 하다. 왜냐하면 그들이 엄혹한 독재 체제하에서 모두가 침묵을 강요당하고 반민주 독재 권력에 굴종하기를 강제받는 상황에서 민주주의에 대한 신념을 배반하지 않았기 때문이다. 누군가는 미행당하거나 체포되고 무자비한 고문을 당하기도 하고 투옥되거나 목숨을 빼앗겨야 했던 시절이었다. 그러나 한편에서는 바르지 못한 학문으로 세속의 인기에 영합하려 애쓴다는 '곡학아세'(曲學阿世)처럼 오직 출세 하나에 모든 것을 걸고 불의와 타협하거나 못 본 체 방관하며 비교적 순탄한 길을 택했던 이들도 있었다. 정말 안타까운 일은 그런 현실주의자들의 행태보다 더 비겁하고 더 초라하게 인생막장을 걷는 인사들의 모습이라고 할 것이다.
 청년학생 시절 민주화 운동의 이력이 남다르고 감옥의 부자유와 쓰라림을 맛본 이들 중에서도 어느 날 태도를 바꾸고 권력과 야합하는 변절의 끝판을 보여주는 이들이 적지 않음은 역사의 불행이요 비극이다. 정파에 몸 담고 있는 이들이 진영을 바꾸는 일이야 그럴 수 있는 일이라 쳐도 그들만 쳐다보며 사표로 생각하거나 지도자로 품고 따르던 많은 사람들을 절망시키는 배반을 어찌해야 할 것인가? 민주주의를 목놓아 절규했던 유명 시인의 말년의 태도 변화를 이해할 사람들이 많지 않을 것이다. 자신은 사상적 성숙이요 통합의 바다에서 노 젓기의 여유를 찾고 보니 생각이 달라졌다고 변명할지는 몰라도 그것이 희생과 고난을 무릅쓰고 달려온 민주사회를 향한 거대한 물줄기에서 벗어난 변절임을 왜 모르는 것일까? 모른 체하는 걸까? 몇몇 인간들처럼 민주화운동, 노동운동에서 잔뼈가 굵었음에도 진영을 넘어서 사회를 혼란시키는 언동을 쉬지 않고, 결국 파시스트로 변질되어 가는 것은 슬픈 일이다.

변절은 부끄러운 일이다. 자신의 삶의 방향 바꾸기가 충분한 논거를 가진 과정 스토리가 뒷받침되어 한층 성숙해 가는 모습을 보인다면, 그렇게 비난받을 일은 아닐 것이다. 그러나 대부분 뜬금없는 태도 왜곡과 배신에서 나오는 모양들이기에 애도한다.

입만 살아서

작금에 와서 민주세력에 대한 조롱과 그간 민주화를 위해 수고한 이들에 대한 비아냥을 우리는 듣고 있다. 물론 어느 누구인들 도덕적으로 완벽한 자가 어디 있으며 인생에서 허물없는 이들이 어디 있겠는가. 그러나 묻거니와 민주회복을 위한 투쟁의 한복판에서 그들이 신음하고 희생할 때 그대들은 과연 어디에 있었는가?

보신을 위해 몸을 사리고 엘리트주의의 몽환에 빠져 자기를 변명하기에 급급했던 자들이 아닌가? 오히려 봄날이 오고 살 만한 시대가 오니 아무 제약 없이 큰소리치고 자신들이 감히 넘볼 수 없는 생의 깊은 골짜기를 넘어온 이들에게 그렇게 가볍게 조롱하고 희화화해도 될 일이겠는가? 아마도 다시 폐쇄적인 시대가 도래하고 억압과 폭정이 어둠을 몰고 오는 상황이라면 그때도 입을 열고 큰소리 칠 수 있을까 물어본다. 입만 살아 자기들보다 앞서갔던 이들을 조롱하고 언론의 자유를 빙자한 패악질을 계속하는 것은 참으로

후안무치한 일이다.

박 대령만큼은 못할까?

최근 채 상병 사건과 사후 처리 과정에서 나타난 우리 사회의 총체적 불의와 구조화한 거짓체계를 대하면서 환멸과 절망감을 금할 수 없다. 과연 우리 시대에 정의는 있는가? 카뮈는 모든 부조리에 대해 인간이 반항할 수 있는 길은 불의에 불의를 보태지 않게 정의에 봉사하는 일, 가득한 거짓에 거짓을 보태지 않게 명료한 언어를 사용하는 일이라 했다.

진실을 좇아 수사를 진행하다 오히려 재판정에 선 박 대령만큼도 우리는 할 수 없단 말인가. 모자에 별을 단 자들과 미꾸라지처럼 책임을 모면하려고 빠져나가는 권력에 실소를 금할 수 없다.

저 강은 알고 있다

　강은 긴 물줄기를 형성하고 흐른다. 시냇물이 모이거나 작은 지류들을 만나 큰 강을 이룬다. 온갖 풍상을 다 겪으면서 강은 흘러흘러 간다. 필시 바다로 향할 것이다. 비바람, 눈보라 등 자연의 영향을 받기도 했겠지만 인간들의 문화와 역사의 곡절을 다 겪으면서 세월 따라 강은 흘러왔다. 아무 말 없는 강의 속심사를 누군들 쉽게 짐작할 수 있으랴마는 무심한 강줄기도 무언가 알고 있는 게 있을 것이다.

　아침 해뜰 때 태양에 반사된 강물은 신선함을 더해주고 무언가 장차 일어날 일들은 준비하는 듯하다. 노을 진 강물은 애처롭다. 우리의 역사가 슬픈 것만큼이나 흐르는 강물도 애잔하기 그지없다.

영산강아 말해다오
　영산강은 영산포에서 목포까지 이른다. 수운 기능이 가능했던 시절 선박이 오갈 수 있었던 추억을 떠올리며 오늘도 말없이 흐른다. 물론 그 원류로 이야기하자면 담양 어느 계곡까지 거슬러 올라가야겠지만 말이다. 소년 시절에 정이 들었던 익숙한 강일 뿐더러 성인이 되어 목포에 내려왔을 때도 한창 보전 문제가 이슈가 되어 관심을 갖고 여러 차례 답사를 하기도 했던 영산강이다.

흑산도 홍어가 목포를 거쳐 영산강을 타고 나주 영산포까지 선박에 실려 올라왔다는 지난 추억은 영산강 뱃길의 낭만의 역사로 기억될 것이다. 하구둑을 막아 여러 가지 경제적 이득을 보게 되었다고 말하지만 하류에서 막혀 버린 영산강의 아픈 속내를 누구라서 속시원히 알겠는가. 생태 환경 면에서도 얻은 것보다 잃은 게 더 많다는 이들의 주장도 있다. 과거 찬란했던 영산 문화, 영산강 뱃길의 역사를 아는 이들 입장에서는 한없는 아쉬움이 남을 수밖에 없다.

영산강은 말이 없는 듯하지만, 강은 알고 있다. 근대화의 소용돌이 속에 뼈아픈 호남의 상처를 가슴 어디엔가 안고 가야 했던 이 지역 민중들의 한을 같이 아파하며 흘러 지나왔을 것이다. '느림보 기차'로 상징화된 호남 차별은 군사정권의 등장과 함께 두드러졌던 것으로 여겨지며 '영남 산업기지화', '호남 산업노동자화'가 가시화되면서 호남 사람들의 분노와 한을 키워갔다고 보여진다. 물론 흔히 말하는 학연, 혈연, 지연으로 차별이 심화되었다고까지 이야기하는 호남 사람들도 있다. 고위관료나 기업 임직원 등에 이르기까지 광범위하게 소외 아닌 소외가 어느 정도 드리워진 것이 사실이라 한다면 참으로 슬픈 이야기다. 물론 지금이야 대놓고 호남 차별을 정당화할 사회 분위기도 아니고 통합의 키워드가 아니면 어디서도 통할 수 없는 수준에까지도 왔지만 그러나 얼마 전까지만 하더라도 차별이나 부당대우가 일반화된 이야깃거리가 아니었던가?

저항, 그리고 비극의 역사

오늘도 유유히 흐르는 영산강은 이 지역의 저항의 역사를 잘 알고 있을 것이다. 1920년대 일제 치하 암태도에서 벌어졌던 소작쟁의, 항쟁은 일본인 지주들의 과도한 소작료 징수에 항거한 농민들의 투쟁이었던 바 일경들과의 충돌을 통해 독립운동의 성격으로 발전하였다. 이후 인근 섬과 전국으로 소작항쟁이 확산되면서 독립운동의 큰 동력이 되었으니 영산강은 이 역사적 의거들을 지켜보고 있었을 것이 분명하다.

그 이전 갑오농민전쟁과 의병운동에 피눈물을 쏟아부었을 농민군과 의병들의 함성을 저 강은 알고 있다. 그리고 끔찍한 6·25 내전의 비극과 상처를 영산강은 알고 있을 것이다. 세월은 흘러 1980년 5월 광주 시민군들이 차량을 이용해 목포로 내려오는 소리를 들었을 것이며 묵묵히 지켜보고 있었을 것이다. 민주주의를 지키려는 젊은이들의 의기와 결기를 똑똑히 보고 있었을 것이다. 그리고 그 이후 전개된 광주의 눈물도 목격하고 있었을 것이다.

한때 여러 시민단체들과 더불어 영산강 환경보전운동에 함께한 적이 있다. 지금은 하구 생태 복원이 이슈가 되고, 보다 근본적인 강의 수질이나 생태보전에 관심이 높다고 한다. 산업개발이나 물류 이동 측면의 유불리를 먼저 생각하고 기껏해야 홍수해 방지를 위한 수량조절 정도로 하구둑 건설에 나섰겠지만, 강은 인위적인 것이 아니라 자연발생적이요 영원한 것이다. 그 강이 살아 있어야 하지 않겠는가?

그 강에서

나주 영산포 강변 습지에 나가 본 적이 있다. 끝도 없는 갈대밭을 쉬지 않고 걸었다. 작은 생명체들도 눈에 띄고 미생물들조차도 여기저기 숨쉬고 있는 기운이 역력하다. 바람에 스치는 갈대숲의 노래가 어우러져 강은 노래한다. 자연의 숨소리를 재현한다. 그리고 사람들의 이야기, 정한과 사연들을 들려주는 것만 같다. 목포에서 나주까지 오갔던 뱃길 따라 슬픔과 환희가 오갔을 그 낭만 수로를 다시 떠올려 본다.

비겁해지는 이유

　인간이 더러워지는 것 중에 하나는 비겁이다. 물질 앞에서 비겁해지기도 한다. 왜? 우선 목구멍이 포도청이라 많은 재화의 유혹에 가난을 면할까 싶어 자기의 자리를 내놓고 비겁함으로 숨어버린다. 본디 물질적 욕망도 비겁함에 쉽게 자신을 팔아 버리게 한다. 외부의 폭력적인 힘, 권력 앞에서도 사람은 비겁해진다. 위해를 당할까 두려워 자신의 생각이나 주장을 접어버리고 딴소리를 하게 된다. 일반적인 유행이나 대중들의 쏠림에 자기 자신을 포기하고 편승하게도 한다. 비겁은 거짓말을 사용하기도 하고 사리에 맞지 않은 것들을 우기기도 한다. 말 바꾸기는 비겁한 자들의 상투적 방식이다.
　곡학아세는 비겁함의 극치이다. 학문을 팔아 권력에 기생하려 하거나 진리를 포기하고 일신의 영달을 꾀하는 무리들의 낯이 두껍다. 나라를 빼앗긴 식민지 시절, 비겁한 인간들은 수두룩하게 쏟아져 나왔다. 이완용의 사술과 처세는 비겁함의 표본이다. 일제에 목숨을 구걸하며 변절을 식은 죽 먹듯 했던 추악한 군상들을 떠올리는 것도 부끄럽기 짝이 없다.

식민사학의 깊은 뿌리를 뽑아내지 못해 오늘에도 이른바 '근대화론'을 강변하는 이들과 어느새 극우논리와 합작해 일제를 흠모하거나 피식민지 체제의 강압적 통치를 재현해 보려는 모리배들이 요소요소에 득실대고 있는 것이 현실 아닌가? '어른들은 비겁하다'는 말이 그럴 수도 있겠다 생각이 든다. 나이 들면서 비교적 세상과 타협하는 게 쉽고 빨라진다. 경험이 타협에 익숙하게 만들어 주고 불의에 눈감고 변명에 능한 경우가 많다. 정의를 외면하거나 불의를 못 본 체 묵인하거나 방치하는 행동들이 바로 비겁함의 전형이다. "과거 학생운동, 노동운동을 했었네" 하면서 자신을 과대 포장하기 좋아하고 오늘에 와서는 정반대의 노선 선두에 서서 인간의 존엄을 모욕하는 인간들을 볼 때마다 오히려 연민의 감정을 갖는다.

어떤 맥락도 찾아볼 수 없는 노선 변경이나 위치 조정 등이 어떻게 받아들여질 수 있겠는가? 혹자는 전향이라고 궤변을 늘어놓기도 하겠지만 그 역시 어떤 전향의 근거도 없는 단지 세상의 영화와 안일함에 그 인생을 맡겨 살겠다는 얕은 속임수들 아니겠는가?

빌라도의 비겁

성서에 나오는 총독 빌라도 역시 비겁한 인간 중 하나이다. 그는 로마 황제의 대행자로 유대사회에서 거의 전권을 쥔 막강한 권력의 핵심에 있었다. 예수에게서 어떤 혐의점도 발견할 수 없어 망설이고 있었던 빌라도의 모습이 나타난다. 그러나 이미 그를 십자가에 처형시켜 달라고 벌떼같이 덤벼들던 유대교 지도자들의 압박을 아주 무시할 수도 없었던 정황이 성서에 잘 보도된다.

유대인들의 반감을 사기 싫어 자신의 평판이나 경력에 흠이 될 수도 있는 위험을 감수할 필요가 없다고 생각한 그는 예수를 십자가 처형에 내어준다. 그리고 그 책임을 유대인들에게 전가시킨다. 자신은 아무런 책임도 없다는 듯 손을 씻어 버린다(마 27:24).

그가 불의한 로마 권력의 화신이고 그에게 비겁하다는 말조차 사치스러울 정도이지만, 예수 그리스도의 처형 장면에서 보인 그의 간교함과 비겁함은 환멸감을 남기기에 부족함이 없다. 인류 역사의 소용돌이 속에 절대적 하나의 분기점이 될 사건 현장에서 보인 비겁함이기에 씁쓸하다. 결국 그는 오늘날 그리스도인들이 예배 시마다 고백하는 사도신조에서 "본디오 빌라도에게서 고난을 받으사 십자가에 못박혀 죽으시고"의 장본인이 되어 영원한 저주의 이름이 되었다.

시드기야와 거짓 예언자들

성서의 열왕기상에 보면 거짓 예언자 시드기야가 등장한다. 희대의 우상숭배자요, 악행을 일삼던 아합 왕은 남부 유다와 동맹하여 길르앗 라못을 쳐들어가 아람과 전쟁을 벌인다. 남왕국 유다의 왕 여호사밧은 먼저 여호와께 물어보자고 제안을 한다. 예언자 4백 명은 한결같이 왕의 결정이 옳다고 박수를 보낸다.

그러나 참된 종 미가야는 "여호와께서 거짓말하는 영을 왕의 이 모든 예언자의 입에 넣으셨고 또 여호와께서 왕에 대하여 화를 말씀하셨나이다"(왕상 22:23)라고 직언을 서슴지 않는다. 이에 비겁한 예언자 시드기야가 나서서 미가야의 뺨을 치며 "여호와의 영이 나를 떠나 어디로 가서 네게 말씀하시더냐" 하며 미가야를 능욕한다.

왕의 어전에서 아부하며 자기 세도를 유지하려는 비겁한 시드기야와 4백 명의 민낯이 그대로 드러난다. 어처구니 없는 거짓예언으로 왕의 환심을 사고 그 그늘 아래 몸을 숨기려는 치졸한 모리배들의 모습이 역겹다. 비겁함은 그 결과로 반드시 모함을 획책하게 한다. 참의 사람들을 핍박하고 저들에게 죄를 덮어 씌워 제거하려는 만행을 주저하지 않는다.

또 비겁한 자들

비겁한 자들은 대개 협박에 넘어가기 일쑤고 기회주의자의 실체를 드러내 주기도 한다. 사건 조작에 능한 검사들과 거래를 두려워하지 않는 파렴치한들의 몰골도 자주 매스컴에 등장하지 않는가? 범죄 형량을 감해 주겠다던지 잘봐주겠다고 회유하는 수법은 다반사고 여기에 넘어가 혐의를 받고 있는 제3자에게 불리한 거짓 증언을 안면 몰수하고 질러대는 이 비겁한 자들의 추태를 더 이상 봐주기도 힘들다. 세네카가 말했다던가. "운명은 용감한 자를 돕고 비겁한 자를 끌고간다"라고.

《비겁한 돈》이라는 책이 눈길을 끈 적이 있다. 부에 대한 도덕적 관점을 깨고 현실적으로 부를 거두어 들이기 위해서는 전략과 용기가 필요하다는 얘기에는 그럴 듯한 면도 있다. 그러나 '세상의 흐름을 빠르게 읽고 실행에 옮기는 사람'을 기회주의자로 해석한다든지, 돈이란 '효율과 속도를 따른 냉정한 존재'라고 하면서 자본주의의 룰을 오차 없이 실행에 옮기는 것이 필요하다고 역설한다면 한낱 자본의 메커니즘에 자신을 끼워 맞춰가는 법을 설득하는 기술서적에 불과할 것이라 생각했다.

정의가 부자를 만드는 것은 아니지만 그렇다고 정의를 외면한 부자가 성공한 자요 현명한 자라고도 할 수 없다. 기회주의와 요행에 매몰된 현대 사회에서 지조와 강단있는 사회적 절개를 지켜 간다는 것이 얼마나 아름다운가. 이 사회에 희망의 기운을 일으켜주는 불씨 아니겠는가. 선비 정신이 다시 그립다.

야망에 대하여

셰익스피어의 비극 '맥베스'는 인간의 권력 지향과 이를 위한 야망이 엮어내는 비참과 파멸을 잘 보여준다. 맥베스는 원래 충성스러운 전사였으나 마녀들에게서 '미래의 왕'이라는 예언을 듣고 나서 야망의 불을 뿜으며 돌변한다. 그는 걷잡을 수 없는 야망에 사로잡히게 되고 마침내 왕을 살해하기에 이른다.

권력을 얻기 위한 야망으로 성공했고 왕이 되었지만 그는 오히려 비참의 길로 들어선다. 끊임없이 죄책감에 시달리게 되고 권력 유지를 위해 또 다른 범죄를 자행하게 되면서 서서히 파멸해 간다. 셰익스피어는 이 작품을 통해 권력에 대한 야망이 얼마나 치명적인 결과를 가져오는지를 보여주려고 했던 것 같다.

인간에게는 야심의 늪이 헤어나올 수 없는 함정인 것 같다. 본능적 욕망이라 할 수 있는 권력에의 의지와 야망은 아무도 피해 갈 수 없다. 이 야망은 질투와 음모를 수반한다. '사돈이 논을 사면 배 아프다'는 말이 결코 허언이 아니다. 쌀 한 섬이 있으면 백 섬을 갖고자 하는 것이 욕망 확대의 자연스런 원리이기도 하다.

욕망의 늪

이러한 야망의 늪에 빠진 인물들을 성서는 잘 보여준다. 에스더서에 나오는 하만은 야심에 불타는 인물이며, 그 야심을 이기지 못해 파멸에 이르고 만다. 바사 왕 아하수에로가 하만에게 물었다. "왕이 존귀하게 하기를 원하는 사람에게 어떻게 하여야 하겠느냐"(에 6:6). 이에 하만은 심중에 생각하기를 왕이 존귀하게 하기를 원하는 자는 자기 외에는 없다고 과신하며 "왕께서 입으시는 왕복과 왕께서 타시는 말과 머리에 쓰시는 왕관을 가져다가 그 왕복과 말을 왕의 신하 중 가장 존귀한 자의 손에 맡겨서 옷을 입히고 말을 태워서 성중 거리로 다니며 그 앞에서 반포하여 이르기를 왕이 존귀하게 하시기를 원하시는 사람에게는 이같이 할 것이라 하게 하소서"라고 진언한다. 교만과 야심의 극치다. 결국 그 존귀한 자는 모르드개가 되었고 왕에 버금가는 권력자 행세를 하려 했던 아각 사람 하만은 장대에 매달려 죽고 말았다. 그의 열 명의 아들들도 몰살당하는 수치와 파멸의 주인공이 되고 말았다.

사도행전에 나오는 헤롯 아그립바 1세 역시 야망을 이기지 못해 자멸한 인생의 본보기다. 헤롯이 날을 택하여 왕복을 입고 단상에 앉아 연설하니 "백성들이 크게 부르되 이것은 신의 소리요 사람의 소리가 아니라"(행 12:22) 하자 그의 야심은 불타올랐고 아마도 그가 신의 자리까지 가고자 했던 것이 아닐까 추측이 가능하다. 그 결과 그는 벌레에 먹혀 죽었다.

실패하는 삶

제2차 세계대전의 괴물 아돌프 히틀러 역시 위대한 게르만 제국 건설을 내세우며 유럽 제패를 꿈꾸고 야망으로 질주했던 인물이다. 6백만 유대인들이 그의 야망의 제물이었다. 그러나 그는 스스로 목숨을 버리는 비참함으로 끝을 맺었다.

리비아의 카다피는 반미전선의 첨병인 그를 미국이 악마화시킨 것도 있고 처음에는 비동맹이나 제3세력을 자처하기도, 아랍민족주의를 표방하며 반미전선의 영웅이 되기도 했지만 군사 쿠데타로 집권한 42년 동안 돈키호테식 야망의 포로가 되어 비극적인 말로로 반군에 의해 최후를 맞이하고 말았다.

군사정변으로 권력을 장악한 군부 인물들의 경우 애국심 등으로 포장하기도 하지만 그들의 안하무인의 야망이 헌정질서를 무너뜨리고 다수 국민들을 희생양으로 삼았던 예를 얼마든지 볼 수 있다.

겸손과 절제의 미학

권력을 탐하는 자에게서 겸손을 찾아보기란 쉽지 않다. 권력의 야망을 품은 자들에게서 절제를 기대하는 것이 어쩌면 어리석은 일이 될 수도 있다. 야망의 긍정적인 면을 내세우는 이들도 있다. 선한 뜻을 이루기 위한 적극적 웅지를 높이 사고 줄기차게 성취하려는 노력을 인정해야 한다는 것이다. 그러나 야망의 본질이 자기 높임과 자아도취의 궤에서 쉽사리 벗어날 수 없다는 점에 비추어 볼 때 선한 야망이란 본시 존재할 수 없을 것이라 생각한다.

삼국지에 나오는 유비와 조조의 첫 조우 장면은 인상적이다. 유비와 조조가 서로의 인물 됨을 간파하고 헤어지는 장면인데 유비가 조조의 관상에서 큰 인물 됨의 징조를 이야기하자 장비가 이를 폄하하고 이를 듣고 관우가 나서서 '혼일사해'(混一四海)를 역설한다. 야심가들의 야망이 천하를 통일한다는 설명인데 특별한 용모가 아니라도 한 고조나 한신처럼 천하통일의 위업을 달성할 수 있다는 이야기였다. 아무리 '혼일사해'를 이루어도 한 인간의 밑바닥에서부터 뿌리내린 야망의 분비물들은 애꿎은 사람들을 오염시키고 희생시키기까지 한다.

어떻게 하면 상대를 나보다 낫게 여기며 인내와 관용의 덕을 통해 야망을 정화시킬 수는 없을까? "그는 교만하여 아무것도 알지 못하고 변론과 언쟁을 좋아하는 자니 이로써 투기와 분쟁과 비방과 악한 생각이 나며 마음이 부패하여지고 진리를 잃어버려"(딤전 6:4~5)라고 한다. 모든 것을 이익의 방도로 생각한다고 성서는 일침을 가한다. 나라를 얻으려는 자나 권력과 부에 대한 야망이 넘치는 이들에게 경계표가 되었으면 좋겠다.

유전무죄 무전유죄

'유전무죄 무전유죄'는 한국 사회에서 거의 통상적으로 하는 말이다. 양심과 정의에 입각한 재판을 기대할 수 없는 세태를 조롱하는 말이기도 하고 힘없는 이들의 자조 섞인 절망감을 드러내는 말이기도 하다. 물론 아무리 민주주의 체제하에서라 한들 자본이 지배하는 사회 구성체 특성상 돈의 위력이 어디엔들 영향을 미치지 않는 곳이 있겠는가마는 마지막 보루로서 사법 정의를 기대하는 모든 이들에게 실망감을 주는 것은 사실이다.

여기에 더해 '유전무죄 무전유죄'라는 말을 보태야 하는 현실이라면 우리 사회의 장래가 더욱 두려워진다. 권력의 배경이 있으면 있는 죄도 무마되고 무죄방면이 가능하며 권력의 뒷배가 없고 어디 기댈 데 없는 사람들은 죄가 없어도 감옥에 가거나 죄를 뒤집어쓰게 되는 어이없는 사회가 되고 말았다는 것이다.

사법 정의는 없는가

사법 정의를 논하는 것조차 수치스럽게 되어버린 사법부의 현실을 개탄한다. 물론 그중에는 올곧게 재판을 진행하고 양심과 법에 따라 심판하려는 대쪽 같은 법조인의 전통을 이어가려는 이들이 없는 바 아니지만, 그런 인물들을 찾아보기 힘든 현실이 되고 만 것은 부인할 수 없다.

출세 가도를 향한 멈출 수 없는 질주를 쉽게 끊을 수는 없을 것이다. 권력자들과의 커넥션을 통해 입지를 얻고 모든 조력자들과의 카르텔을 통해 자신이 더 높은 곳까지 올라갈 수 있다고 믿는 엘리트 법조인들에게서 정의를 기대하기는 무리일 것이다.

정적을 잡아 옭아내기 위한 권력의 집착에 부화뇌동하고 그 모든 계략을 실행하기 위해 하수인 노릇을 자처하고 있다든지, 권세 있는 자나 돈 좀 있는 사람들은 어떻게 해서든지 방면할 구실을 찾아 주기에 혈안이 되거나, 반대로 힘없는 서민이나 사회적 약자들은 짓밟아도 괜찮다는 식의 생각들이 지배하는 상황이 되고 말았지 않은가? 잡고야 말겠다는 사람들에게는 무차별 압수수색이 파상적으로 자행되고 정작 잡아넣어야 할 자들에게 압수수색은 느림보 거북이가 되는 현실을 슬퍼한다.

무소불위의 권력

군사쿠데타 이후 체제에 일등 조력자였을 검찰은 이제 군부를 능가하는 권력의 자리에 서게 되었다고 말하지 않을 수 없게 되었다. 자의적인 기소 방식이 이미 도를 넘었고 선택적 검찰권 행사가 도마 위에 오른 지 오래다. 짧은 법 지식으로 언론패널로 등장해 세상을 소동케 하고 억지 궤변들을 일삼는 이른바 법조 전문가라는 이들도 한심하기는 매 일반이다.

정의 실종의 환멸

성서에 등장하는 솔로몬의 현명한 재판 이야기는 암울한 시대 우리에게 한 떨기 희망의 빛을 선사한다. 한 집에 사는 두 여인이 한 아이 출산 문제로 다툼이 생겨 왕 앞에 찾아왔다. 한 여인이 먼저 아들을 출산하고 사흘 후에 또 한 여인이 출산하였는데 나중 아들을 얻은 여인이 잠을 자다 아이 위에 누움으로 그만 아들이 죽었고 먼저 출산한 여인의 아들을 훔쳐 자기 아이라 주장한다는 이야기를 왕에게 호소하는 것이었다.

솔로몬 왕은 칼을 가져오게 하고 산 아이를 둘로 나누어 두 여인에게 나누어 가지게 하라고 명령한다. 거짓 엄마는 그렇게 하겠다고 하고 친엄마는 "그럴 수 없노라, 차라리 아이를 저 여자에게 주라"고 울부짖는다. 게임은 끝났다. 정의의 심판이 이루어졌다. 친엄마에게 아이를 돌려주는 현명한 왕의 심판이 이루어졌다는 이야기의 결말이다.

전해 내려오는 이야기가 있다. 어느 날 꾀꼬리, 뻐꾸기, 따오기가 모여 자기의 목소리가 가장 좋다고 다투다 결론을 내지 못해 황새에게 판결을 의뢰한다. 자기 목소리가 가장 안 좋을 것을 아는 따오기는 황새에게 그가 좋아하는 개구리며 여러 먹거리들을 갖다 바치며 자기 소리를 최상으로 판결해 달라고 청탁한다. 황새는 판결했다. 뻐꾸기 소리는 궁상스럽고 수심이 깃들어 있고 꾀꼬리 소리는 애잔하여 쓸데없다 내치고 따오기 소리가 가장 웅장하다며 상성으로 처결해 주었다는 《삼설기》에 나오는 웃지 못할 우화다.

때로는 정치 성향을 따라 주변 눈치를 보기도 하고 자기 아집과 독선에 빠져 정의로운 심판을 그르치기도 한다. 사법정의를 세워 가는 데 정치 성향 따위가 왜 고려사항이 되어야 한단 말인가. 법적 정당성과 원칙, 양심을 좇아 재판이 이루어져야 한다.

정의 실종의 환멸

정의 없는 사회는 불행하다. 아무리 번영을 이루거나 부국강병을 이루었다 쳐도 민주적 가치나 그 절차에 대한 신뢰가 사라지면 시민들은 환멸에 빠진다. 그래서 국격이 중요시 되고 민주적 헌정이 튼튼한 나라에 살고 싶어 하는 갈망을 품는다.

사법정의가 실종되면 분노를 넘어 환멸을 느낀다. 그동안 민주사회를 위해 얼마나 많은 희생과 피를 흘려야 했던가를 생각한다면 사법계에 종사하는 한 사람 한 사람이 그 무게를 엄중히 받아들이고 이 사회를 살 만한 가치가 있는 사회로 정착시켜 가는 데 멸사봉공의 처신을 아끼지 말아야 할 것이다.

3. 비가

세례자 요한의 생
엘머 갠트리
왜 나만 겪는 고난이냐고
천재는 요절하는가
카뮈, 그리고 험프리 보가트의 초상
늙는다는 것
조르바를 다시 생각하며
니체를 생각한다
영원히 사는 법
또, 그리움
낙화
겨울 나그네
비가

세례자 요한의 생

신약성경에 나오는 세례자 요한은 예수 그리스도가 나기 6개월 전 출생하여 참으로 극적인 삶을 살았던 인물이다. 그는 예언자의 전형을 보여준다고 할 수 있다. 사가랴와 엘리사벳의 소생으로 그의 출생이 기적적이었음을 성경은 말해준다. 천사의 수태고지에도 사가랴는 자신과 아내가 늙고 나이가 많다고 부정하였으나 천사는 태어날 아이가 "주 앞에 큰 자가 되며 이스라엘 자손을 주 곧 그들의 하나님께로 많이 돌아오게 할 것"이라고 알려준다. 마치 예수 그리스도의 기적적인 성탄의 전조라도 보여주듯 세례자 요한의 출생은 기이했다.

헤롯과 요한

예수 출생 당시 헤롯 대왕의 아들 헤롯 안티파스는 이복동생 헤롯 빌립의 아내와 결혼한다. 이는 유대 율법에 어긋난 행동으로 예언자 세례자 요한의 격분을 일으켰고 "동생의 아내를 취한 것이

옳지 않다"라고 직언하자 그를 체포, 감옥에 가두어 버리고, 그것도 모자라 아내 헤로디아의 간계로 목 베어 참수시키기에 이른다.

요한은 선지자로서의 사명을 죽기까지 지키려 했으니 설혹 상대가 왕이라 할지라도 정의의 예언을 숨기지 않았다. 헤롯은 요한을 박해하고 처형시키는 일이 마음에 선뜻 내키지 않았다. 그것은 "요한을 의롭고 거룩한 사람으로 알고 두려워하여 보호하며 크게 번민을 하면서도 달갑게 들음이러라"(막 6:20)는 성서의 증거에서도 드러난다. 그러나 그는 우유부단의 사람이라 악녀 헤로디아와 그의 딸 살로메의 계략에 놀아나며 예언자를 참수한다. 이는 구약 성경에 나오는 아합 왕의 아내 이세벨의 현신을 보는 듯하다. 그렇게 요한은 허무하게 생을 마감하고 만다.

광야의 소리

세례자 요한, 그는 광야의 외치는 자의 소리였다. 아무도 귀담아 들으려 하지 않고 심지어 불편하게 느끼게까지 하는 얘기를 거침없이 쏟아냈다. 그의 메시지는 '회개하라'였다.

요단강에서 회개의 징표로 세례를 베풀었던 그는 낙타 털옷을 입고 허리에 가죽띠를 띠고 메뚜기와 석청을 먹던 야생의 사람이었다. 그에게 나아오는 사람들에게 "독사의 자식들아"라고 거침없이 도전하는가 하면 "옷 두 벌 있는 자는 옷 없는 자에게 나눠 줄 것이요 먹을 것이 있는자도 그렇게 할 것이니라"(눅 3:11)고 일갈하며 군인들에게도 사람에게서 강탈하지 말며 거짓으로 고발하지 말고 급료를 족한 줄로 알라고 경고한다. 이것이 야인의 목소리요 예언자의 바른 말 아니겠는가!

 세례자 요한을 떠올리며 예언자 없는 이 시대를 개탄한다. 거짓 예언자들은 난무하고 사이비 예언자들은 기승을 부리는데 광야의 외치는 자의 소리는 어디로 잠적하고 말았는가. 예언자의 탈을 쓰고 강단을 점유하며 권력에 야합하고 자기 안위에 취해 있는 제사장들의 행태가 부끄럽다. 도끼가 이미 나무 위에 놓였는데 우리는 왜 이 절박함을 애써 외면하려 들거나 무시하려 드는 건지, 이것 또한 카뮈가 말한 이해되지 않는 '부조리'가 아닐까 생각한다. 함석헌의 광야의 소리는 다시 돌아오지 않는 걸까? 백기완의 추상 같은 광야의 절규는 영영 다시 찾아볼 수 없게 될 것인가.

들러리의 환희

 그러나 예언자는 주 앞에서 자신을 그의 신발 끈을 풀기도 감당하지 못할 자로 자처한다. 그리고 신랑 곁에서 마냥 기뻐하는 들러리로 고백한다. 겸비의 최고봉이라 할 수 있다. 자기를 낮추나 비굴하지 않으며, 외로워지지 않는 비결을 요한은 체득하고 있었던 것 같다. 오히려 기쁨과 환희가 광야의 사람을 충동했고 기꺼이 목숨을 내어 놓을 수도 있었다.

 예언자는 비참한가? 그렇지 않다. 아무리 큰 소리로 포효해도 자신은 주연이 아니라 신의 들러리요 시대의 들러리임을 자존감으로 축적하고 있는 사람이다. 주연 되기를 욕망하는 까닭에 예언도 사그라들고 성스러움도 온데간데없어지는 난국을 직시하자 세례자 요한을 다시 그리워한다.

엘머 갠트리

'엘머 갠트리'는 1960년 미국에서 제작된 영화이다. 노벨문학상 수상자인 싱클레어 루이스의 원작을 영화로 만든 것으로, 원작과는 약간 다르게 각색된 부분이 눈에 띄기도 한다. '엘머 갠트리'라는 유랑전도자의 부흥 운동을 통해 종교적 위선과 신앙의 상업화를 고발한 내용의 영화이기도 하다. 버트 랭커스터(엘머 분)와 진 시몬즈(샤론 분)가 열연해서 눈길을 끈 영화다.

떠돌이 부흥사

엘머는 신학교에서 물의를 일으켜 퇴학당한 후 주정뱅이처럼 떠도는데 어느 날 부흥집회 광고를 보고 부흥전도단을 이끄는 샤론에게 매혹당하면서 그들에게 합류한다. 한때 신학생이었던 과거가 말해주듯 성경 지식과 유창한 설교 덕에 많은 사람들의 이목을 끌게 되고, 전도단에서도 주요한 인물로 자리매김해 간다. 그러나 그의 본심은 어떻게 해서든 샤론의 마음을 얻어보겠다는 것과 돈이 되는 대중 집회를 성공해 가는 것이었다.

이러한 흐름 속에 부흥집회는 샤론을 초청한 기독교 근본주의자 베비트와 개신교 신앙의 순수성을 지키고 싶어 하는 반대파 간의 논쟁 속에 제니스 시에서 열리게 된다. 그러나 엘머의 성공은 큰 장애를 만나게 되는데 시골 집회에서부터 집요하게 그를 추적해오는 기자는 부동산을 구입하면서 탈세하는 부흥사들의 비윤리성과 집회의 광신적 분위기를 비판하면서 여기에 엘머 갠트리를 끼워 넣는다. 이 여파로 부흥집회는 타격을 받게 되고 위기에 빠지게 되었다.

뜻하지 않은 결과에도 아랑곳없이 교회를 건축하고 엘머와 샤론은 사랑하는 사이로 발전해 간다. 그런데 이때 신학교 시절 엘머 때문에 신세를 망치고 신학교를 그만두어야 했던 여성이 복수의 일심으로 그를 다시 유혹한다. 엘머가 포주에게 구타당하는 그녀를 구하게 되고 둘은 극적으로 화해한다. 엘머는 샤론에게 청혼하지만 거절당하고, 그날 밤 불이 나는 바람에 샤론은 죽고 만다.

군중들은 자기들만 살겠다고 버려두었던 샤론 때문에 괴로워하지만 엘머가 "샤론은 당신들을 미워하지 않는다"라고 위로하며 흑인들의 성가를 부르며 하나가 된다. 엘머의 리더십을 확인한 샤론의 측근은 엘머에게 다시 부흥집회를 열자고 제안하지만 엘머는 이를 거부한다. 엘머 갠트리의 거듭남을 암시하는 장면들로 대미를 장식하는 영화다.

'엘머 갠트리'를 다시 들여다보다

이 영화는 미국 사회에 일대 반향을 일으켰던 1, 2차 대각성 운동을 배경으로 한다. 대각성 운동이 신앙의 본질을 회복하고 잠자는 영혼들을 일깨워 개신교의 부흥과 도덕적 사회 변화라는 기여를 한 것이 사실이지만, 이러한 부흥운동의 과정에서 야기된 교회의 어두운 면들을 직면하게 했다고도 볼 수 있다. 극단의 열광주의, 신비주의, 그리고 교회와 신앙을 팔아 상업적 수단으로 삼으려 했던 몰지각한 교회지도자들과 부흥사들의 치부가 드러나게 된 것이다. 한 번의 실수와 부패 스캔들은 일거에 기존의 신뢰를 땅에 떨어뜨리기에 충분하다. 그리고 건전한 신학 없는 열광주의와 대중 동원이 신앙과 교회를 피폐하게 하고 공동체를 병들게도 한다.

한국 교회도 엘머 갠트리 현상에서 예외일 수 없다. 이른바 한국 교회 전성기라 일컬어지는 70-80년대의 성장과 교세 확장 뒤켠에는 지도자의 일방적 카리스마와 상업주의적 방식에 의존하는 타락한 모습이 숨어 있었다. 이것이 '가벼운 기독교'로 인식되게 하거나 교회의 거룩한 무게감을 약화시키는 결과를 초래했음을 부인할 수 없다.

남은 것

나는 사실 교권과 교리, 그리고 기득권 체제에 예속되지 않은 자유로운 유랑전도자를 기대하며 이 영화를 처음에 보았었다. 그러나 기대와는 달리 방탕하고 무너질 대로 무너져 버린 한 유랑자, 신앙을 미끼로 부와 명성을 가져보려는 얄팍한 교회 언저리를 떠도는 가련한 영혼을 마주 대하면서 당혹했다.

그러나 또 한편 생각해 보면 기성체제에 실망하여 어긋난 길로 떨어질 수밖에 없었으리라고 엘머를 변호하는 측면으로 생각해 볼 수도 있을 것이다. 어쩌면 세속적인 것에 취해 사이비 부흥사가 되었던 그가 여러 곡절을 겪으면서 진정한 인간애, 순수한 영혼으로의 각성을 보여주는 장면으로 영화가 막을 내린다는 것은 위안이 된다.

왜 나만 겪는 고난이냐고

 고난을 즐겨 하고 환영할 인생은 없을 것이다. 물론 신앙적인 해석과 태도를 떠나서 하는 말이다. 고난은 정신과 육체를 타격하고 병들게도 한다. 그러나 원치 않은 고난은 정녕 인생을 비껴가지 않는다. 오히려 기쁘고 안락한 날보다 고통스럽고 슬픈 날들이 더 많은지도 모른다.
 육체적 학대로부터 시작해서 정신적인 괴로움과 피폐에 이르게 하는 고통의 기나긴 터널을 생각해 본다. 질병은 피할 수 없는 인생의 고난이기도 하다. 일거에 육체를 쇠약하게 하고 찌르는 고통이 수반된다. 정신적인 절망이 더해지면서 인생을 짓누른다. 폭력에 의해 가해지는 신체적 고통도 참을 수 없을 만큼 괴롭기는 매일반이다. 육체적 구금에 의한 부자유에 따른 정신적 고통은 더하면 더했지 덜하지는 않을 것이다. 믿었던 사람에게서 배신당한 정신적 슬픔도 큰 고통이다. 실연의 아픔도 인생에게는 참혹한 슬픔일 수 있다. 인생의 회의가 한순간 몰려올 때 광야로 홀로 떠나고 싶은

외로움과 고통도 정신적 고난의 한 단면일 것이다.

시대적 아픔

인간이 겪는 고난의 한 축은 시대적 고통이다. 그것은 한 개인을 뛰어넘어 전 사회적, 전 국가적, 공동체가 겪는 지독하고도 처절한 고통이다. 잦은 정변이나 사회 혼란에서 야기되는 폭력과 공포, 그로 인한 고통은 상호 공유되고 연결되어 있는 고난이다.

전쟁은 더 말할 것도 없다. 가끔 자선구호 단체들의 영상에서 팔과 다리가 없어진 전쟁피해 소년, 소녀들의 끔찍한 모습들을 목격할 때마다 인간의 인간에 의한 가해의 일상화에 몸서리쳐질 때가 있다. 우크라이나와 러시아 전쟁, 팔레스타인과 이스라엘의 전쟁은 왜 계속 멈추지 않는 것인지 참을 수 없는 분노가 진정되지 않는다. 전쟁 당사국들의 악행, 그 뒤켠에는 수많은 악들이 서로 연결되고 상황을 조정해 가면서 평화를 비웃고 있다는 사실을 생각한다면 인간에 대한 절망감은 도를 더해 갈 것이다.

노벨문학상 심사위원장은 한 인터뷰에서 올해 노벨문학상 수상 작가인 한강의 소설에 대해 "인간 고통에 대한 거대한 질문"을 던졌다고 이야기했다. 그의 소설은 개인과 집단이 경험한 고통 트라우마를 증언하는 형식이면서 어떻게 과거의 고통이 현재의 새로운 고통으로 재현되는지를 묵직하게 전해준다. 4.3 사건과 5.18에서 비롯된 집단학살과 그로 인해 그 고통이 연쇄적으로 꼬리를 물고 시대를 넘어 더 광범위하게 되고 밀도를 더해가는 과정을 그의 소설들은 증언해 준다.

"깜박 잠들 때마다 그 학원 앞 밤거리로 나는 돌아가 있다. 열다섯 살의 동호가 건너가지 못한 나이의 훤칠한 고등학생들이 내 어깨를 스쳐 지나간다. … 심장을 누르듯 가슴 왼편에 오른손을 얹고 나는 걷는다. 캄캄한 도로 가운데에서 얼굴들이 어슴프레 빛난다. 살해된 사람들의 얼굴, 내 가슴에 대검을 박아 넣은 살인자의 공허한 얼굴."

－《소년이 온다》중에서

작가의 등줄기에 흐르는 이 시대적 고통의 반복은 쉽게 망각될 수도, 지워질 수도 없는 것이다.

"그들이 희생자라고 생각했던 것은 내 오해였다. 그들은 희생자가 되기를 원하지 않았기 때문에 거기 남았다. 그 도시의 열흘을 생각하면 죽음에 가까운 린치를 당하던 사람이 힘을 다해 눈을 뜨는 순간이 떠오른다. … 떠지지 않는 눈꺼풀을 밀어 올려 상대를 마주보는 순간 자신의 얼굴과 목소리를, 전생의 것 같은 존엄을 기억해 내는 순간, 그 순간을 짓부수며 학살이 온다. 고문이 온다. 강제진압이 온다. 밀어부친다. 짓이긴다. 쓸어버린다. 하지만 지금 눈을 뜨고 있는 한, 응시하고 있는 한, 끝끝내 우리는…."

－《소년이 온다》중에서

'결국 이긴다'라고 작가는 말하고 싶었던 것 아닐까 생각해 본다.

시대적 쓰라림과 고통은 다만 학살과 고문, 육체적 고통과 죽음으로만 끝나는 것은 아니다. 팽배한 불의와 악의 세력들이 정의를 비웃고 집단지성과 역사의식에 대해 아무거리낌없이 권력놀이에 만취되어 있는 모습을 보며 트라우마를 넘어 지극한 괴로움을 당하기도 한다.

세계적으로 다시 재현되는 극우 파시스트들의 준동과 포퓰리즘과 결합한 선동적 행태는 우리를 절망케 한다. 민주주의에 대한 가치와 신념들을 하루아침에 쓰러뜨리거나 침탈해 갈 수는 없다고 생각하면서도 신문과 방송에서 아침저녁으로 날뛰는 저들의 지독한 카르텔 동맹의 만행에 정신적 진공상태에 빠질 뻔하거나 몰려오는 고독, 슬픔을 어찌할 수 없다.

피할 길

왜 나만 겪는 고난이냐고 좌절하고 절망하고만 있을 수는 없지 않는가? 성서는 여기저기서 그 해답을 제시하기도 한다. "현재의 고난은 장차 도래할 영광과 비교할 수 없다"든지 "시험은 인내를 인내는 연단을 연단은 소망을 이룬다"는 증거도 있다. "우리가 시험 당할 즈음에 피할 길을 내사", "우리로 능히 이기게 하시는" 주님의 배려를 언급하기도 한다. 그렇다고 마냥 참아야 된다든지, 그래도 기다리고 또 기다려야 한다는 말이 당장은 어떻게 위로가 될 수 있겠는가?

그저 이 모든 고난의 세월을 운명이 주어진 대로 받아들여야 한다는 것도 어설프다. 그렇다고 울분과 광기로 이 고난을 대적하여 돌파하려 든들 뾰족한 수가 있는 것도 아니다. 칼릴 지브란은 《예언자》에서 말했다.

> "그대의 고통이란 그대의 깨달음을 가두고 있는 껍질이 깨지는 것이다. … 그대 만일 날마다 일어나는 삶의 기적들을 가슴속에 경이로움으로 간직할 수 있다면 그렇다면 고통도 기쁨처럼 경이롭게 바라볼 것을 … 그러면 들판 위로 지나가는 계절에 언제나 순응해 왔듯이 그대 가슴속을 지나가는 계절도 기쁘게 받아들이리라."
>
> - 《예언자》 중에서

칼릴 지브란의 성찰을 받아들인다면 고통은 삶의 한 부분이요 지울 수 없는 궤적, 그것을 포함해서만 통전적인 해석이 가능한 그런 것, 더 나아가 그 고난을 통한 깨달음, 그것만이 생을 더 풍성하게 하고 결국 진리에로 이끌게 된다는 이야기가 되는 것 아닐까 생각한다.

그래서 성서의 욥도 무릎을 치고 깨달음을 토로했을 것이다. "내가 불 속에서 나온 뒤에는 정금같이 나오리라"고 했고 "나는 깨닫지도 못한 일을 말하였고 스스로 알 수도 없고 헤아리기도 어려운 일을 말하였나이다"(욥 42:3)라고 회개하며 "내가 주께 대하여 귀로 듣기만 하였사오나 이제는 눈으로 주를 뵈옵나이다"(욥 42:5)라고 새 세계에 살게 된 존재의 기쁨과 만족을 노래하게 되었으리라.

천재는 요절하는가

　머리가 너무 좋거나 하늘이 낸 신동들이 일찍 명을 다한다는 속설이 있다. 영리함이나 이치에 탁월하게 밝은 연유로 세상과는 어울릴 수 없어 일찍 가는 것인지, 아니면 과포화 상태의 재능이 차마 다 쏟을 길 없어 스스로 폭발해 버리고 만 건지…. 이해하기 힘든 일들이 그들에게는 따라다닌다. 천재는 일찍 세상과 작별한다는 게 맞는 말일까?

　이상·박인환·소월
　이 나라에도 근·현대에 걸쳐 많은 재사들이 있었고 천재라 불리우던 인물들이 다수 있었다. 특별히 나의 눈길을 끄는 것은 세 젊은이들의 초상이다. '오감도'로 유명한 시인 이상도 천재이다. 비단 그의 시가 난해하고 기행을 일삼았다는 것만으로 천재란 소리를 들을 수는 없다.
　일제 강점기를 살았던 시인은 본래 화가가 되길 소원했는데 집안의 기대를 저버릴 수 없어 경성고등공업학교 건축과를 수석 졸업하고 건축기사로 활동하기도 했다. 이후 그의 시에는 전자기학적 원리를 활용하여 세상을 진단하는 메커니즘이 사용되었다는 분석이 있는 것을 보면 그의 작품이 단순히 괴이하고 난해한 것만은 아니었던 것 같다. 그의 행색을 기이하게 여긴 일본 경찰은 그를 사상불온 혐의로 체포하고 폐결핵이 악화되던 어간에 27세의 젊은 나이로 세상과 작별한다.

이상은 결핍과 외로움이라는 것을 그의 문학을 통해 달래려 했지만 그의 천재적 기량은 날개를 채 펴지도 못하고 죽고 만 것이다. '날개'의 첫 문장 "박제가 되어버린 천재를 아는가"라는 말처럼. 일제 강점기를 살아가는 무기력한 지식인의 삶 속에서 천재의 모든 것은 꺾이고 말았을 것이다.

박인환은 그 아름다운 선율, 시어들을 통해 폐부를 찌르는 전후 모더니즘의 극치를 보여주었다. "지금 그 사람 이름은 잊었지만 그의 눈동자 입술은 내 가슴에 있어 바람이 불고 비가 올 때도 나는 저 유리창 밖 가로등 그늘의 밤을 잊지 못하지"라는 시를 기억하는가? '세월이 가면'이라는 시의 첫 구절이다. 명동 어느 주점에서 여러 문인들이 어울리던 그곳에서 외상값을 갚지 못해 이 시를 써서 누군가 곡을 붙여 노래했다는 시이다.

1956년 이상의 기일 때 4일 동안 폭음한 것이 급성 심장마비가 되어 숨을 거두었다고 한다. 29세를 일기로 말이다. 늦가을 낙엽이 뒹구는 저녁 노을 물들 때가 가장 그의 시가 생각나고 "벤치 위에 나뭇잎은 떨어지고…"의 싯귀가 더욱 우리들 가슴을 슬프게 한다.

1950년대 어디 기댈 데 없는 젊은 청춘들의 그늘과 절망을 마음껏 헤집고 돌아다녔던 그는 언어의 마술사, 천재였음이 분명한데 역시 요절로 막을 내린 인생이었다.

김소월도 역시 그렇다. 시대 차이는 나지만 소월 역시 일제 강점기의 천재 시인이었으니 왜 그 암흑의 시대에 천재들은 다 등장했을까? 평북 정주의 오산학교에 들어가 김억과 조만식을 만났고 스승들의 격려에 그의 시문을 키울 수 있게 되었다.

"엄마야 누나야 강변 살자 들에는 반짝이는 금 모래 빛 뒷문 밖에는 갈잎의 노래"로 시작되는 그의 구슬 같은 언어들은 '초혼', '진달래꽃'에서 절정을 이루었다. 그러나 빈곤과의 싸움은 천재 시인이 짊어지기엔 버거운 것이었을까? 깊은 정한과 민족의 한 서린 정서를 가장 잘 드러내 보여준 서정시인 소월은 서른두 살에 결국 생을 마치고 말았다.

천재와 세상

이 뛰어난 세 천재들이 살았던 세상이 극히 어두운 시대, 폭압과 침탈이 일상이 되어 모든 것이 포위된 세상, 전쟁 후의 파괴와 환멸이 뒤섞인 희망 없는 시대 상황의 영향이기도 했겠지만, 이 아까운 조선의 천재들이 그렇게도 일찍감치 세상을 떠났다는 것은 아쉬움이다.

물론 요절의 극적인 결말이 그들의 천재성을 입증한다고 혹자는 떠들겠지만 우리들의 천재들이 날개를 쉬이 접고 종말을 고한 것은 슬픔이다. 정말이지 이 세상이 받아 줄 수 없는 구장만리의 세계가 천재에게는 있는 것일까? 범인이 이해할 수 없는 그들만의 천계를 주무르고도 남을 만한 어떤 세상이 그들 내부에 자리하고 있는 것일까? 나 같은 범상한 인간들로서는 가히 흉내 낼 수도 없는 별천지에 사는 이들 같다.

인생은 짧다

그러나 생각해 보면 그들의 요절이 그렇게 당혹스러운 일은 아니다. 인생은 짧기 때문이다. "인생은 칠십이요 강건하면 팔십이라도 신속히 날아가는 것 같다"(시 90편)는 말씀대로 너무 빨리 져 버린다.

우주와 영원의 시공간 속에서 생각해 본다면 지상에서의 삶이란 한낱 먼지요, 무한시간대의 한 경점에 불과한 것이 사실이다. 짧은 인생에서 오히려 불후의 명작을 남기고 간 천재들이야말로 거꾸로 얘기하면 인생을 참으로 길게 산 사람들이다. 두고두고 사람들 입에서 천재 소리를 듣고 많은 사람들의 가슴팍에 불멸의 감동을 불어 넣고 있지 않은가!

카뮈, 그리고 험프리 보가트의 초상

　알베르트 카뮈는 프랑스의 실존주의 작가다. 그는 알제리 태생으로 프랑스의 식민 지배하에서 불우한 유년 시절을 보냈고 어린 나이에 노동에 눈뜨게 되었다. 다행히 은인인 두 스승을 만나 작가가 되었고 노벨문학상을 수상하기도 했다. 공산당에도 가입한 적이 있고 나치 지배하에서 레지스탕스가 되었다.

　험프리 보가트는 미국의 고전영화 배우를 대표하는 배우다. 그는 아버지는 의사, 어머니는 유명한 삽화가로 비교적 부유한 집안에서 출생했다. 그러나 아버지는 모르핀 중독 사망, 여동생은 알코올 의존증, 또 한 명의 여동생은 평생 정신병원 입·퇴원을 반복하는 알코올에 둘러싸인 집안 분위기였고 그 자신도 알코올의 수렁에서 빠져 나오지 못했다.

　1차 대전 참전 후 1921년 이후 본격적인 연기 활동 '카사블랑카', '어두운 영혼', '케인호의 반란' 등의 영화에 출연해 오스카 남우주연상을 받기도 했다.

전혀 다른 인물, 닮은 꼴

장황하게 그들의 이력을 소개한 이유는 아무런 접점도 찾아보기 힘든 인물들이란 것이다. 한 사람은 프랑스 실존주의를 대표하는 작가요, 또 한 사람은 당대의 세계를 매료시킨 남성 배우상의 대표로서 대중적 스타덤에 오른 배우라는 점이다.

이 둘을 특별히 떠올리는 이유가 있다. 나는 영화 '카사블랑카'를 처음 보면서 험프리 보가트에게 흠뻑 빠져들고 말았다. 중절모가 어울리는 중년 남자, 냉정하면서도 중후한 모습에 뭇 남성들의 로망이 되었고 두고두고 전설적인 배우가 되었다 그의 사생활이나 활동, 인격 여부와 상관없이 그의 얼굴과 창백하면서도 어두운 그의 초상이 사람을 빨아들이는 매력이 있다고 생각했다.

카뮈의 경우도 마찬가지다. 왠지 두사람의 얼굴이 닮은꼴이라고 생각되지 않는가? 카뮈도 무표정하고 다소 어둡게 보이는 프로필 사진이 그의 캐릭터가 된 셈이다. 어디에서도 이방인일 수 밖에 없었던 그의 삶과 그렇기에 자유의 정신세계에서 부조리에 대한 자신만의 반항을 추구하며 살았던 카뮈, 노벨문학상을 수상한 지 3년 후엔가 기차표를 취소하고 친구의 권유대로 친구의 자동차에 몸을 싣고 가다 교통사고로 47세에 비극적인 생을 마감하고 말았다. 그의 작품 '이방인'에 나오는 뫼르소처럼 현실세계의 관습과 인정을 파괴하고 거부한 자유혼의 초상처럼 그는 서 있다.

"삶에 절망하는 법 없이 삶을 사랑할 수 없다"는 그의 말처럼 우리네 삶의 터전인 대지에서 붕 떠 있는 것 같은 그의 사유와 삶의 이력이 시간이 지나면 지날수록 더 크게 다가오는 이유이기도 하다. 그 카뮈의 얼굴이 나는 부럽다.

완전 합동체인 것은 아니지만 같은 시대를 다른 영역에서 살았던 험프리 보가트와 카뮈가 닮은 점이 많고 사각진 차가운 얼굴형이 너무 흡사한 듯하다.

젊은 날의 초상

언젠가 로마로 향하는 비행기 안에서 '카사블랑카'를 본 적이 있다. 같은 일행 중 여행 내내 나더러 험프리 보가트라고 놀려대는 이가 있었다. 난데없이 짧은 일정 기간이긴 했으나 나는 계속 험프리 보가트가 되었다. 싫지는 않았다. 왜냐하면 이미 나는 그에게 빠져 있었기 때문이다.

카뮈는 그의 이상한 소설 《이방인》을 통해 또한 그의 불꽃 같은 이력을 통해 그를 가까워지게 하고 특별히 그의 얼굴형에 심취하게 만들고 말았다. 나도 저들을 닮아 볼 수 있을까 생각해 보기도 했다. '아니지, 선천적 형질을 어떻게 흉내 낼 수 있나?'라고 실망하면서도 그들의 얼굴을 보면 위로가 되고 자꾸만 나의 젊은 날의 초상이 오버랩되는 환상에 빠지곤 한 적이 있다.

생각해 보면 아마도 내가 사랑한 것은 그들의 초상이 아니라 영화 속의 스토리와 분위기, 그리고 또 하나의 사유의 방식과 '세계와 나' 사이의 간극에서 벌어지는 부조리에 대해 무한한 자유로 맞서는 그의 생의 태도가 마음에 들었던 게 아닌가 생각해 본다.

아프리카 북부도시 카사블랑카는 2차 대전의 혼란 중에 미국으로 망명하려는 사람들로 북적대고 릭의 카페는 불안과 어두움,

아름다운 추억, 그리고 생사를 건 모험이 스며들어 있는 공간이었다. 험프리 보가트가 맡은 카페의 주인 릭은 담배 연기 자욱한 카페 안에서 망명객들을 탈출시키는 역할을 하고 이윽고 옛날 연인 '일자' 일행과 맞부딪히면서 애증이 교차하는 어두운 시간의 흐름 속에 결국 그들을 쫓는 경찰의 포위를 뚫고 비행기에 그들을 실려 탈출시킨다는 모험과 로망의 줄거리다. 나는 바로 릭이 연출하는 영화 속의 주인공, 그리고 그 카페의 분위기에 홀릭한 것 같다.

환상과 꿈은 현실에서 일어서는 힘을 주고 그 사람의 인생의 성장을 촉진한다. 그런 의미에서 이 두 인물의 초상은 내게 환상이자 꿈이 되었는지도 모른다. 그들의 최후가 비극적이었던 것은 나를 포함한 모두에게 상처다. 험프리 보가트는 후두암으로 57세에, 카뮈는 자동차 사고로 47세에 세상과 작별했으니 말이다.

늙는다는 것

"나이가 들면서 눈이 침침한 것은 필요 없는 작은 것은 보지 말고 필요한 큰 것만 보라는 것이며, 귀가 잘 안 들리는 것은 필요 없는 작은 일은 듣지 말고 필요한 큰 일만 들으라는 것이고, 이가 시린 것은 연한 음식만 먹고 소화불량을 없게 하려 함이고, 걸음걸이가 부자연스러운 것은 매사에 조심하고 멀리 가지 말라는 것이지요. 머리가 하얗게 쉬는 것은 멀리 있어도 나이 든 사람인 것을 알아보게 하기 위한 조물주의 배려랍니다. 정신이 깜박거리는 것은 살아온 세월을 다 기억하지 말라는 것이니, 좋은 기억, 아름다운 추억만 기억하라는 것이랍니다."

- 《영혼의 비타민》 중에서

이런 시들을 떠올리는 것 자체가 서글플 수 있다. 어느새 인생의 황혼 고개를 넘어가고 있다는 느낌이 들 때 왠지 슬퍼진다. 그래도 어쩌겠는가. 천상의 이치요 자연의 순리인데 거스를 수 없는 인생이 분명하다. 육체는 쇠약해지고 정신도 혼미해진다. 둘러싸고 있는 환경도 인간이 늙어가고 있다는 것을 인정하고 그렇게 대우하고 있는 듯하다.

과거의 영화에 대한 미련이나 욕망에의 집착이 강해서 늙음을 인정하지 않고 늘 청춘을 상기하며 잘나가던 시절을 계속 유지시키려는 사람들에게는 늙음이 공포일 것이다. '늙어가는 것이 아니라 익어가는 것'이라 포장하는 말도 우습기는 마찬가지다. 물론 성숙해 가는 과정으로 인생을 볼 수도 있겠지만 그저 인생이 점점 자연적 생명력이 다해가고 바람에 쓸려가는 낙엽 조각들처럼 그렇게 대지에서 사라지는 것 아니겠는가.

다 지나간다

중국의 학자 지셴린의 책 《다 지나간다》가 유행한 적 있다. 특별할 것이라 할 것도 없는 자명한 이치들을 자연스럽게 들려주는 글들로 채워져 있다. 그는 말한다. "생과 사에 있어 우리가 적극적으로 나서서 결정할 것은 없다. 불안정한 것이 인생임을 받아들이고 순간의 고통과 기쁨에 집착하지 않는다면 나 홀로라는 느낌에서 오는 외로움에서 벗어나 따뜻하고 편안한 일상에 이르게 된다"는 이야기다. 젊음에 대한 집착, 땅에 대한 미련 등이 우주 만물의 순리를 거스려 헛된 철옹성을 얼마나 견고하게 쌓고 있는지를 깨닫게 한다. 모으는 것이 단순히 생존 본능이라서 그러는 걸까? 잃어버림을 비통해하고 상실을 괴로워하고 있지 않는가? 버리는 것은 무모한 짓이요, 바보 놀음에 지나지 않는 것일까? 무위자연을 중얼거리는 것은 무능함의 변명일 뿐인 것일까?

16세기의 사상가 몽테뉴의 《수상록》에 나오는 이야기도 생각난다. 그는 자연의 사계가 있듯 인생도 유년, 청년, 장년, 노년의 과정과 흐름이 반복된다고 했다. 결국 그렇게 생이 끝나고 다른 이가 또한 자신의 생을 대신하게 될 거라고도 했다. 젊은이든 노인이든 모두 같은 방식으로 삶을 마감하며 그 순간은 태어나는 순간과 다르지 않다는 것이다. 어떤 늙은 사람들은 성경에 나오는 므두셀라만큼은 못 살아도 아직 20년은 더 남았다고 생각하곤 하는데, 몽테뉴는 "어리석고 가련한 자여, 그대의 삶이 언제 끝나는지 누가 정한단 말인가. 그대들은 의사들의 말에 매달려 있다. 차라리 현실과 경험을 바라보라. 지금을 있는 그대로 볼 때 그대가 살아 있는 것 자체가 이미 놀라운 행운이 아닌가?"라고 단언한다.

결국에 모든 것은 지나가고 다른 어떤 이들이 나에게 자리를 내어주었듯이 나도 다른 누구에게 자리를 내어주고 이 땅에서 퇴장하는 것이 인생일 것이다.

점점 가까워지는 것

늙음은 퇴화요 점차 지나가고 사라져가는 것일까? 희미해져 사라져감과 동시에 다가오는 것과 가까워지는 것이 분명 있을 것이다. 성서는 "그러므로 우리가 낙심하지 아니하노니 우리의 겉사람은 낡아지나 우리의 속사람은 날로 새로워지도다…우리가 주목하는 것은 보이는 것이 아니요 보이지 않는 것이니 보이는 것은 잠깐

이요 보이지 않는 것은 영원함이라"(고후 4:16, 18)라고 했다.

늙어가는 것은 연륜의 축적이나 인생의 무게가 더해가고 성숙해진다는 피상적인 뜻보다는 주어진 시공간에서 하루하루 그때를 살다가 자연스럽게 낡아지고 소멸해 가는 과정을 걷는 데 의미가 있을 것이다. 다만 그 쇠퇴와 소멸은 점점 더 가까워지는 그 본향을 향한 걸음걸이다. 그리고 땅에서 지내는 나그네 여정 동안 끈질기게 낡아지지 않는 배낭을 준비해 가는 과정일 것이다. 그것은 바로 더 큰 세상에 눈을 열어가는 지혜를 얻는 과정이기도 하다. 노르웨이의 저명한 사회 인류학지 토마스 힐란드 에릭센의 말을 들어 보자.

> "작은 세상은 큰 세상을 투영하고 큰 세상에 말을 걸어야 한다. 그렇지 않으면 작은 세상에 사는 사람들은 바보가 된다. 공동의 일에는 관심이 없으며, 자신이 일부인 더 큰 이야기를 알지 못한 채 평생을 자신의 작은 정원만 가꾸며 사는 사람들 말이다."
>
> – 《인생의 의미》 중에서

늙는다는 것은 더 큰 세상에 나아가는 것이며 더 큰 이야기 속으로 자신을 데려가는 것이다.

조르바를 다시 생각하며

　니코스 카잔차키스의 《희랍인 조르바》를 처음 대하게 된 건 어느 해인가 〈문학사상〉에 처음으로 연재되던 때였을 것이다. 그때는 번역본이기도 했고 다소 생경하고 너저분한 느낌뿐이어서 중도에 쉽게 포기하고 말았다. 진주를 일찍 알아보지 못한 나의 아둔함 때문이었을 것이다.

　카잔차키스의 또 다른 역작인 《그리스도 최후의 유혹》을 접하면서 다시 꺼내 든 것이 《희랍인 조르바》였다. 작가 특유의 이야기 전개 방식이 독특하기도 하고 조르바라는 인물이 보여주는 자유 영혼의 불빛을 따라가다 보면 그가 왜 희랍 문학의 대표이고 노벨 문학상 후보에 아홉 번이나 이름을 올렸는지 이해가 된다. 어떤 교조적 규율이나 전통도 아랑곳하지 않고 독자적 생의 방식을 엮어나가는 조르바의 용기와 대담성은 신선함마저 전해준다. 이는 작가 자신의 인생역정과 무관하지 않으며 그가 꿈꾸는 자유를 토해내는 작중 주인공이 조르바였다.

작가 니코스 카잔차키스는 크레타 섬에서 태어났다. 어릴 적 터키 지배하에서 겪은 독립전쟁의 상흔과 동·서양 사이에 끼어 태생적으로 자유를 갈망하지 않을 수 없었던 역사적 배경 등이 그의 삶과 사상에 그림자가 되었을 것이다. 또 하나 그에게 영향을 주었던 것은 끊임없는 여행 순례였다. 유럽과 아시아를 두루 다녔고 훗날 특파원으로 이탈리아, 이집트, 시나이, 카프카스 등지를 두루 다니며 작가 혼을 불태웠다.

희랍인 조르바

카잔차키스가 1907년 펠로폰네소스에서 만나 탄광사업에 뛰어들었던 실존 인물인 기오르고스 조르바가 작품의 주인공이다. "항구도시 피레에프스에서 조르바를 처음 만났다"로 이야기는 시작된다. 작중 '나'라는 화자는 그의 친구가 지적한 대로 머리에 잉크를 뒤집어쓴 채 종이나 씹고 있는 먹물쟁이였을 뿐이고, 항구를 떠난 배에서 만난 조르바의 첫인상은 냉소적이면서도 불길같이 섬뜩한 강렬한 시선을 지닌 60대 노인이었다.

그의 첫마디는 이것이었다. "여행하시오? 어디로요? 하느님의 섭리만 믿고 가시오?" "크레타로 가는 길입니다. 왜 묻습니까?" "날 데려가시겠소." 이렇게 해서 그들은 동행하게 되고 동업을 하게 된다. 그는 산투스를 곧잘 연주하고 정열에 여전히 불타고 있으며 오랫동안 찾아다녔으나 만날 수 없었던 바로 그 사람이었다. 살아 있는 가슴과 커다랗고 푸짐한 언어를 쏟아내는 입과 위대한 야성의 영혼을 가진 사나이요, 아직 모태인 대지에서 탯줄이 떨어지지 않은 사나이였다. 조르바의 성격을 잘 드러내 주는 그의 말을 들어보자. "두목, 당신은 이렇게 말해서 어떨지 모르지만 착한 사람이오. 당신은 아무나 다정하게 대해 주니까요. 겨울에 이불 위에서 벼룩을 보면 당신은 벼룩이 감기라도 걸릴까 봐 이불 밑으로 밀어 넣어 줄 거요. 그런 당신이 나같이 늙은 건달을 어떻게 이해할 수 있겠소. 나 같으면 바로 벼룩을 터트려 죽입니다. 양이 내 눈에 띄면 잡아서 숯불에다 구워 친구들을 불러 한바탕 잔치를 벌이겠고, 당신은 양이 어디 내 건가 어쩌구하겠지요. 그건 나도 인정하지만 우선 먹고 보자는 거요. 당신처럼 '네 것인지 내 것인지'는 먹고 나서 따져보자는 거요."

실물적 삶

조르바는 '나'로 상징되는 지식인의 관념적이고 이성에 매몰되어 번뇌하는 삶을 여지없이 깨뜨려 버린다. 영혼을 버리는 것도 아니지만 육체적 생존을 우습게 여기지도 않는다. 그 둘은 얽혀 있고 뗄 수 없는 관계임을 실토하기도 한다.

수도원을 구경하던 중 조르바는 속내를 드러낸다. "내가 뭘 먹고 싶고 갖고 싶으면 목구멍까지 가득 처 넣어 다시는 생각나지 않게 하는 거요. 이것이 자유를 얻는 도리올시다"라고 질러 댄다. '왜 당신이 책을 쓰지 그러느냐'고 화자인 두목이(조르바는 '나'를 그렇게 불렀다) 비웃듯 말을 건네자 조르바는 답한다. "당신의 소위 신비를 살아 버리느라 나는 시간이 없소. 인생의 신비를 아는 사람들은 시간이 없고, 시간이 있는 사람들은 살 줄을 모르오."

크레타 섬 작은 마을 오르탕스 부인의 여인숙을 중심으로 전개되는 조르바의 이해할 듯 이해할 수 없는 이상 행동들은 계속된다. 그러나 사실, 그는 '펜과 잉크로 살려는 것을 칼 한 자루로 풀어버리는' 실물적이고 야생적인 삶을 보여 준다고 할 수 있다. 다소 거친 듯 보이는 그의 언행들은 오히려 깊이 있는 인간애와 아무도 함부로 제어할 수 없는 자유혼을 지닌 인물이라 할 수 있다.

자유한 영혼

카잔차키스는 조르바라는 인물을 통해 그리스 지식인의 전형적인 탈을 벗고자 몸부림치는 것이었음을 짐작하게 된다. 언젠가 조르바가 그에게 건넸던 말 중에 "조국으로부터, 신부들로부터, 돈으로부터 해방되었소. 그런 식으로 내 짐을 털어도 나는 구원의 길을 찾았고 인간이 되고 있소"라는 대목이 나온다.

그리고 조르바가 말했다. "결국 당신은 내가 인간이라는 걸 인정해야 한다 이거요. 무슨 뜻이냐고? 바로 자유라는 거지." 결국 자유를 갈망하며 조르바에게 빠져 들어간, 정교회로부터 파문당하고 경계를 넘어 자유를 좇아 떠도는 인간 카잔차키스는, 호쾌하고 농탕한 사나이 조르바에게서 한동안 쉬어가고 싶어 하던 구원의 오아시스를 맛보았을 것이다.

니체를 생각한다

프리드리히 니체는 독일 출신의 철학자이다. 우리에게는 미치광이 철학자나 "신은 죽었다"라고 선언했던 광기의 무신론자 정도로 이해하거나 쉽게 인물평을 예단해 버렸던 바로 그 인물이기도 하다.

니체는 독일 작센주에서 개신교 목사의 아들로 태어났다. 어려서부터 번뜩이는 천재성이 주변을 놀라게 했고, 이미 십대에 자신의 자서전을 준비할 정도였다고 한다. 일찍이 아버지를 여의고 어머니와 동생들과 함께 외가로 가서 여성들 사이에서 훈육받는 특별한 환경에서 자라기도 했다. 어려서부터 '꼬마 목사'로 불릴 정도로 성경 구절과 찬송가를 곧잘 암송했고, 8세 때부터 작곡을 할 정도였다. 그는 본 대학에 입학, 어머니의 희망대로 목사가 되기 위해 신학에 입문했다가 훗날 리츨 교수의 권유대로 신학과 결별했다.

이때쯤 쇼펜하우어의 《의지와 표상으로부터의 세계》에 심취하게 되었고, 훗날 리츨 교수의 추천으로 바젤대학의 교수가 되었다.

리츨은 추천사에서 "나는 벌써 39년이란 세월 동안 젊고 유능한 젊은이들이 성장하는 것을 지켜보았다. 그러나 니체처럼 이렇게 젊은 나이에 빨리 성숙한 청년을 일찍이 본 일이 없다. 니체는 천재다. 그가 하고자 하는 일은 무엇이나 이룰 수 있을 것이다"라고 극찬했을 정도로 그의 천재성을 알아주었다.

그러나 평생 그를 괴롭힌 병마와의 끈질긴 싸움이 시작되었고, 결국은 극도의 정신착란 증세를 보이다가 급기야 거리에서 마부에게 채찍질당하여 쓰러진 말을 끌어안고 울부짖던 그가 집으로 옮겨지고, 12년 동안 혼수상태에서 벗어나지 못한 채 비극적인 생을 마감하고 말았다.

그는 기독교와 서구 문명을 비판한 《비극의 탄생》, 《짜라투스트라는 이렇게 말했다》, 《이 사람을 보라》 등을 세상에 내놓기도 했다. 혹자는 정신병자의 넋두리 정도로 그의 작품을 조롱하기도 했지만, 훗날 그는 실존철학의 문을 연 천재 철학자로 재평가되기도 했다.

신은 죽었다

니체는 기존의 기독교와 그것에 뿌리를 둔 서구적 체제에 대항했다. 지금의 삶을 부정하고 막연한 추상적 세계로 이끈 기독교 서구적 세계관을 비판한 것이다. 그런 의미에서 그는 진정한 현대 철학의 출발을 이끈 인물이라고도 할 수 있다.

《짜라투스트라는 이렇게 말했다》에서 그는 이른바 '위버멘쉬'(초인)를 내세운다. 낡은 도덕과 이성에 대한 맹목적 믿음을 신랄하게 비판하고, 자신의 삶을 긍정해야 한다든지 노예의 도덕이 아닌 주인의 도덕을 강조했다. 이제까지의 기독교 세계에서 강조해 온 모든 것들을 뒤집으며 그 허구성을 고발하기도 한다.

이를테면 기독교는 복수할 힘이 없는 것을 용서로 포장하고, 비굴함을 겸손으로, 겁쟁이들을 인내하는 자로 호도해 왔다고 비난한다. 그는 "신은 죽었다"라고 선언하면서, 일체의 노예 도덕 거부, 인권, 평등, 민주주의, 선함 등의 위선적 서구 세계의 가치들을 뒤집어 본다. 그리고 더 이상 믿으려고 하지 않는 서구 사회에 경고를 했다고 할 수 있다.

그는 광인인가

실제로 그는 미치광이 같은 증세가 반복되었고, 정신병동에 보내지기도 했다. 육체적으로 약해질 대로 약해져 갖은 병마에 시달리기도 했다. 말년에는 자신이 신이라고까지 횡설수설하기도 했다고 한다. 그는 광인인가? 천재인가?

기독교는 살아 있는가?

니체 이후 기독교는 그를 대척점에 선 자로 지목하고 반항아 혹은 무신론자로 못 박아 버렸다. 그가 "신은 죽었다"라고 했을 때, 그 말이 진정 '신은 없다'를 뜻하는 것일까? 그 말의 진정한 의미는 오히려 강자의 편에 서서 모두를 노예 삼으려 했던, 애초부터 그렇게 의도하지는 않았다 하더라도 결과적으로는 그렇게 될 수밖에 없었던 기독교의 오만과 위선을 폭로하려고 했다는 데 있을 것이다.

진리를 가르치고 전파해야 할 기독교가 되레 허위의식을 조장하고, 인간을 억누르는 도구로 이용되어 인간의 자유, 창의성 등을 위축시키는 역할이 되었다면 심히 불행한 일이다.

한국의 기독교도 니체를 이단이나 무신론자로 치부하기에 앞서, 자신들의 맹목주의, 일방적 굴종 강요 등의 교리·교권에서 드러날 수 있는 치부를 들여다볼 수 있어야 마땅하다. 니체의 철학이 전부 옳은 것도 아니고, 기독교에 대한 비판이 전부 정당하다고도 할 수 없다. 그러나 한국의 목회자들 가운데 그를 한 번이라도 제대로 읽어 보고 그를 평가하는 이가 몇이나 될까?

그를 생략하거나 무시하고서, 맹신에 가까울 정도로 그를 비난하고 이단 시비를 하는 것은 참으로 무지한 일이라 아니할 수 없다. 장차 한국 기독교의 내일을 위해서도 불행하기 짝이 없는 일이다.

영원히 사는 법

　인간이라면 누구나 갖는 당연한 욕구가 있다. 그것은 영원히 살고 싶은 욕망이다. 내세가 있다면 두말할 것도 없이 그 세상에서도 복락을 누리고 살았으면 하는 것이 인간의 공통된 욕구일 것이다. 설혹 내세까지 생각할 것도 없이 이 세상에서라도 수한을 연장하고 더 오래 살았으면 하고 발버둥 치는 것이 사람들의 심리일 수 있다.
　잘사는 것보다 오래 사는 것이 사람들의 관심사라면 진정 그렇게 오래 사는 것, 안락하게 사는 것이 최선일까? "인생이 칠십이요 강건하면 팔십이라도 신속히 날아가는 것과 같다"(시 90:9)라고 성서는 증거하거니와, 영원한 시간대의 한 경점에 불과하고 바람에 날려가 버릴 수밖에 없는 한 줌 티끌, 먼지에 불과한 인생을 생각해 보면 그런 류의 구차한 욕심이 어리석기 짝이 없는 일이다.

선택의 기로
　어느 편을 선택할 것이냐는 인생에게 있어 수없이 다가오는 질문이다. 한순간의 잘못된 선택으로 인해 나락으로 떨어지거나 두고두고 후회하거나 세인들의 조롱거리가 되는 일이 허다하다. 반면 한순간의 지혜로운 선택으로 그에게 복이 되고 두고두고 영광스러운 영예가 주어지기도 할 것이다. "복 있는 사람은 악인의 꾀를 좇지 아니하고 죄인들의 길에 서지 아니하며 오만한 자들의 자리에 앉지 아니하고"(시 1:1)로 시작되는 처신의 이정표는 불후의 교훈이다.

선악과 앞에서의 아담의 선택, "네 본토 친척 아비 집을 떠나라" 했을 때의 아브라함의 선택은 모두 일생일대의 선택이었으며, 성서가 우리에게 제시하는 생의 결단과 모험의 예이기도 하다.

성서의 증거는 계속된다. 십자가 앞에 선 예수의 선택, 쓴 잔을 거부하지 않겠다는 결의는 일반 범인들의 결정이나 행동거지와는 사뭇 다르다. 과연 일반 사람들이 흉내 낼 수 없는 비범한 결단으로 십자가에 달려 죽음으로 영생을 세상에 보여 주었고, 인류 구원의 금자탑을 세울 수 있는 선택이었다. 유관순, 안중근의 애국의 결단은 목숨을 내어놓는 선택으로 역사에 길이 남을 의·열의 반열에 서게 되었다.

한순간의 선택을 잘못함으로써 영원히 더러운 이름이 되고 수치스러운 생으로 마감한 이들도 많다. 매국노·변절자·배신자·탐욕주의의 늪에 빠진 이들이 그들이다. 모든 사람의 추앙을 받고 흠모의 대상이 되었던 민주인사들이나 목회자 중에 한순간 나락으로 간 사람들이 적지 않다. 일신의 안위나 물욕 충족이 영원한 생명의 가치를 대신할 수는 없다. 설혹 일시적 불이익이나 죽음까지 담보해야 할 상황이라 해도 그 길이 의의 길이요 진리를 충족시키는 길이라면 의당 사즉생의 길을 마다할 수 없다.

"생각하건대 현재의 고난은 장차 우리에게 나타날 영광과 비교할 수 없도다"(롬 8:18)라고 성서는 말한다. 영원한 가치, 불멸의 생명을 위한 자기희생과 내어놓음이 과연 어디까지 가능할까?

성서의 나침반

성서는 영원히 사는 길을 좇아 나선 사람들에게 예수 그리스도를 가리킨다. "내가 곧 길이요 진리요 생명이다"라고 했으니, 또한 "나로 말미암지 않고는 아버지께로 올 자가 없다"고까지 했으니 예수 그리스도를 믿고 따르는 것이 영생의 길임을 성서는 반복한다.

성서가 가리키는 예수 그리스도를 믿는다는 것, 따른다는 것이 대체 무얼 말하는 것이냐고 한다면 여러 가지 주장들이나 해석이 가능할 것이고, 오늘날 기독교의 스펙트럼이 다양한 것만큼이나 논쟁의 소지도 많을 것이다. 그럼에도 불구하고 그리스도의 대속의 사업을 믿고 받아들이며, 그리스도를 닮기 위해 그가 걸으셨던 길을 겸손히 따라가려는 모험적 선택의 길에 과감히 서야 한다는 데에는 별로 이견이 없을 것이다.

영원의 가치

영원히 가치 있는 것은 무엇일까? 이 육체를 감히 부수고서라도 얻을 수 있는 영원한 가치가 존재하는 것일까? 현상 세계의 신기루 같은 소유, 인연, 영예, 자기애 등을 다 쫓아내고서라도 붙잡아야 할 영원한 생명이 있는 것일까? 역사적 예수 연구의 권위자인 존 도미닉 크로산은 또 다른 해석으로 우리에게 가르침을 주기도 한다.

"만약 우리가 우리의 현재 삶에 의미가 있는 것은 죽은 후에도 그러한 삶이 영원히 지속되기 때문이라고 한다면 이것은 분명 잘못된 것이라고 확신합니다. 혹은 영원한 삶에 대한 기대를 악용하여 우리로 하여금 이 세상과 이 세상의 불의에 대해 무관심하게 만든다고 한다면 그것도 잘못입니다.
또 이 세상의 삶은 의미가 없기 때문에 미래의 삶에 있어서나 그것을 소유할 수 있을 것이라고 한다면 이것도 잘못입니다. … 저의 생각은 천국과 지옥은 둘 다 지금 여기에 현존한다는 것입니다. 우리는 삶을 만들어 갑니다. 우리는 이 세상을 천국으로 만들기도 하고 지옥으로 만들기도 합니다. 지금까지 전반적으로 보면 우리는 천국을 만들기보다는 지옥을 만들어 왔습니다. 성서적 용어로 말하면 우리는 이 세상을 예수가 꿈꾸어 온 하느님의 나라의 모습으로 만들든가, 아니면 이것을 이 세상의 시이저들이나 빌라도들에게 넘겨주든가 둘 중에 하나를 해야 합니다."
— 《예수는 누구인가》 중에서

본회퍼는 이런 이야기를 했다. "기독교는 종교가 아니다. 하나님과의 만남이다." 하나님과의 만남이 신앙의 본질이요 진수라고 한다면, 그 만남을 통해 깨달음의 공간 안으로 들어설 때에야 영원이 보이게 될 것이다. 허울 좋은 종교, 선동형의 신앙, 주입과 강요를 통해 억압된 믿음은 모래 위의 집에 불과하다. 무너질 수 없는 견고한 주춧돌 위에 진정성 있는 중생과 깨달음이라는 산 돌을 올려놓아야 한다.

영원히 사는 길은 쉽고 가볍게 찾을 수 있는 것은 아닌 것 같다. 입에 감이 떨어지기만을 바라는 것으로도 안 되고, 부단한 애씀과 희생의 길에서 얻어지는 것이 아닐까? 예수를 목표로, 예수를 향해서 말이다.

또, 그리움

　인간에게 그리움은 꿈이요 사랑이다. 그리움을 통해 꿈을 꾸고, 그리움을 통해 사랑의 감정이 익어간다. 그리움이 없다면 우리는 얼마나 삭막하게 될 것이며, 내일에 대한 삶의 동력 또한 꺼져 버리고 말 것이다. 어릴 적 자랐던 고향과 주변에 대한 향수로 그리움은 시작된다. 고향은 아름답고 애틋함만큼이나 푸근한 마음속 보금자리이다. 그리움을 노래한 가곡 중 '그리워'는 아마도 그리움의 정한을 노래한 최고봉일 것 같다. 원래 제목에 '망향'이었던 이 곡은 채동선 곡, 이은상 시이다.

"그리워 그리워 찾아와도 그리운 옛님은 아니 뵈네
들국화 애처롭고 갈꽃만 바람에 날리고
마음은 어디고 붙일 곳 없어 먼 하늘만 바라본다네
눈물도 웃음도 흘러간 세월 부질없이 헤아리지 말자
…그리워 그리워 찾아와서 진종일 언덕길을 헤매다 가네"

향수를 노래한 이처럼 처연한 시가 또 있을까? 흥얼거리는 노랫말에 어느새 나는 먼 옛날 그 시절로 돌아가 숨바꼭질을 시작한다.

산정동, 공설운동장 앞

목포 산정동은 중학 시절 나의 꿈과 설움이 씨름하던 곳이다. 갯벌을 막아 육지가 된 그곳은 도심에서 밀려나와 어렵사리 간이 집을 짓고 사는 사람들의 동네였다. 비만 오면 온통 갯벌 땅에 미끄러지고, 빠지고를 반복하며 학교 다니던 일이 생각난다.

그리고 공설운동장 앞에 자취방이 기다리고 있었다. 섬에서 나와 교회 목사님 주선으로 친구인 목사님 아들과 성경학교에 다니시던 우리 주일학교 선생님이 나와 함께 자취하던 곳이다. 교대로 식사 당번을 하고 부랴부랴 아침에 등굣길을 서두르던 기억, 함께 사느라 어린 가슴에 멍울졌던 가슴 아픈 이야기들, 이제는 모두가 추억이다.

힘든 자취 생활 중에도 한밤중 밖에 나와 갯벌 드넓은 마당에서 하늘 별을 바라보며 김대중처럼 되고자 했던 꿈이 있었다. 이러한 어린 꿈은 《내가 걷는 70년대》란 책이 나온 이후 그 책을 달달 외우도록 나를 이끌어 갔다.

교회 친구들

고등학교 때 서울에 와서 자리 잡았던 나는 신앙의 공백기를 거쳐 어린이대공원 뒤켠에 있던 부광교회에 나가게 되었다. 우리 집에 함께 기거하던 대학 친구들과 더불어 함께 청년 시절에 둥지를 틀었던 조그마한 교회는 다시 내게 꿈과 신앙을 옷 입혀 주었던 고마운 교회이다.

송정동 뚝방에서부터 신앙생활하던 젊은이들이 목사님을 따라 이곳까지 이사해 와 신앙생활을 이어갔다. 대부분 고향을 떠나 서울에 올라와 공장 생활에 힘들고 고단한 청춘을 살고 있던 친구들이었다. 저마다 개성이 있고, 착하고 성실한 친구들이었다. 기도와 경건이 몸에 밴 순정적인 믿음에 불타던 청년들이었다. 나와 J, C, S, H, 또 다른 J 등 대학 친구들이 함께 친구가 되도록 맞아 주었고 우리는 쉽게 하나가 될 수 있었다. 그들 중 목회자가 10명 나왔으니 지금 생각해 봐도 꿈 같은 이야기요, 참으로 기이한 일이다. 여름 성경학교에 땀을 뻘뻘 흘리던 일, 문학의 밤에 재주 많은 학생들과 더불어 머리를 맞대고 프로그램을 만들던 일들이 눈에 선하다.

나는 한신에 들어가면서 기장 측 교회인 능동교회에 자리를 잡게 되었다. 함께 교육을 담당하던 신학교 동료들, 직장 생활하며 교회의 여러 직분을 맡아 열정을 다하던 친구들이 생각난다. 함께 교육을 담당하던 K는 훌륭한 신앙을 가지고 있었고, 진정한 예수를 만나고자 자유와 경건의 경계를 넘나들었는데, 한참 후에 목회를 그만두었다는 안타까운 소식을 들었다. 그리고 잠깐의 군대 시절, 함께 이른바 '학변자'로 끌려온 7명의 친구들, 그 친구들의 얼굴이 눈에 선하다. 민주주의에 대한 신념 하나로 항거하다 대학에서 추방되었던 동지들, 어떤 이는 신부가 되기도 했고, 혹은 재야 운동가로, 국회의원으로 신념들을 이어가기도 했던 고마운 친구들이었다.

변절하지 않고 신념들을 지켜갔고, 어렵고 곤고하던 공병대 시절에 서로를 의지하고 위로가 되었으니, 군대 친구가 오래 남는다는 이야기가 그래서 나온 걸까?

사상계·씨올의 소리

내 젊은 날의 또 다른 친구들은 잡지 〈사상계〉다. 뒤이어 나왔던 〈씨올의 소리〉도 그렇다. 내 젊은 날의 사고의 재료들을 내 머릿속 창고 안에 들여보내 주었던 친구들이다. 그 이름만 들어도 가슴 떨리고 휴간과 폐간까지를 반복하던 그 잡지들은 지금도 내게 그리움이다. 그 잡지를 들고 버스를 타기도 하고, 행여 잠깐 서점에 나왔다 싶으면 모조리 회수되어 버린 경우, 그들을 구하기 위해 청계천 책방을 헤매고 다니던 시절이 생각난다.

사상계의 장준하! 불굴의 이름이다. 씨올의 소리의 함석헌! 불망(不忘)의 이름이다. 안병무의 〈신학사상〉이나 송기득의 〈현존〉 역시 암울한 시대를 살던 내게는 소중한 친구요, 지금 그리움이다.

낙화

꽃은 아름다움의 대상이다. 꽃이 있어 인생을 부드럽게 하고 기쁨과 즐거움을 배가시키기도 한다. 인생에게 공감의 영역을 확장해 주기도 하고 관조를 끌어내기도 한다. 꽃이 있어 누더기 같은 인생을 덮어버리기도 한다. 꽃은 선물이요, 마냥 사랑의 감정을 자아내게 한다.

봄 꽃다발

봄꽃들이 너무 좋다. 계절마다 흐드러지는 꽃들이 무더기와 같지만, 특별히 봄에 피는 꽃들이 좋다. 언덕 울타리에 샛노란 개나리가 만발하고, 산수유가 봄을 알리듯 화려하진 않지만 수수하게 자신을 수놓아 가는 기술을 아는 것 같다. 매화는 또 어떠한가? 하얀 눈이 소복이 내린 듯한 매화꽃 자태와 그 향취, 섬진강을 끼고 서로 어울리는 정경은 꿈속에서라도 나타날 듯 여운이 남는다.

벚꽃도 아름답다. 왜색에 대한 시비는 묻어도 좋다. 벚꽃길은 그 아름다움에 압도되어 우리를 겸손하게도 한다. 진달래는 꽃 중의 꽃, 나는 그를 사랑한다. 나는 그 색을 사랑한다. 철쭉보다는 살벌하지 않고 청초하면서도 범접할 수 없는 기개가 서려 있다. 4월 혁명과 빗대어 노래한 시인들 때문인지도 모르겠는데, 아무튼 핏빛 꽃봉오리가 한적한 산골짜기마다 군락을 이루고 있으니 더 말해서 무엇하겠는가. 이 한아름 꽃다발을 우리의 산하에서 필부필부인 내게도 안겨주고 있으니 봄은 존귀하고 사랑할 만한 계절이다.

벌써 낙화로다

아뿔싸, 올해도 봄꽃 구경을 제대로 못해 봤으니 내 실망은 속에서 응어리 되어 한동안 앓게 될 것이다. 벌써 낙화라니, 시간의 경과가 참으로 아쉽다. 비에 씻겨, 바람에 날려 꽃이 지고 앙상한 가지들만 한스러운 듯 나를 탓하는 것 같으니 슬프다.

무엇에 그리도 얽매어 있는지 꽃 구경 타이밍을 놓쳐버린 자책감이 몰려온다. 세속의 연이 자연과의 교감이나 합일을 방해하고 무산시켜 버렸으니, 아직도 구습과 제도와 일상의 틀에서 벗어나지 못한, 자유를 잃은 자유인, 자유를 포기한 자유인의 일그러진 모습이 원망스럽다. 내년에는 개화 시기를 놓치지 않으리라 몇 번 다짐해도 낙화를 슬퍼하며 주저앉아 버린 내가 가엾기 짝이 없다.

감정이 무디어진 때문일까, 아니면 다급해진 어떤 사안들에 휘둘려서일까. 봄꽃 동산의 향기와 수려함을 제대로 맛보지 못한 채 계절을 보내기 십상이다. "가야 할 때가 언제인가를 분명히 알고 가는 이의 뒷모습은 얼마나 아름다운가. 봄 한철 격정을 인내한 나의 사랑은 지고 있다. 분분한 낙화, 결별이 이룩하는 축복에 싸여 지금은 가야 할 때… 나의 사랑, 나의 결별, 샘터에 물 고이듯 성숙하는 내 영혼의 슬픈 눈"(이형기의 '낙화》 중에서)이 그래도 위로가 된다.

인생도 떨어지는 걸

꽃만 지는 것이 아니다. 인생도 낙화의 때가 있다. 이 세상에서 화려한 시절도 있었을 것이다. 살맛 난다고 호언하던 때도 분명 있었을 것이다. 아니면 조그만 행복에 만족스러워하며 그날이 좀 길었으면 하기도 했겠지. 그러나 인생은 그렇게 쉽지 않다. 내가 작정한 대로 움직여지지 않는다. 육체는 점점 노쇠해 가고, 기억마저 아스라해져 가며, 모든 행동반경이 좁혀지는 것을 알아차릴 때가 올 것이다.

나와 상대가 되었던 자연이라든가 타자는 물론이요, 생명 없는 것처럼 보이는 사물에 이르기까지 한 품안에 모여들어야 하고 일체 되는 지경까지 가야 한다는 사실을 인식하게 될 것이다. 그토록 무시하고 외면했던 영원한 진리에게조차 더 이상 박절할 수 없으며, 그 빛의 중심으로 나를 떠나보내야 한다는 사실까지 깨닫게 되는 것은 그리 멀지 않다. 자신의 종말을 맞는다는 것은 슬픈 일이다. 그러나 그것으로 우리의 삶이 종결되는 것만은 아니라는 사실 앞에 숙연해진다.

낙화의 잔재들이 이리저리 휩쓸리며 얼마나 많은 것들을 생각하게 해 주던가. 분명 뭉클한 전갈이 있지 않은가? 그뿐만 아니라 밟

히기도 하고 묻히기도 하겠지만, 거름이 되고 자양분이 되어 또 다른 계절에 어떤 꽃을 피워내고 그 생명력을 만천하에 또한 드러낼 수 있지 않겠는가. 낙화 같은 인생도 쓰러짐이 끝이 아니라, 일상적인 진행 과정의 일환으로 볼 수도 있는 것이 아니겠는가.

성서에도 이런 증언이 있지 않던가. "그 바라는 것은 피조물도 썩어짐의 종 노릇 한 데서 해방되어 하나님의 자녀들의 영광의 자유에 이르는 것이니라"(롬 8:21).

겨울 나그네

요즘 들어 슈베르트의 '겨울 나그네'를 자주 듣는다. 우선 제목이 주는 울림이 있다. 겨울 눈밭의 그 차가움과 나그네의 쓸쓸함이 인생을 말해주는 듯하다. '겨울 나그네'는 슈베르트의 연가곡으로 24개 곡으로 되어 있다. 음악에 대해 특별한 이해가 없는 나로서는 그 곡의 깊이와 명성에 걸맞는 많은 감정들을 다 느낄 수는 없지만, 한 인간으로서 함께 공유할 수 있는 음악적 감동은 충분하다고 생각한다. 클래식에 둔감한 나로서는 음악가 프란츠 슈베르트에 대해 아는 바가 거의 없다. 중·고등학교 시절에 잠깐 배웠던 초보적인 지식 정도일 것이다.

거장의 음악

이 오스트리아 출신의 천재적 음악가는 모라비안계 초등학교 교사였던 아버지에게서 바이올린을 배우고 음악 교육을 받은 것으로 알려졌다. 15세 때 어머니가 세상을 떠났고, 이때의 슬픔은 두고두고 그의 삶과 음악에 영향이 컸으리라 짐작된다. 유년 시절부터 음악적 재능을 드러냈던 그는, 황실 예비학교에서 음악적 스승인 살리에리를 만났고, 스승은 그의 음악 재능을 한눈에 알아봐 주었다. 13세에 이미 초기 교향곡과 실내악을 작곡하기도 했던 그는, 가난과 질병 속에서도 600여 가곡, 교향곡, 실내악, 피아노곡들을 작곡했다 한다. 천재는 단명한다던가. 그는 31세라는 젊은 나이에 요절하고 말았으니 참으로 야속한 인생이다.

고독·절망, 그리고 아름다움

빌헬름 밀러의 동명 시집에서 영감을 얻은 슈베르트는 명곡 '겨울 나그네'를 작곡했으니, 이 곡은 낭만주의의 대표적 연가곡으로 고독, 절망, 희망의 부재를 표현해 주는 곡이 되었다고 한다. 실연의 아픔을 겪는 남자의 비장한 슬픔과 연인의 흔적을 좇아 방황하며 길을 떠나는 나그네의 고독한 여정은 흡사 우리네 인생길의 고통과 아픔, 절망과 고독 등의 철학적 주제들을 보여주기에 충분하다고 할 수 있겠다.

나는 '겨울 나그네'의 제1곡 '잘 자요'(구테 나흐트)에서 이미 빠져든다. "낯선 곳에서 왔던 나는 다시 낯선 곳으로 떠난다. 5월은 내게 친절하게 많은 꽃다발을 주었었다"로 시작되는 시어에서 풍겨나는 애처로움뿐 아니라 장엄하고 웅장한 서곡의 고동치는 울림에 감탄을 연발한다. 실연의 아픔을 되씹으면서도, 어쩔 수 없는 작별이 아니라 본인이 결행하고 단호히 떠나는 듯한 남자의 풍모가 느껴진다. 그것은 자존심이랄까, 속으로 크게 울면서도 겉으로 눈물을 보이지 않으려는 자존심 같은 것이다.

제5곡은 '보리수'로 알려진, 우리에게는 낯설지 않은 곡이다. 부드러우면서도 감미로운 리듬은 아마도 폭풍 질주 같은 제1곡의 출발에서 여유를 찾을 듯한 리듬이다. 내가 가장 심취하는 곡은 제6곡 '넘치는 눈물'이다. "내 눈에서 흐른 눈물이 눈 속으로 떨어졌다. 차가운 눈송이가 뜨거운 고통을 흡수한다." 애끓는 심장의 조여오는 고동 소리를 듣는 듯하고, 애절한 감정의 끓어오름과 하행적 리듬의 비감은 참으로 일품이다.

그리고 '겨울 나그네'는 제24곡 '거리의 악사'로 끝을 맺는다. 아무도 쳐다보지 않는 거리의 노인 악사, 그의 모자 안은 텅 비어 있고 개만 짖어댈 뿐 얼어붙은 손가락만 떨리고 있다. 마지막 떨어지는 잎새를 연상케 하듯 인생은 그렇게 쓸쓸히 종말을 향해 유랑의 길을 끝내 간다는 암시일 것이다.

열정, 분노, 절망, 고독, 슬픔 그리고 성찰과 수용의 기나긴 소용돌이를 겪어온 인생의 고독한 결말을 보여주는 슈베르트의 명곡은 그래도 바람과 꽃들과 사랑과 나무 숲, 설원의 창백함 등이 친구되어 곁에 있다는 사실에 아름다움을 느낄 수도 있다는 서정을 함께 맛보게 해준다.

여운이 길게 간다

'겨울 나그네'는 여운을 남긴다. 그것도 길게 남는다. 한동안 가슴 먹먹한 진공 상태를 경험한다. 광야에 홀로 선 듯한 외로움, 눈밭에 한 점처럼 미약하고 허약한 인생의 초상을 들여다본다. 결국 인생은 혼자 가는 길이고, 혼자 종지부를 찍어야 할 나그네 길 아니겠는가?

물론 가족과 함께, 이웃과 더불어 가는 사회적 삶을 무시할 수 없고, 어떤 의미에서는 공동체적 삶 속에서 개인의 성장, 성숙, 행복을 찾을 수 있다고 말하는 이들의 주장에 동의하지만, 인간의 궁극적 삶의 의미와 결론은 결국 자신에게서 이루어진다는 생각은 뿌리칠 수가 없다.

슈베르트의 '세레나데'는 가장 깊은 슬픔을 내게 알려준다. '겨울 나그네' 후에 '세레나데'를 듣는 것이 좋을 듯하다.

비가

슬픔과 상처

이 세상에 슬픔이 많다. 산다는 것이 어쩌면 슬픔의 강을 건너 건너 고통과 쓰라림을 안고 지나는 것일지도 모른다. 좋은 날보다는 고통과 아픔을 씹어 가며 눈물 나는 날이 더 많은 것 같다. 인생은 왜 이런 어두움을 겪어야만 하는 걸까? 운명인가, 자신의 책임인가, 우연한 불행인가, 신은 왜 인간에게 이런 버거운 짐을 내려주고 고통의 강을 건너게 하는 걸까?

물론 여러 해석이 가능할 수 있다. 이 우주를 섭리해 가시는 전능자의 계획일 수 있고, 지난날의 죄과에 대한 보응일 수도 있고, 그것도 아니라면 이 슬픔과 비극적 현실을 통해 연단을 시켜 정금같이 변화된 인생이 되게 하려는 숨은 의도가 깔려 있을 수도 있고, 이러한 아픔을 상쇄하고도 남을 엄청난 복을 준비해 둔 까닭이기도 하다는 해석이 가능할 것이다.

뜻하지 않은 상실로 인한 슬픔이 가장 클 것이다. 어느 날 갑자기 소유를 다 잃어버리고 폭삭 망하게 된 경우도 있다. 사랑하던 사람들이 졸지에 곁을 떠나고 영영 볼 수 없는 이별 때문에도 슬피 운다. 믿었던 사람에게 배신을 당하고 신뢰가 깨져 버렸을 때 슬픔은 더해온다.

세상에 혼자인 것 같은 고독에 에워싸이면서 슬픔이 폭발하기도 한다. 슬픔은 상처를 남긴다. 눈물 자욱들이 아픔을 동반한 상처로 각인된다. 그 상처들은 쉽게 수용되거나 받아들여질 수 없고 우리 안에 보복의 비수를 품게 만들어 결국 내적 인격을 만신창이로 만들어 버리는 비극이 탄생하게 된다.

네 개의 비가

슬픔의 노래는 자신이 당하는 참혹한 고통의 표현이자 깊은 탄식을 통해 상처를 해소해 보려는 정화의 과정일 수도 있다. 성경에 나오는 몇 개의 슬픈 노래들을 떠올려 보자.

욥은 동방의 의인이라 소문난 사람이었지만 고통의 상징이 되었다. 어느 한순간 재산도 잃고 자식들도 다 잃고 아내마저 떠나버렸다. "나의 형제들이 나를 멀리 떠나게 하시니 나를 아는 모든 사람이 내게 낯선 사람이 되었구나. 내 친척은 나를 버렸으며 가까운 친지들은 나를 잊었구나"(욥 19:13-14)라고 울부짖으며 집에 머물러 사는 자들과 모든 종들에게 낯선 사람으로 여겨지며 아내도 숨결을 싫어하고 사랑하는 사람들이 돌이켜 원수가 되었다고 탄식한다. "내 피부와 살이 뼈에 붙었고 남은 것은 겨우 잇몸뿐이로구나"(욥 19:20)라며 통곡하기에 이른다.

시편에는 또 다른 슬픔의 노래가 등장한다. 이른바 메시아 시라 일컬어지는 고통의 노래, 슬픔의 절규가 그것이다. "내 하나님이여 내 하나님이여 어찌 나를 버리셨나이까 어찌 나를 멀리하여 돕지 아니하시오며 내 신음소리를 듣지 아니하시나이까"(시 22:1)라는 비통한 노래는 아버지에게서조차 소외된 듯한 메시아의 십자가 고통을 연상케 하는 비가이다. 이어지는 노래는 물같이 모든 것이 쏟아졌고 모든 뼈가 어그러지고 마음이 밀랍같이 녹아졌다고 가중되는 고통을 호소하기도 한다. 신에게서조차 버림받고 소외의 극한 어둠을 통과하는 가운데 영과 육이 울부짖는 비탄의 노래를 시편에서 읽는다.

성서에 나오는 또 다른 비가가 있다. '눈물의 예언자'라 불렸던 예레미야의 슬픔의 노래가 또 등장한다. 황폐해 버린 조국, 망해버린 나라의 폐허 더미에서 예언자는 절규한다. "시온의 도로들이 슬퍼함이여 절기를 지키려 나아가는 사람이 없음이로다. 모든 성문들이 적막하며 제사장들이 탄식하며 처녀들이 근심하며 시온도 곤고를 받았도다"(애 1:4)라면서 슬피 울어 눈물이 뺨에 흐르고 위로하는 자를 찾을 수 없다고 비탄에 잠긴다. 조국은 환희를 가져다주기도 하고 슬픔을 먹여 주기도 한다. 공동체가 잘못되면 그 고통과 비애는 어떤 것과도 비교할 수 없다.

또 다른 슬픈 노래가 있다. 슈베르트의 '겨울 나그네'를 들으면 슬퍼진다. 첫 장 '구테 나흐트'(잘자요)로 시작되는 노래는 세상의 황야에서 객이 되어버린 인생 여정을 천재 작곡가가 실연의 아픔에 빗대어 슬픈 곡조로 수놓아 가는 노래이다. "이방인으로 왔다가 다시 이방인으로 나는 떠난다. 이제 세상은 슬픔으로 가득 차고 길은 눈으로 덮였네. 난 나의 여행을 언제 떠날지 정할 수 없지만 내 길을 스스로 찾아야 한다. 이 어둠 속에서 달빛에 드리워진 그림자와 함께 그를 벗 삼아 떠나리."

더 처연한 슬픈 곡조도 있다. 신동춘 시, 김연준 곡인 〈비가〉이다. "아 찬란한 저 태양이 숨겨 버려 어두운 뒤에 불타는 황금빛 노을 멀리 사라진 뒤에 내 젊은 내 노래는 찾을 길 없는데 들에는 슬피 우는 벌레 소리 뿐이어라. 별같이 빛나던 소망 아침 이슬 되었도다." 가슴을 후벼 오는 슬픈 노래지 않은가! 인생의 부질없는 달음질의 허망함을 토로한다. 그래서 별같이 빛나던 소망도 끝내 아침 이슬같이 되고 만다는 슬픈 이야기이다.

슬픔의 미학

너무 슬퍼서 아름다울 수 있다. 상처와 고통의 흔적 없이 어찌 아름다움을 말할 수 있겠는가. 굴곡진 협곡과 천 길 낭떠러지가 보일 때 비로소 절경을 말할 수 있고 아름다움에 탄복할 수 있다.

슬픔은 아름다움을 품고 있다. 가벼운 희극의 너스레만 인생을 꽉 채운다면 그 무슨 미학을 이야기할 수 있으리오. 인생의 곡절과 상처 자국이 그림의 완성도를 더해 갈 수 있듯이 슬픈 비가는 또 다른 성숙과 불퇴전의 소망까지를 내포한다. 인생은 비애가 있어 드라마이고, 그 슬픔 때문에 절망할 수 없는 이유가 되기도 한다.

4. 인간의 조건

내 이름은 범부(帆父)
모세의 인생
저 구름 너머 그리움
김산을 그리며
인간은 변할 수 없는 걸까
정직함
희망이 있는가?
인간의 조건
사랑의 신비

내 이름은 범부(帆父)

누구에게나 아호(雅號)가 있음직하다. 대학 시절, 함께 기거하던 내 친구들은 즐겨 서로의 아호를 불러줬다. 나는 어느 날 번뜩 생각난 아호가 범부(帆父)였다. '돛단배에 몸을 실어 떠다니는 아비'라는 뜻을 속으로 새겨보면서 그 이름으로 불리기를 좋아했다. 친구들은 기꺼이 내 아호를 불러줬다.

젊은 시절 푸르던 날에 청춘의 치기 정도로 치부하기엔 아호가 갖는 친근감과 무게가 간단치 않다. 성명이 그러하듯 아호도 어쩌면 운명처럼 자신을 이끌어 가는 힘이 있다. 그래서 어떤 이들은 그의 아호처럼 삶이 운명지어진 경우도 허다할 것이다. 나 자신도 아호처럼 그렇게 살아졌으면 하는 바람이 있었다.

돛단배 한 척에 기대어

어렸을 때 나는 뒷동산에 올라 동네 앞바다를 바라보며 먼 바다에 배를 끌고 나가는 선장이 되었으면 하는 꿈을 꾼 적이 있다.

그도 그럴 것이 내 유년 시절은 늘 바다를 끼고 파도 소리에 익숙한 환경이었다.

초등학교 시절, 고향인 지도를 떠나 압해도에 자리 잡았는데 거기도 섬 외딴 해변가였다. 중학교 시절, 목포에 나와 살게 되었으니 바다는 여전히 내 친구가 되었던 것이 분명하다. 고등학교 시절, 서울에 올라가 일시 정착하고 대학과 신학교를 마치기까지 있었지만 다시 목포에 내려와 목회를 시작했고 그 이후 정읍에 가서 목회 생활을 계속했으니 가히 유랑이나 떠도는 인생을 살았음직하다. 그리고 지금은 전주를 거쳐 장항에 와 있으니 역시 바닷가를 좇아 인생길을 헤쳐가고 있다고도 할 수 있겠다.

그러나 '떠돈다'는 말이 단순히 지역을 옮겨가며 유랑한다는 의미만은 아닐 것이라 생각해 본다. 마음의 유랑, 정신과 사유의 유랑은 누구에게나 있다. 어느 한 지점에 마음이 머물거나 정신이 머물러 이념 성향을 결정짓거나 인생관을 확고히 하기도 한다. 그러나 아무리 정해진 방향대로, 일관된 생각과 가치에 대한 신념을 갖고 산다고 해도 한 곳에 고착될 수 없는 것이 인생이다.

이미 체계를 잡은 인생이더라도 자꾸 흘러가고 마치 먼 바다를 헤집고 다니는 범선처럼 새로운 세계를 탐구하고, 그의 항해가 더욱 원숙해지는 것이 아니겠는가? 점점 성숙된 세계로 자기 이념을 흘려보내 더 넓고 깊은 것을 찾고자 할 것이니 그것이 바로 '떠돌이'란 말이 될 것이다.

나 자신도 떠돌이였던 것 같다. 젊은 시절 혈기 방장하던 시절엔 정치를 하겠다는 포부가 강했다. 암울한 유신 체제 하에서는 혁명 아니고는 돌파구가 없다는 생각도 했고 사회 변화, 인간 변화를 도모할 양으로 신학교에 들어가기도 했다. '민중예수'에 깊이 경도되기도 했고 목포에 다시 내려간 것은 신학 훈련을 통해 얻은 계몽으로 시민사회운동이란 방식을 내 인생에 도입하게 되었던 듯하다. 다시 교회로 들어가 목회를 하게 되면서 더 깊은 인간 이해와 신앙적 영성의 항해를 계속해 간 것이 분명하다.

'긍휼과 자비', '하나님과의 만남', '예수 실천', '정의와 평화', '민족과 교회' 등 어느새 내 곁에 와 있는 화두들과 씨름하면서 흘러 흘러 목회 여정을 계속했던 것 같다. 도시 안의 많은 지도 그룹들과의 교분을 통해 인생의 넓이를 헤아려보기도 하고 목포 서산동 골짜기에 사는 어려운 이들을 심방하면서 하늘을 우러러 보기도 했다.

그러나 목회라는 것도 교회 제도와 교권 체제 안에서 행해지는 것이라서 어떻게 하면 이 구조적 껍질을 깨고 자유할 수 있을까를 늘 고뇌했던 것 같다. 물론 전통과 역사를 무시할 수는 없는 것이로되 어떻게 하면 더 자유롭게 성서를 보고 더 자유로워져 하나님께 더 가까워질 수 있는 경건을 개척할 수 있을까 하고 지금은 생각해 본다. 넓디넓은 바다에 항해를 계속하듯 수많은 정신세계, 영성의 무대를 넘나들다 가정도 생겼고 자식들도 두었고 그리고 내가 만난 수많은 사람들, 그리고 사건들, 역사적인 정황이 오늘의 나를 있게 했다.

포구에 다다를 날

과연 포구에 돌아올 날이 있을까? 내 인생은 정녕 포구에 기항

할 수 있을까? 아니다. 멈출 수 없는 뱃놀이다. 인생의 탑을 그동안 수없이 쌓기도 하고 허물기도 하고, 그 인생 유전의 황혼 녘에서 생각해 보면 일가를 이룬다는 것은 요원한 목표일 수밖에 없다.

사랑하는 사람들, 끊임없는 관심과 격려로 나의 항해를 뒷받침했던 사람들, 특별히 내가 돌보던 거룩한 목장의 양떼들, 그리고 내 인생에 뜻하지 않은 먹구름처럼 다가와 대적하고 걸림돌이 되었던 이들 모두가 다 인생의 거대한 바다에서 한 번 쓸려 지나가는 잔물결에 불과한 것 아니겠는가?

결국은 절대 섭리의 주인과 나 사이의 문제가 아닐까? 그래서 나는 진정한 '아비'가 되지도 못한 것 같다. 일가를 이루지도 못한 못난 '아비', 그래서 포구에 기항이 어려울 듯하다. 어느 때인가는 파선하고 침몰하게 되겠지만 그때까지 유유히 노를 저어 갈 수밖에.

모세의 인생

성서에 나오는 이야기 중 모세의 이야기만큼 흥미진진한 대목을 찾아보기 어렵고 모세 같은 민족적 영웅을 찾기도 어렵다. 주일학교 시절, 모세의 전체 이야기를 시리즈로 들려주는 교사들의 이야기에 시간 가는 줄 모르고 빠져들던 때가 있었다. 모세의 이야기는 설교의 주제일 뿐 아니라 그의 인생을 다시 구성해 보는 것도 흥미 있는 일이 될 것이다. 히브리 민족의 영웅 모세의 출생은 어떠했을까?

구사일생

성서의 출애굽기는 히브리 민족에게 가장 위험했던 시기 한 영웅의 출현을 소상하게 들려준다. 전설적인 애굽의 구원자 요셉이 사망한 이후 한참 세월이 흘러 요셉을 모르는 애굽 왕 바로가 두려움에 빠지게 되었다는 이야기로 서두를 꺼낸다. 아마도 히브리 백성의 인구가 급속도로 증가하게 되어 이민족의 침략을 받을 경우, 그들과 합세하여 히브리 백성이 대적이 되어 자기들과 싸우고 그 땅에서 달아날까 두려워했다는 것이다.

바로는 곧장 히브리 산파에게 명령하여 히브리 여인에게서 출생하는 사내아이들을 모두 죽이라고 한다. 영아 살해의 잔혹한 역사가 온 애굽을 덮쳤다. 그러나 구사일생으로 모세는 목숨을 건진다. 어머니 요게벳과 누이 미리암이 그 아이를 갈대상자에 넣고 바로 공주의 목욕하는 곳까지 띄워 보냈다. 모세의 운명은 바로 공주의 아들이 되어 바로의 궁궐에 들어가게 되었다는 이야기로 이어진다. 이후 하늘의 계획대로 모세의 일생은 끌려가게 된다. 유모로 들어온 생모를 통해 자신이 히브리의 자식이란 사실을 알게 된 모세는 미디안 광야로 망명하는 신세가 되고 만다.

가시떨기 불꽃

미디안 광야에서 목동으로 40년을 지내야 했던 모세는 어느 날 호렙산에서 양 떼를 치던 중 가시떨기에 불이 붙었으나 떨기 나무가 타지 않는 광경을 목도하던 중 하나님의 부르심을 받게 되었다. 꺼지지 않는 불꽃, 가시떨기 나무 앞에서 그의 인생은 일대 전회를 겪게 된다.

"모세야, 모세야" 하고 부르는 음성은 "이제 내가 너를 바로에게 보내어 너에게 내 백성 이스라엘 자손을 애굽에서 인도하여 내게 하리라"(출 3:10)라는 소명으로 이어졌다. 꺼지지 않는 불꽃은 전능자의 부름이었다. 히브리의 조상 아브라함과 이삭과 야곱의 여호와가 그에게 사명을 허락한 것이다. 모세는 비로소 그의 정체성을 확인함과 동시에 소명 앞에 무릎 꿇어 애굽왕 바로 앞에 나아간다.

지팡이

출애굽의 지팡이가 그의 손에 들렸고 "내 백성을 내놓으라"는 그의 요구에 반항하던 바로가 열 가지 재앙에 굴복하고 히브리 백성을 놓아주겠다고 약속한다. 그러나 그 약속을 뒤집어 수많은 병거들로 히브리를 추격하는 바로의 군대가 바짝 조여오고 앞에는 홍해 바다가 가로막고 있다. 모세가 길을 텄다. 여호와의 명령대로 지팡이를 들고 홍해 바다를 향해 손을 내밀 때 홍해가 갈라지는 기적이 일어났다. 히브리, 이스라엘 자손들은 바다를 육지같이 건넜다고 한다. 뒤이어 추격해 오던 바로의 군대는 바닷속에 수장되고 말았다.

모세가 들고 있던 지팡이는 여호와의 권능의 징표가 되었다. 모세는 이미 하나님과 함께하는 영도자가 되었다. 그러나 뒤이은 광야 40년은 파란 곡절 모세의 일생이 슬픔과 고난으로 이어진 험로의 여정이었음을 성서가 증거한다.

잊어버릴 만하면 나타나는 백성들의 불평과 원성, 이방 족들의 침략과 방해, 고라 자손의 반역, 믿었던 친형제 아론과 미리암의 비방 등 이루 헤아릴 수 없는 곤욕과 모험이 기다리고 있었다. 그러나 모세는 그 길을 가야 했다. 약속의 땅 가나안을 향해 계속 나아갈 뿐이었다. 극한의 인내, 극도의 절제를 보여주었다. 물론 끓어오르는 분노를 참지 못하고 쏟아 낸 적도 있지만 모세는 잘 견뎌냈다.

느보산에 올라

마침내 요단강 건너편 약속의 땅이 바라보이는 느보산에 올랐다. "너는 그 땅에 들어가지 못한다"라는 여호와의 명령을 이미 받은 터였다. 반항할 수도 있었고 반역할 수도 있었던 그였지만, 그는 이 거대한 신의 드라마에 순복하는 인물이었다. 모세가 죽을 때 나이가 120세였으며 성서는 이스라엘이 그를 위하여 삼십 일을 애곡했다고 하며 "그 후에는 모세와 같은 선지자가 일어나지 못하였다"(신 34:10)라고 증언한다.

이스라엘의 위대한 영웅 모세는 불꽃 같은 삶을 살았고 민족을 해방시키는 영도자였지만, 다만 검불 같은 인생일 뿐이었다. 그가 노래한 시편 90편에 "우리의 연수가 칠십이요 강건하면 팔십이라도 그 연수의 자랑은 수고와 슬픔뿐이요 신속히 가니 우리가 날아가나이다"(시 90:10)라고 했지 않은가? 아무리 영웅들이라도 평범한 자연인, 한 인간으로 마지막에 돌아가는 것이리라.

또 다른 생각

우리에게도 역사적 격변기에 많은 지도자들이 있었다. 상해 임시정부를 이끌었던 백범 김구, 그는 해방 이후에도 남북이 갈라지는 것을 온몸으로 막아서며 38선을 넘기도 했지만, 뜻하지 않은 흉탄에 최후를 맞이하고 말았으니, 모세의 느보산에서의 죽음과는 또 다른 느낌을 준다고 할 것이다.

갈대 상자에 숨겨져 구사일생으로 살아난 모세의 반전을 생각하면서 DJ가 유신 정권의 음모에 의해 동해 바다에 수장될 찰나

극적으로 생환한 사건이 오버랩된다. 또 있다. 통일운동가 장준하의 뒤를 잇겠다고 자처하고 나선 늦봄 문익환 목사가 목숨 걸고 평양에 도착해 북의 지도자와 포옹하던 장면, 그것은 분명 모세가 지팡이를 들고 홍해 바다를 건너는 장면과 비견할 수 있을 만한 사건이었다.

또 다른 모세가 나타났으면 한다. 아직도 우리는 민족 해방이나 하나 됨의 가나안에 채 들어가지 못한 상태, 아니 애굽의 박해 아래 굴욕의 분단 시대를 하염없이 살고 있는 측은한 민족의 처지 아니던가?

저 구름 너머 그리움

하늘은 우리의 소망이다. 최후로 기댈 수 있는 곳이다. 그래서 그런지 감옥에서도 하늘을 향해 열려진 작은 창이 정신적 해방구라 하지 않는가. 하늘은 마냥 푸르러 좋다. 어릴 적 산등성이나 풀밭에 눕다 보면 모든 시름이 사라지고 온 우주 안으로 빨려 들어가는 느낌이 황홀했다. 아무것도 가진 게 없지만 하늘만큼 땅만큼이라 하듯, 모든 것이 내 것 같은 풍요도 느낀다. 비 갠 하늘은 온 세상을 깨끗이 정화시킨 주단처럼 정결하기가 그지없다. 그러나 하늘이 성나 있을 때도 있다. 천둥 치고 먹구름이 온 하늘을 가릴 때면 어두움이 도적같이 다가오고 알 수 없는 두려움이 우리를 사로잡기도 한다.

장공만리

끝없이 펼쳐진 하늘은 끝간 데를 모른다. 드넓은 하늘 무대를 바라볼 때마다 자꾸 생각이 떠오르고 무언가를 해보겠다는 꿈이 생겨나고 결심도 하게 된다. 장공만리 하늘은 셀 수 없는 은하계와 우주의 가늠할 수 없는 영역과 신비를 깨닫게 해준다. 그래서 성서의 시편은 하늘을 노래하기에 모든 시선을 집중하는 것 같다. "하늘이 하나님의 영광을 선포하고 궁창이 그의 손으로 하신 일을 나타내는도다 날은 날에게 말하고 밤은 밤에게 지식을 전하니 언어도 없고 말씀도 없으며 들리는 소리도 없으나 그의 소리가 온 땅에 통하고 그의 말씀이 세상 끝까지 이르도다"(시 19:1-4)라고 노래하는 것이 그것이다.

또한 "주의 손가락으로 만드신 주의 하늘과 주께서 베풀어 두신 달과 별들을 내가 보오니 사람이 무엇이기에 주께서 그를 생각하시며" 하는 대목에선 하늘을 보며 자신의 정체성을 깨달아 알게 된다는 고백도 되고 가히 조물주에 범접할 수 없는 낮은 자신을 토로하게 된다는 고백을 담고 있다.

보고 싶다 말 못하리

하늘은 그리움을 품게 한다. 이런저런 추억들이 생각나게 하고 특별히 어린 시절의 기억들이 설렘 가득 꿈틀거리게 한다. 아마도 잘 몰랐던 시절, 세상을 잘 모르고 세상살이 경험도 전무한 상태였기에 자꾸 그리움의 화폭에 등장하는 것일까? 어떻든지 하늘은 그리움이다. 잃어버린 사람들, 떠나간 사람들에 대한 슬픈 그리움이 앞을 가린다. 그리고 어떤 연유에서였든지 만날 수 없는 경계가 되어 멀리 있는 사람들에게까지 그리움은 몰려온다.

고향에 대한 그리움은 언제나 애련의 감정을 가져온다. 지금은 그 동산에 어떤 아이들이 뛰어놀고 술래잡기를 하며 또 어떤 꿈을 꿈을 꾸고 있을지, 그 바닷가에서는 또 어떤 동무들이 이후에 닥칠 운명을 까맣게 모르는 채 꿈과 사랑을 그리고 있을지 생각해 본다. 그러나 하늘 장공만리에 드리워진 그리움들이 키가 자라게 하고 생각을 키워 주고 인생을 깊이 다져 주는 자양분이 되었음도 분명하다.

> "그리워 그리워 찾아와도 그리운 옛임은 아니 뵈네
> 들국화 애처롭고 갈꽃만 바람에 날리고
> 마음은 어디고 붙일 곳 없어 먼 하늘만 바라본다네"

이은상의 시 '그리워'의 첫 대목이 처연하게 들린다. 그리움은 외로움을 자아내면서도 간절한 열망을 불태우게도 하는 원초적 감정이다.

진리 향한 애절함

하늘을 바라보다 그리움에 지칠 즈음엔 구도자의 고뇌와 결연한 자세에도 도달하게 한다. '인생은 살 만한 가치가 있는 것일까?', '진리란 무엇인가?'라는 물음이 저 하늘을 향해 소리 없는 메아리처럼 번져가는 것 같다. 그래서 구도자들은 텅 빈 사막으로 나가기도 하고 어떤 거룩한 조형물에 기대어 존재의 심연을 탐구하려 하기도 했고, 더러는 하늘을 향해 영혼의 창을 열고 진리를 향한 그리움을 토해 내기도 했을 것이다. 그 그리움은 진리를 향한 갈망이다.

알버트 슈바이처는 이런 말을 한 적이 있다. "스무 살에는 신이 주신 얼굴을 갖고 있으며 마흔 살에는 삶이 준 얼굴을, 그리고 예순 살에는 스스로가 얻은 얼굴을 갖고 있다." 여기서 스스로가 얻은 얼굴이란 진리를 향한 애타는 그리움, 즉 전능자의 마음이 담겨진 얼굴이라고 말할 수 있지 않을까?

현대의 가장 출중한 영성가라 불리우는 토마스 머튼의 일기 중에 "혼자일 수 없는 사람은 진정한 자기 존재를 찾을 수 없다. … 내가 그렇게 중요하다고 생각했던 것들이 내가 심혈을 기울였기 때문에 가치가 별로 없는 것들이 되고 말았다. 내가 기획하거나 기대할 수 없던 것들이 오히려 중요한 것들이었다"라는 대목을 주목해 본다. 고독과 침묵, 관상기도를 통해 하늘 향해 구도자의 그리움을 쏟아냈던 그도 하늘에서 오는 강렬한 태양과 사파이어 같은 풀잎이슬을 사랑했다.

김산을 그리며

　80년대 초반 님 웨일즈가 쓴 《아리랑》을 접하고 쉬쉬하며 돌려 읽었다. 이영희 선생이 일본의 어느 책방에서 일본어판을 발견하여 읽고 감동을 받아 한국에 소개했다고 알려진 그 책이다. 나는 《아리랑》을 읽으며 숨이 멎을 듯한 충격과 감동에서 벗어날 수 없었다. 일제 강점기, 동아시아 격변기에 이역 중국 땅에서 서른세 살 꽃다운 나이에 산화한 조선인 혁명가의 이야기에 마음을 빼앗기지 않을 수 없었을 것이라 생각한다.

　《중국의 붉은 별》로 유명한 에드가 스노우의 부인이기도 한 여기자 님 웨일즈는 연안의 한 도서관에서 영문판 도서 대출자들을 살피던 중 조선인 '김산'이라는 이름을 발견하고 놀란다. 수소문해 일주일 후 그와의 만남을 통해 그의 전기이기도 한 《아리랑》이 탄생한다. 이 조선인 혁명가를 처음 대한 님 웨일즈는 그의 인상을 이렇게 소개한다.

"조명 아래 크고 인상적인 사내가 조용히 들어왔다. 그는 당당하고 품위 있는 태도로 내게 인사를 건넸다. 수수하고 침착하며 자제력이 있는 듯 보였고 그 눈빛 속에 정직과 사리분별이 분명한 이 젊은이는 그러나 감옥의 어두움이 깔려 있었다."

- 《아리랑》 중에서

이후 그와의 스물두 번의 인터뷰를 통해 이 책은 빛을 보게 된다. 김산은 조선인 혁명가 장지락이라는 실존인물이었다. 그는 일찍이 열네 살에 압록강을 건너 만주를 거쳐 베이징에 자리를 잡았던 조선인 의혈 청년이다. 도산 안창호와 춘원 이광수를 흠모하기도 했지만 거친 중국 대륙의 혁명의 소용돌이 속에서 그는 공산주의자들과 섞여 활동하다 아나키스트로 변모되어 가는 과정을 밟는다. 이는 오로지 조국의 독립과 해방을 향한 일심 의지를 이역만리 중국의 혁명운동에 의탁했던 결과일 것이다. 제국주의 타도를 위한 투쟁만이 조선의 자유와 독립을 쟁취할 수 있는 길이라 믿고 중국 공산당과 함께했을 것이다.

몇 번의 투옥과 석방을 거치면서 김성숙 선생과 더불어 '조선 해방 동맹'을 결성하고 자신의 모든 것을 바치고자 했던 인물이다. 중국의 1차 국공합작이 실패로 돌아가고 국민당의 공산당 제거 작전이 한창일 때 김산은 광저우 봉기에 몸을 던져 홍군 총사령관의 군사 참모가 되기도 했다. 1차 때 일경에 체포되어 일본 법정에서 재판까지 받았으나 얼마 가지 않아 석방되기도 했던 그는 결국 2차 국공합작 이후 점점 득세해 가는 마오쩌둥 세력이 의심되는 위험한 인물들을 간첩 혐의로 숙청하려 했던 시도에 말려 들어 33세의 짧은 삶을 마감했다. 질풍노도와 같은 혁명의 한복판에서 불꽃처럼 살다 간 김산의 삶, 너무나 극적인 결말이었다. 믿었던 동지들의 모략과 간계에 의해 그는 체포당하고 어이없는 죽음에 이르게 되었으니 말이다.

그러나 훗날 다행한 것은 중국 공산당이 그가 죄 없이 억울하게 처형당했다는 사실을 인정하고 그를 복권시켰으며, 그가 공산주의자였다고 섣불리 재단하여 그를 다룬 책마저도 금서가 되었던 조국에서도 그의 독립 투쟁을 인정받고 복권되는 때가 오기도 했다.

그리고 아리랑

이름 없는 혁명가였으나 생면부지의 미국 여기자가 만나는 즉시 빨려 들 정도였고, 결국 몇 차례의 인터뷰를 통해 그를 책에 녹여 내기로 작정했던 님 웨일즈에게 김산은 어떤 존재였을까. 내로라하는 대륙의 유명 지도부에 속한 인물도 아니었고, 관심을 기울이는 것조차 사치일 법한 동양의 작은 반도 출신의 청년 혁명가에 불과할 수도 있었는데, 불꽃 같은 그의 혁명 여정이 그녀에게 울림이 되었던 것은 아니었을까?

《아리랑》에는 그의 최후에 대한 이야기는 나오지 않는다. 그러나 김산의 자전적 이야기들이 기자에게 여운을 남기고 깊은 잔영처럼 각인되어 이후의 그녀의 삶에도 어떤 영향을 주었지 않았을까 짐작해 본다.

아리랑을 불러 본 적이 있는가? 아리랑은 서글프고 한스러운 가락이로되 저변에 흐르는 끈기와 불퇴전의 인간 의지를 느끼게 한다. 김산의 짧은 인생이 보여 주는 감동은 나라 잃은 한 고독한 유랑 청년의 조선 독립과 인간 해방 혁명 투쟁을 향한 불꽃 같은 처절함, 혹은 오래도록 가슴 깊이 울려 오는 여운을 남겨 준다고 할 수 있다.

이 책을 대하는 모든 이들에게는 차가우면서도 한순간 모든 것을 불태워 버리고 마는 뜨거운 공기, 역사 앞에 정직하게, 그리고 그 자신에게 부과된 과업을 치열하게 개척해 가려 했던, 미미한 것 같았지만 보석처럼 빛나는, 암울한 시대의 젊은 초상을 만날 기회가 되지 않았을까?

김산에게서 조선 역사를 들었던 님 웨일즈는 책 제목을 '아리랑'으로 정했고 그 이유를 이 책에서 말했다.

> "조선에는 민요가 하나 있다. 그것은 고통받은 민중들의 뜨거운 가슴에서 우러나온 아름다운 옛 노래다. 심금을 울리는 아름다운 선율에는 슬픔이 담겨 있듯이 이것도 슬픈 노래다. 조선이 그렇게 오랫동안 비극적이었듯이 이 노래도 비극적이다. 아름답고 비극적이기 때문에 이 노래는 300년 동안이나 모든 조선 사람들에게 애창되어 왔다."

나는 젊은 시절 만주 벌판을 가로질러 말을 타고 달리는 풍운아 독립군을 떠올리고 내 자신의 삶에 오버랩시키고자 했던 적이 있다. '아리랑'의 김산은 바로 그런 주인공이었다. 최연소로 신흥무관학교에 입학한 조선 소년에서부터 시작해 베이징과 광동, 연안과 일본을 오가며 청춘을 혁명에 불태웠던 열혈 남아 김산, 한때 기독교적 순교를 영웅시하고 거기에 심취하기도 했지만 그의 생각은 점점 인간 해방이라는 깊은 삶의 저변을 통과하면서 혁명의 가치를 더 높이 끌어 올리는 경험을 했던 인물이다.

첫사랑의 슬픈 기억도 그를 단순한 테러리스트가 아니라 따뜻한 인간으로 느껴지게 했던 인생의 중요한 장면이 되었을 것이다. 영어, 중국어, 일본어, 독일어까지 구사할 수 있는 천재적 재능의 소유자였으니 님 웨일즈가 감탄한 것처럼 "당신처럼 아름다운 영어를 구사하는 사람을 여기서 만나 본 적 없다"라는 말이 가히 과장된 이야기는 아니었으리라.

김산, 다시 그의 이름을 불러 본다. 암울한 1930년대를 풍미했던 조선인 혁명가, 그의 말대로 "실패는 없다. 좌절을 이겨내고 딛고 일어서 나아가는 일만 남았다"라는 이야기는 약관의 나이에도 백절불굴 조선 청년의 기상을 극명하게 보여 주었다고 생각한다. 김산의 기상이 오늘에도 그립다.

인간은 변할 수 없는 걸까

인간의 진보와 성숙을 믿고 싶다. 태어나면서부터 여러 과정을 거쳐 성인이 되고 결국 노년기에 이르게 되어 쓸쓸히 사라져야 하는 것이 인간 운명이다. 그 과정에서 생각도 많이 바뀌고 성정도 변모될 수 있을 법하다. 지식의 깊이도 더해지고 경험의 축적도 그 사람의 인격에 많은 영향을 끼치게 될 것이다.

그러나 생각해 보면 성격 좋고 착한 사람을 만나서 성장 과정에 큰 도움을 받는 것보다 고약한 사람을 만나 그의 시비와 공격 때문에 인생이 힘든 사람들이 더 많은 것 같다. 연약한 자가 좀 더 강인한 사람이 된다든지, 거친 인물이 유순한 존재로 바뀐다든지, 교활을 인생 무기로 삼는 자들이 정직하고 후덕한 인간으로 변화될 수는 없을까?

내가 목회에 입문하게 되었던 것도 이런 고민 때문이었을 것이라 생각한다. 신앙 안에서 인간 변화가 가능한가? 예수 안에서 중생이 과연 효험이 있는 것인가? 자신에게 묻고 또 물으며 목회의 길을 걸어왔던 것 같다.

태생적 성격

목사들은 간혹 그런 얘기를 하곤 한다. "인간은 태생적 성격에서 자유로울 수 없고 인간 변화를 기대하는 것은 목사의 헛된 꿈이다"라고 이야기를 나누곤 한다. 물론 목회가 간단치 않아서 오늘의 교회 목회 구조에서 별의별 인간들을 만나게 되고 그들로 인한 상처와 괴로움이 목회자들에게 비관적 생각을 만들어 주었을 것이다. 나 역시 내 자신의 경험과 생각으로는 결코 그들의 입장에서 벗어날 수 없다고 수없이 되뇌인다. 물론 성서는 진리 안에서의 인간 변화, 주 예수 안에서의 신생을 끊임없이 증거하고 있지만 말이다.

성경을 배우고 세례도 받고 끊임없는 가르침과 훈련을 통과하기도 하고 빛 된 제자의 길로 나아가기 위해 많은 시간들을 집중하지만 그들이 직분을 받고 또 다른 직분으로 나아가는 것도 세상의 위광 정도로 생각하는 속물 행태에서 벗어나지 못하는 현실이니 결국 목사들에게서 그런 이야기가 나올 수밖에 없는 것 아닐까?

물론 나면서부터 심겨진 성향이나 마음 씀씀이, 그런 것들을 부인할 수 없다. 부모로부터, 아니면 먼 조상으로부터 시작하여 대물림된 DNA를 어찌 부정할 수 있겠는가? 얼굴형이나 신체 구조만큼이나 다양하고 분명한 자기 캐릭터가 존재한다. 그래서 그런지 성격도 부모를 닮은 경우가 허다하고, 채 인식하지 못하고 있더라도 숨겨진 부모의 인자가 성격에 묻혀 있는 경우도 있을 것이다. 이 태생적 성격을 어떻게 해야 할까? 이런 타고난 유전자와 성격 탓으로 인격 파괴에 이르게 되어 자기 자신도 인생이 망가지고 타인의 삶마저 송두리째 파괴시키는 지경에 이른다면 이처럼 불행한 인생살이가 어디 있겠는가?

강도가 변하여 양민이 되는 것을 우리는 꿈꾸며 산다. 물론 강도 같던 인간이 회개하고 새사람 되고 목사가 되었다는 간증거리도 교회 주변에서는 떠돌아다닌다. 정말 인간 개조가 가능했던 것일까? 목사가 된 이후의 삶이 단지 성직을 수임했다는 것으로 면죄를 받고 인간 개조의 전형이라고 장담할 수만은 없을 것이다. 그만큼 인간 존재가 어렵고 불투명성을 일거에 제거해 버릴 수 없는 불가사의한 존재라고 말할 수밖에 없을 것이다.

수양과 수도로도 안 되는가

앞에서 언급했듯이 나면서부터 교회 생활에 익숙하고 수많은 신앙 훈련을 거쳤어도 백년하청인 경우가 대부분이다. 그렇다면 세속 안에 머무르면서 교회 생활이 이루어지는 까닭에 그럴 수 있을 것이라고 짐작해 볼 수도 있다. 그렇다면 세속을 등지고 깊은 산속이나 사막에 나가서 자신을 내려놓고 지독한 금욕 훈련까지를 소화하는 수도사들이나 구도자들은 예외가 되어야 하는 것 아니겠는가? 그러나 "힘으로도 능으로도 아니 되되"라는 성구를 떠올려 본다. 역시 쉽지 않은 길임은 분명하다.

중생을 그리며

성서는 사울이 변하여 바울이 되었다고 말한다. 사울은 고상한 율법 지식과 기품 있는 학자로서의 품위를 지니고 있었지만 자신이 '포행자요, 죄인의 괴수 중의 괴수'라고 자백한다. 그리고 그는 부활의 예수를 만나고 바울로 변화되었다고 한다.

그는 사선을 넘나들며 이방에 복음을 전하고 많은 이들을 섬기며 희생의 본을 보여주기도 한다. 3층천까지 올라가는 신비를 체험하기도 하고 그리스도 안에서의 모든 덕을 가르친 것을 보면 그가 친히 모범을 보이고 변화된 인간 존재의 면모를 나타냈기에 가능했으리란 생각도 해 본다.

교회는 끊임없는 중생과 '새사람으로의 변화'를 강조하고 요구하지만 그 길은 아직도 멀기만 하다. 진리에 대한 구도자로 한평생을 지내온 나도 여전히 그 과제가 가물가물하고 아직도 먼 곳에 있는 듯한 느낌을 숨길 수 없다.

진리의 빛을 더 강하게 쏘이고 깨닫기 위해 발걸음을 재촉해야 할 것인가, 예수 그리스도를 더욱 지근거리에서 모시고 자신의 태생적 허물과 더러움을 채찍질해 가야 할 것이 아닌가 고뇌해 본다. "날마다 자기를 부인하고 제 십자가를 지고 나를 따르라"(눅 9:23)는 말씀처럼 제자도를 수행하면 가능할까?

정직함

나는 정직한 사람을 좋아한다. 정직이야말로 신뢰의 근간이기 때문이다. 정직하다는 말은 진실하다는 말로도 대신할 수 있을 것이다. 세상은 정직한 자를 외롭게도 하고 소외시키기도 한다. 당연히 손해 볼 때도 많을 것이다. 오히려 거짓으로 교언영색하거나 적당하게 자신을 포장할 줄 아는 사람들은 환영받는 세상이다. 까마귀 노는 곳에 까마귀가 모인다고 유유상종, 그런 이들이 서로 잘 어울리기도 하는 세태를 보기도 한다.

변명에 능하고 얕은 처세에 뛰어나 승승장구하는 이들도 보지만 그 성공은 결코 오래가지 못한다. 정직한 자에게는 친구도 제한되고 세상도 달가워하지 않는 듯 보이지만 시간이 갈수록 그 사람 됨됨이나 품격이 빛나게 된다.

정치하는 사람들에게서 정직과 진실을 요구하는 것은 무리일 것이고, 기대하기도 난망한 일이지만, 그럴수록 정견에 일관성을 지키고 소신을 유지해 가는 일이 절실히 요구된다고 할 수 있다. 변절을 밥 먹듯 하고, 그것도 사적 이익에 따라 사기꾼처럼 움직이는 것은 정치를 혐오하게 만드는 원인이 되기도 한다.

카뮈가 말한 적이 있다. 어떠한 의미도 발견할 수 없는 부조리한 세계에 대해 어떤 반항을 해야 하는지에 대해 그는 불의에 불의를 보태지 않기 위해 정의에 봉사하고, 거짓된 세계에 거짓을 보태지 않기 위해 간단명료한 언어를 써야 한다고 했다. 간교한 무리들 속에서 정의를 파수하고 정직한 행동을 하기 위해 직선적 마음가짐과 행동이 어느 때보다 필요한 시대이다.

종교인들의 행태는 어떠한가? 실제로 민중들의 사표가 되거나 구도자적인 삶을 통해 모든 이들에게 존경받는 종교 지도자들이 많이 있을 것이다. 그럼에도 오늘의 사회가 이리도 혼탁하고 무질서하게 된 데는 종교 지도자들, 대다수 목회자들에게 큰 책임이 있다고 말하지 않을 수 없게 되었다. 물론 일반 신자들도 여기서 결코 예외는 아니다. 지도자들이 그러하니 신자들이야 오죽하겠는가?

잊을 만하면 터져 나오는 종교계의 부패 스캔들과 숨겨졌던 치부들이 드러나면서 느끼는 세상의 실망감이나 상처는 이루 말할 수 없을 것이다. 정직함이나 진실의 실종, 그것은 강단의 신성함에 금이 가고 정직하지 못한 메시지에도 기인할 수 있다.

설교자가 강단에서 쏟아내는 메시지는 신언이면서 자신의 삶에서 검증된 신앙 고백이 되어야 함에도, 경전을 왜곡하고 자기 변명을 위해 이용하거나 대중적 인기에 영합하는 진정성이 이미 떠나 버린 메시지를 양산해 낼 때, 자신도 거짓과 타락에 빨려 들어가게 되고, 그가 속한 교회 공동체를 허황된 집단으로 무너뜨리고 마는 결과를 가져오게 될 것이 뻔하다.

오늘의 목회자들은 무슨 생각을 하고 있을까? 성서가 증언하는 진실과 정직의 터럭만큼 무게라도 보존해 가려고 애쓰는 마음이 있을까? 아니라면 여전히 자기 공동체를 유지하기 위해 허접한 방법도 마다하지 않고, 임시변통의 전략들에 고심하고, 교회의 위상, 물적 토대, 그들의 상호 의존 관계를 지켜 나가기 위해 적당히 타협하고 현실에 안주하려는 생각이 더 강한 것 아닐까?

진리 추구에 대한 고뇌와 한 사람의 영혼을 천하보다 귀히 여기는 심정으로 진리의 빛으로 인도하기 위한 작은 노력에 대한 목회적 의욕이 살아 있는 걸까? 일시 손해를 감수하고서라도 정직을 끌어내고 그 정직을 키워가기 위한 끊임없는 자기 훈련, 그리고 그 정직함을 결행할 수 있어야 한다.

정직의 영예로움

잘 알지도 못하면서 아는 척하거나, 때로는 우기기까지 하고, 그러는 중 자신의 오류와 잘못을 인지하게 되었음에도 오히려 상대방에 대해 더 공격적이 되고 음모와 모함으로 상대의 진실을 묻어 버리려는 경우도 많이 있다. 성서는 정직을 지켜가기 위해, 또는 책임 있는 일을 맡기기 위해 이렇게 명령한다. "일구이언하지 말고, 더러운 이득을 탐하지 말라"(딤전 3:8).

한 입 가지고 두말하는 자들의 손상된 품위를 직격한다. 이득을 탐해서 일을 그르치는 것을 경계하고 있다. 사실 이것들 때문에 거짓말을 너무 쉽게 하고 부패에 빠지는 것이라고 할 수 있다. 법꾸라지들의 거짓도 셀 수 없이 보아왔다. 하나둘 탄로날 때마다 또 다른 변명으로 둘러대고 법망을 피해 갈 수 있는 데까지 숨기고 있는 진실을 은폐하려는 그들의 허수아비 짓이 역겹고, 가엾기조차 하다.

잠언에는 이런 말도 나온다. "네 입의 말로 네가 얽혔으며 네 입의 말로 인하여 잡히게 되었느니라"(잠 6:2). 그뿐만 아니라 "정직한 자의 성실은 자기를 인도하거니와 사악한 자의 패역은 자기를 망하게 하느니라"(잠 11:3)는 경고도 있다. 결국 정직한 자는 흥하고 사악한 자는 망한다는 이야기다.

정직한 자의 영예로움이 빛을 발하게 되고 그들이 들림을 받아 역사의 진정한 주역이 되며, 신 앞에서 자신의 전 존재가 인정받은 영예에까지 도달하게 된다. 성서에 나오는 요셉은 정직한 자의 전형을 보여 준다. 일시적 손해와 고통을 감수하면서도 자신의 정직을 지켜 갔더니 들림을 받는 영예를 얻게 되었다. 인생이 이 세상에서 얻을 수 있는 영예야 아무리 위로가 된다 한들 임시적인 것이 되겠지만, 진정한 정직의 영예는 죽음 이후의 시공간에서 오히려 빛날 수 있는 것이 아니겠는가?

정직을 얻기 위해

이 정직을 얻기 위해 개인도 부단히 노력해야 하고, 사회와 공동체도 더욱 이 방향으로 진보해야 한다. 한 사람의 인격은 결국 개인에게 국한된 것이 아니라 그 사회와의 교감, 공동체 이웃들과 공유되는 가치들을 통해 성장한다고 보아야 한다. 나라의 위상이 떨어지고 훼손될 때 우리 인생이 얼마나 무너질 수 있는지를 수없이 경험해 왔다. 내가 속한 사회나 공동체가 정의로운 분위기가 되고 깨끗하고 정직한 사회로 나아가게 될 때 개인의 자존감도 높아지고 스스로 자신을 규율하는 일도 벌어지게 될 것이다. 나라와 사회가 정직해지기 위해 법과 제도가 더 섬세하게 작동할 수 있는 장치를 마련해 가야 한다. 법과 제도에 의존할 뿐더러 개인들의 성숙한 인격들이 곳곳에서 감동을 보여 주는 분위기가 되어야 한다.

개인은 개인대로 자신의 욕망을 절제하고 함께 사는 공생의 가치와 아름다움을 터득하고 이를 따라가는 노력을 기울여야 한다. 신앙인은 더 말해서 무엇하랴. 진리의 도를 따르는 자들로서, 참으로 진리의 빛이 자신의 내부에서 육화되도록 경건과 자기 부인의 연습을 게을리해서는 안 된다. 교회 목회자들의 노력은 더해져야 옳다. 이 모든 비정상이 초래된 책임이 구도에 실패하고 겉모양만 그럴듯한 외식을 추구했던 본인들에게 있었음을 자각하고 새로운 전회를 결단해야 한다.

교회는 보다 신성한 전당이 되어야 하고 사익 추구나 체면 유지, 사회에서 얻지 못한 명예를 교회에서 보상받아 보려는 얕은 행세가 부끄럽게 되어야 한다. "마음이 청결한 자는 복이 있나니 그들이 하나님을 볼 것이요"(마 5:8)라는 말씀에 마음의 귀를 열자.

희망이 있는가?

　인간은 슬픔과 절망을 겪을 때가 많다. 고통스런 상황에서 괴로워하거나 분노로 날을 지새우기도 한다. 어떤 탈출구도 보이지 않고 사방으로 우겨싸임을 당한 것 같은 감정적 나락을 경험한다. 감옥에 갇혀 있는 장기수들에게도 희망은 있을까? 실존주의자들에게는 어차피 희망은 속임수일 뿐, 없는 것이란 말이 익숙하겠지만, 종교인들은 오히려 희망이란 말이 너무나 당연하고 반드시 기대하는 미래가 올 수 있을 것이라고 이야기할 것이다.

　아무거나 붙잡고 희망이라 우기는 '희망 우기기'도 가능하다고 한다. 정말 시각을 바꾸고 억지로라도 희망을 말하면 그대로 되는 결과가 오는 것일까? "뭐 두고 봐, 잘될 거니까"라는 거의 최면에 가까운 희망 밀어붙이기가 자기를 속이는 게 아니라 정말 환경을 바꾸고 삶의 상황을 내가 꿈꾸는 대로 변화시키는 힘이 있는 걸까? 어느 시인은 "미안하지만 나는 이제 희망을 말하련다"라는 말로 태세 전환을 암시해 준다. 또 다른 이는 "여름의 끝을 꿈꾸어

본다. 뙤약볕과 장마와 폭풍을 이겨낼 여름 끝의 백일홍을 그려 본다. 불굴의 희망은 지루한 절망보다 한 뼘 더 큰 희망이다"라고 애써 희망을 노래하기도 했다.

기독교인들에게 있어서는 믿음, 사랑과 함께 희망은 가장 중요한 덕목에 속한다고 할 수 있다. '소망'이란 단어를 채용하는 기독교는 그 근거를 그리스도의 부활에 두고 그의 재림, 즉 종말론적 희망에 모든 것을 건다고 할 수 있다.

희망의 신학

위르겐 몰트만, 그는 한국의 기독교인들에게는 너무 익숙한 이름이 된,《정치신학》과 더불어 떠오르게 된 '희망의 신학자'이다. 그는 두 차례의 세계대전 이후 절망에 빠져 두려움과 불안에 잠겨 있는 세계 앞에 '희망'을 선포했다. 1964년《희망의 신학》이 출간된 것이다. 그는 독일 함부르크 출신으로 이미 17세에 전쟁에 강제징집되어 참전하여 포로수용소에 수감된 적이 있었고, 지옥 같은 수용소 안에서 절망과 고통을 온몸으로 겪기도 했다.

그의 신학의 핵심은 '희망'이 단순한 감정이나 막연한 기대가 아니라는 선언에 있다고 할 수 있다. 그는 희망이란 예수 그리스도의 부활에 근거한 '하나님의 미래 약속에 대한 능동적이고 역동적인 기다림'이라고 설명했다. 신앙이란 무엇인가? 그는 대답하기를 현재의 만족에 머무르지 않고 아직 오지 않은 하나님의 나라의 완성을 향해 나아가는 미래를 향한 열정이라고 했다. 그의 신학은 '하나님의 미래성'에서《십자가에 달리신 하나님》이후 사회 변혁적 에너지로서의 삼위일체론을 서술하며 현재의 변화에 중심 이동을 한 것으로 여겨지기도 한다.

그에게서 종말은 단순한 세상의 끝이 아니라 하나님이 어떤 분이신지와 밀접하게 관련되어 있다고 보는 것이었고, 하나님은 시간 바깥이 아니라 미래에 계시며, 미래는 그분의 존재 방식이고, 미래로부터 오시는 분이 하나님이라고 주장했으니, 왜 희망을 그가 말하는지 이해할 수도 있을 것이다.

희망을 말할 수 있는가

지구촌은 다양한 문제들로 몸살을 앓고 있다. 해결 불능의 종말 지점에 와 있다고 진단하는 이들도 있다. 특히 '기후 위기'로 대표되는 이상 징후는 온갖 알 수 없는 바이러스 전염병의 창궐, 홍수와 폭설, 온난화 등으로 인한 자연재해, 가히 문명의 충돌로부터 통제 불능의 욕망 확대로 인한 전쟁과 핵 위협까지 이루 말할 수 없는 위기에 봉착해 있는 게 사실이다.

그럼에도 미래가 있을까? 여전히 희망을 말해도 될까? 이런 세계적인 이슈 말고도 개인적인 절망의 상황을 또 어떻게 할 것인가? 질병으로 공격받거나 경제적 실패로 인한 고뇌, 인간관계로부터 오는 상처와 고독, 사회적 소외에서 비롯된 실망감 등은 우리를 더욱 옥죄고 있는 상황이다. 그래도 희망을 말할 수 있는가?

톨스토이의 《부활》은 러시아의 불의한 시대 상황에 대한 고발, 인간의 타락과 구원, 영혼의 성장과정을 잘 그린 고전이다. 주인공 네플류도프는 나타샤를 시베리아로 유배 보내며 죄책감으로 뒤를 따라간다. 가는 길에 한 여관 방에서 밤중에 성경을 읽는다. 성경을 읽는 중 부활하신 예수 그리스도를 만나게 되고, 젊은 날의 방탕에서 벗어나 사람들을 사랑하고 돕는 일에 자신을 헌신하는 생을 살게 되었다는 줄거리이다. 네플류도프의 극적인 변화를 통해 인간에게서 희망을 보게 되고 그 희망이 낯설지도 않다는 사실을 발견하게 해 준다. 인간성 상실과 신뢰의 추락에서 우리는 희망을 포기하는 경우가 대부분이다.

성서에 나오는 요셉 또한 희망의 아이콘이라 할 수 있다. 그는 형들에게서 버림받고 낯선 땅에 노예로 팔리게 되었다. 또한 보디발의 집에서 모함의 덫에 걸려 감옥에 갇히는 신세가 되었으니 이처럼 억울하고 실망스런 경우가 또 있겠는가. 그러나 요셉은 희망의 끈을 놓지 않았다. 그의 희망의 근거는 '하나님이 그와 함께하심'에 대한 믿음에 있었다. 요셉의 희망은 실현되었다. 그는 절망적인 감옥에서 풀려났고 애굽의 흉년을 구제할 영웅이 되었다. 나중에 원수와 같은 형들을 만나는 자리에서도 "그런즉 나를 이리로 보낸 이는 당신들이 아니요 하나님이시라"(창 45:8)라고 고백한다. 그의 중단될 수 없는 희망이 결국 형제들과의 화해도 가능케 했다는 것이다.

희망은 우리를 성장하게 하고 성숙하게도 한다. 때로는 꺼져 가는 촛불처럼 흔들리는 생명에 힘을 불어넣어 회생의 기적을 가져오기도 한다. 단순히 자기 기만의 주술 수준이 아니라면 희망은 언제나 살아 있어야 한다. 그 근거는 몰트만이 본 대로 종말론적 약속이다. 그래서 희망을 말하고 희망을 품는다. 우울할 때도 있고, 절망적일 때도 있지만 희망으로 내일을 앞당겨 보는 눈을 크게 떠야 한다.

기다림

그래서 삶은 기다림일 수 있다. 희망을 품어 기다린다. 출애굽 백성들의 광야 40년 역사가 그렇고, 바벨론 포로기 70년이 기다림이었다. 인생이 경솔함이나 즉흥적인 감정 반응으로 나락에 떨어진다면 얼마나 불행한 일이겠는가? 이쯤 되면 시 한 편을 떠올린다.

"오지 않는 버스를 기다리는 이유는 무엇인가.

모두가 절망의 뿌리를 캐러 떠날 때
홀로 기다린다고 오는 것은 아니다.
기다리는 것마다
돌아오는 것마다
완전한 어떤 것은 아니다.

절름거리며 돌아오는 그의 바퀴와
깨진 유리창, 구멍 뚫린 눈을 보아라.
빈 버스 가득히 겨울바람을 담고
고드름을 무성하게 매어 단 채 달려오는
동굴 같은 그의 가슴을 보아라."
　　　　　　　　　　　– 나희덕의 '오지 않는 버스를 기다리며' 중에서

인간의 조건

　인간은 인간으로서의 존재를 지켜가기 위해 어떤 조건이 필요할까? 또 다른 질문도 가능하다. 인간은 어떤 목적을 추구하면서 살아가는 것일까? 인간의 정체성을 어디에 두어야 할 것인지에 대해서도 수많은 논구가 진행되어 왔고 그런 만큼이나 즉문즉답은 불가능하리란 생각을 해 본다. 그만큼 인간 존재가 복잡성을 띠고 있고, 다양한 이념과 생각, 또한 그의 삶을 규정해 줄 만한 환경, 재화, 타인과의 관계, 역사와 문화 등 많은 고려사항들이 있기 때문이다.

한나 아렌트를 생각하며
　독일 태생의 미국 정치사상가인 한나 아렌트는 독특한 이력을 가진 인물이다. 2차 세계대전의 엄혹한 상황 속에서 유대인 수용소 경험도 했고, 몇 나라를 경유하며 미국에 망명하기까지 험난한 고초를 겪어야 했다. 이후 유대인 학살의 원흉이자 전범인 아히히

만의 재판을 지켜보면서 인간에게 드리워진 '악의 평범성'에 눈뜨게 되고 인간은 '생각 없는 죄'에 너무 쉽게 무너지고 빠질 수 있다는 생각을 정리하면서 그 유명한 《인간의 조건》을 펴내게 된다.

그녀는 인간의 조건을 세 가지 차원으로 설명한다. 노동, 작업, 행위가 그것이다. 노동이 생존의 조건이자 직접 손으로 일을 하는 인간의 수렵, 농경 시절의 삶의 조건이었다면 작업은 도구를 만들어 근대 이후의 기계 문명과 자본으로 무장된 산업사회에서의 노예화된 인간 군상을 설명해 주고 있다. 행위의 차원은 이제 타인, 이웃과의 관계를 맺고 토론과 공공성을 추구하는 또 다른 차원의 삶의 조건이라 할 수 있다는 것이다.

노동과 작업은 극히 사적인 영역의 것이고 행위는 공적인 차원을 의미한다고 볼 때 사적인 관심에만 집착하여 정치적, 공공성의 공간을 거부하고 무시한 인간의 말로가 자본에 대한 예속이나 기계의 노예로 전락하고 말았다는 것이 한나 아렌트의 분석이다. 이러한 노예적 상황은 사적인 것에 매몰되어 토론이 사라지고 선동에 쉽게 휘말리는 이른바 파시스트 체제를 낳게도 된다는 지적이다.

또 한 사람

《인간의 조건》이라는 소설을 낸 프랑스의 문학가이자 정치가인 앙드레 말로가 말하는 인간의 조건을 생각해 본다. 그의 소설의 배경은 1927년 중국 상하이 봉기에서 찾을 수 있다. 어렵사리 1차 국공합작을 성공하고 군벌들을 제압할 수 있었던 장제스는 상하이에서 이제 공산주의자들을 제거하는 쿠데타를 성공시킨다. 이에 장제스를 제거하기 위한 암살 시도가 잇달아 일어나고 이에 세 명의 혁명가들이 등장한다.

첸은 중국인으로 일찍이 고아가 되어 유랑의 세월을 살았던 자생적 혁명가였다. 오직 죽음에 대한 도전으로 생의 불안을 해소하려 했으며 숭고하고 가치 있는 죽음은 인생을 가치 있게 해준다는 신념으로 장제스의 자동차에 폭탄을 품고 뛰어들어 죽지만 암살 시도는 미수에 그치고 만다.

또 한 사람 기요는 프랑스 아버지와 일본인 어머니 사이에서 태어나 아버지는 베이징대 교수였지만 어려서부터 막노동과 험악한 생활을 통해 테러리스트가 된다. 그는 인간의 존엄이란 노동에서만 찾을 수 있다고 주장하면서 집단적 행동과 우애를 통해 목적을 달성할 수 있다고 믿으며 장제스 암살에 뛰어들게 된 인물이다. 그리고 마지막 또 한 사람 카토프는 러시아에서 유입된 전문 테러리스트로 산채로 불길 속에 뛰어들어 최후를 맞는 장엄한 죽음의 소유자가 되었다.

아들 기요의 죽음 이후 아버지 지조르는 기요의 아내 메이에게 말한다. "인간을 만들어 내기 위해서는 아홉 달이 필요하지만 죽는 것은 한순간이면 족하고, 인간이 완성되기 위해서는 60년이 필요하지만 정작 그 즈음에는 죽음 앞에 서게 된다." 여기에 등장하는 이들은 '인간이 언젠가는 소멸하고야 만다는 것을, 그리고 어차피 소멸할 바에야 내가 옳다고 믿는 것을 위해 소멸하는 것이 가장 가치 있다'라고 말하고 있다. 숙명적이고 불안한 고독이라는 조건

속에서 각자의 방식대로 가치 있는 삶을 향해 자신을 내던지는 모습을 보여주고 있는 것이다.

인간이란

"실존은 본질에 앞선다"라는 실존주의자들의 말을 빌리지 않더라도 2차 대전 직후보다 더 불안에 처해 살고 있는 것이 현대인의 삶일 것이다. 어떤 지고한 가치나 본질적인 것에 대한 지향 없이 순간순간 실존에 충실하고 즉흥적으로 살려는 것이 오늘 우리들의 취향이 아닐까?

인간을 수없이 압박해 오는 '악의 평범성'에 저항하면서 '생각하는 존재'의 지평을 더 확장해 갈 수는 없을지 우리 자신들에게 물어 볼 때다. 신의 의지 앞에 순복하거나 '그의 나라와 그의 의'를 따라가려는 시도를 마냥 비웃어 대며 자기 의지만을 불태우는 것으로 인간의 조건을 다 충족시킬 수 있었다고 볼 수는 없지 않겠는가?

그저 복잡한 문제이기 때문에 모든 것을 생략하고 신의 이끄심에 따라가겠다고 생각하는 것은 정답이라고 하기에는 적절치 않다. 진실로 진리에 도달하고자 하는 자, 하늘의 빛을 받고자 하는 자에게 순간순간의 깨달음이 인간의 조건을 더 풍성하게 채워 주고 만족감을 선사하게 해 줄 것이다. "지금 가난한 사람들은 복이 있다. 하늘나라가 저들의 것이다"(마 5:3)로 시작하는 여덟 가지 복이 죽음에 직면한 인간에게 불안 대신에 새로운 세계의 문을 열어 더욱 성숙한 '인간의 조건'을 보여 줄 수 있는 것이 아니겠는가?

사랑의 신비

"사랑은 오래 참고 사랑은 온유하며 시기하지 아니하며 교만하지 아니하며 무례히 행하지 아니하며 자기의 유익을 구하지 아니하며 성내지 아니하며 악한 것을 생각지 아니하며 불의를 기뻐하지 아니하며 진리와 함께 기뻐하고 모든 것을 참으며 모든 것을 믿으며 모든 것을 바라며 모든 것을 견디느니라"(고전 13:4-7). 성경의 이 대목처럼 사랑의 감정과 느낌, 본질을 잘 표현한 곳이 어디에 있겠는가 생각해 본다. 사랑이 덕이 될 수 있는 진면목을 그대로 보여 주고 있다고 할 수 있다.

사랑은 그 열렬하다 못해 치열함, 모든 것을 녹이고도 남을 뜨거움과 자기를 희생해서라도 상대를 아끼고 회복시키는 속성을 가지고 있다. 자식을 위한 뜨거운 모성애로부터 친구를 향한 우정, 연인에 대한 제어할 수 없는 연정, 이념이나 사물에 대한 애정과 집착, 애국심에 이르기까지 범위가 넓고 다양한 관계 안에서의 감정을 보여 준다.

좁은 문과 데미지

앙드레 지드의 《좁은 문》은 젊은 시절 가슴 시리도록 슬픈 사랑의 이야기를 전해 준 소설이었다.

사촌 누이 알리사를 사랑하는 제롬, 그러나 그 사랑은 엄격한 가정 분위기에서 비롯된 청교도적 순결주의에서 벗어나지 못한다. 이런 생각 때문에 그를 사로잡는 뜨거운 감정과 욕망을 제어하면서 자신이 알리사에게 어울리는 존재가 되기 위해 더 고귀한 신앙을 갖는 길을 찾아가야 한다고 제롬은 다짐한다. 알리사도 제롬의 사랑을 알고 자신도 그를 사랑하지만 그녀 역시 더 열렬히 신앙을 갖는 것만이 그 사랑을 지켜갈 수 있을 것이라 생각한다.

알리사는 자신이 선택한 '좁은 길'에 괴로워하면서 점점 쇠약해져 가고 제롬을 그리워하다 죽는다는 이야기이다. 순결한 사랑의 비극적 종말을 전해 주는 순애보다.

미우라 아야코의 《길은 여기에》에 등장하는 인물도 있다. 지독한 결핵으로 12년 동안 병원 침대에 누워 있어야만 했던 작가는 자살까지도 시도했지만 헌신적인 사랑으로 다가온 같은 병동의 마에카와 다다시가 전해 준 기독교 신앙을 통해 빛을 보게 된다.

이윽고 작가는 교도소에 수감된 사형수들을 위해 편지를 보내기도 하고 문학 동인지에 시를 써 보내 많은 친구들을 얻게 되었다든지, 그리하여 새로운 희망에 끈질긴 투병을 이어 간다. 그러나 마에카와 다다시가 자신의 여자를 돌보기 위해 늑골을 잘라내는 수술을 감행한 후, 남아 있는 결핵으로 엽서 한 장 남기지 못하고 숨을 거두게 되는 일이 벌어진다. 자신의 침상에서 우는 것밖에 다른 도리가 없던 작가는 마침내 병마와 싸워 마에카와의 유언대로 건강을 회복하고 새로운 삶을 시작하게 되었다는 사랑 이야기이다.

이와는 다른 사랑 중독 이야기들도 있다. 제레미 아이언스가 나오는 '데미지'라는 프랑스 영화다. 아들의 연인에게 매혹되어 어긋난 사랑에 빠지는 완벽한 남자 스티븐 플레밍과 안나 버튼은 결국 2층에서 뛰어내리는 아들의 죽음 앞에 무너져야 했다. 이 작품은 광기 어린 사랑과 욕망이 어떻게 삶을 파괴시킬 수 있는지를 보여 주는 어긋난 사랑 이야기다.

사랑은 오래 참고

성경이 들려주는 사랑은 일방적 욕망의 투사가 아닌 생명을 보호하고 살리는 따뜻한 덕으로부터 출발하고 이와 같은 아가페 사랑은 진리와 함께 기뻐하는 데까지 나아가 완성된다. 구원의 도리를 끊임없이 추구하고 그 구원의 감격으로부터 비롯되는 자비와 관용과 친절과 희생의 사랑이 그것의 원형임을 가르쳐 준다.

사랑을 주며 사랑을 받으며

육체적 욕망으로부터 시작해서 거룩하고 고결한 신적 사랑에 이르기까지 다양한 형태의 스펙트럼을 우리는 품고 있다. 그러나 그 사랑이 비루하고 천박한 불장난으로 끝나지 않고 끊임없이 그 사랑을 전함으로 평화에 이르게 되는 삶을 누릴 수 있어야 한다.

헨리 나우웬의 성찬을 통한 네 가지 영적 단계를 주목해 본다.

하나님의 사랑하는 자녀로 선택받음(선택), 하나님의 사랑을 받은 우리는 복된 존재임(축복됨), 누구나 상처와 아픔으로 깨뜨려짐(깨뜨려짐), 사랑을 받은 자는 타자와 나눠 져야 함(나눠 짐)을 우리가 마음에 둘 수 있다면 그 사랑을 통해 진정한 평화를 누리게 될 것이다.

5. 영성의 맥을 찾아

최후의 유혹
진리의 샘
내가 목마르다
십자가 언덕
설교자를 위한 변명
교회엔 미래가 있을까
예수의 제자
기도의 골방
자기를 부인하고
예수와 함께
교회와 함께
교회가 아름다운 이유
영성의 맥을 찾아

최후의 유혹

 니코스 카잔차키스의 《최후의 유혹》은 그리스도의 인간적 고뇌와 고통, 그리고 그것을 이겨내기 위한 악마와의 투쟁을 문학적 상상력으로 그려낸 작품이다. 당시 교회에서 금서로 지정될 정도로 불경스러운 문서로 금기시된 책이지만, 오히려 인간 예수의 적나라한 모습을 통해 신앙에 깊이 접근할 수 있는 역설을 보여 주기도 한 책이다.

 카잔차키스는 서문에서 말했다. "내가 이 책을 쓰게 된 까닭은 투쟁하는 인간에게 숭고한 귀감을 제시하고 싶었기 때문이고, 나는 투쟁하는 인간에게 고통이나 유혹이나 죽음이란 정복이 가능하며 이 세 가지는 이미 정복되었으니 두려워하면 안 된다는 진실을 보여 주고 싶었기 때문이다." 그리고 덧붙여 "이 책은 전기가 아니라 투쟁하는 모든 인간의 고백"이라고 일갈한다. 작가는 그리스도를 폄훼하려는 의도가 추호도 없었으며, 오히려 신성하다고 여겨졌으며, 유혹은 그가 길을 잃게 하려고 마지막 순간까지 애를 썼으나 유혹은 실패했다"라고 말한다.

너무나 인간적인

성경이 전하는 예수의 모습은 성전 정화 사건이나 "독사의 자식들아" 하고 바리새파를 공격하는 장면에서 보는 것처럼 분노하기도 하지만, 대부분은 자애롭고 긍휼히 여기며 세리와 창기라도 영접하는 따뜻한 얼굴을 한다. 그러나 우리는 《최후의 유혹》을 통해 너무나 인간적인 나사렛 예수와 만나게 될 것이다.

붉은 수염을 비롯한 메시아를 찾는 일단의 무리들과의 만남에서부터 나사렛의 목수는 극히 인간적인 면모로 다가온다. 그리고 그 자신의 운명을 예감하는 듯 붉은 수염에게 내뱉는다. "메시아는 이런 식으로 오지 않아요. 그분은 절대로 누더기를 벗어버리지도 않고 왕관을 쓰지도 않을 겁니다. 인간이나 신이 그를 구하러 달려가는 일도 절대로 없을 테고요. 그분은 죽음을 맞고 누더기를 걸친 채로 죽을 텐데, 모든 사람이 심지어는 가장 신앙심이 깊은 자들까지도 그분을 저버립니다. 그분은 가시면류관을 쓰고 황량한 산꼭대기에서 혼자 죽습니다."

이런 인간 예수의 모습도 등장한다. "마리아의 아들은 배가 고프고 갈증도 났다. 순간적으로 그는 하루의 일을 끝내고 죽을 지경으로 지치고 허기진 몸을 끌고 초라한 집으로 돌아가는 일꾼들을 부러워했다. 그는 갑자기 여우와 부엉이보다도 외롭다는 기분이 들었다"라고 그의 내면적 갈망과 고독을 전해 주면서 공생애 전 그의 또 다른 고뇌를 이렇게 표현해 주고 있다.

"왜 여호와의 숨결은 큰 바다에서 불어오는 서늘한 산들바람이면 안 되는가? 왜 여호와의 바람은 사막의 말라버린 우물을 물로 채우지 못하는가? 왜 주님은 푸른 잎사귀를 사랑하고 사람들을 가엽게 여기지 못하는가?" 자문하는 내용이다.

나다나엘의 조카가 결혼한다는 소식을 듣고 그의 초청을 받아 예수가 결혼식장에 가는 장면에서는 "기분이 좋아진 예수는 앞장을 섰다. 그는 떠들썩한 잔치를 좋아했다. 그는 밝게 빛나는 사람들의 얼굴을 좋아했고, 젊은이들이 결혼해서 아궁이의 불이 꺼지지 않게 지켜가는 모습을 좋아했다. 화초, 딱정벌레, 새, 동물, 사람 모두가 거룩하며 모두가 하나님의 피조물이라고 그는 생각했다. 그들은 왜 사는가? 하나님께 영광을 돌리기 위해서 살아간다. 그러니까 그들로 하여금 영원히 영원히 살게 하라!"고 차오르는 인간적 감성을 토해 내기도 한다.

십자가에서의 유혹

예수는 결국 십자가에 매달린다. 어쩌면 이 책의 절정은 십자가 장면에서 찾아오는 최후의 유혹이다. 십자가에 못 박힌 예수는 정신이 혼미해지고 생사를 넘나든다. 그때 돌연 천사가 나타나 "신께서 당신을 불쌍히 여겨 십자가 형을 면해 주셨다. 이제 인간으로서의 평범한 삶을 허락하셨다" 하면서 그를 세상으로 이끌어 간다. 별 저항 없이 따라간 예수에게 첫 번째 선물은 막달라 마리아와의 결혼이라고 천사는 말한다. 그러나 막달라 마리아는 군중들에게 발각되어 돌에 맞아 죽는다. 천사는 두 번째 선물이라며 이번에는 나사로의 자매 마리아에게 데려가고, 예수는 결국 세속생활에 익숙해져 간다. 그리고 백발이 되었다.

다시 찾아온 제자들 중 유다는 예수에게 십자가에 못 박혀야 하는 상황에서 달아난 것은 배반자라고 쏘아붙이고, 수호천사는 악마라고 불렀다. 예수는 결국 수호천사라 자처한 악마의 유혹에 빠졌다는 사실에 소스라치게 놀라는 동안, 집도 가족도 제자들도 다 사라지고 그는 자신이 공중에 매달려 있다는 것을 알게 되었다는 것이다. 그가 "하나님!" 하고 소리치며 기절한 순간 이 모든 것이 악마가 보여준 환상이었다는 것이다. 그의 제자들은 꿋꿋하게 살아 바다와 뭍으로 나가 복음을 전파하고 있었다는 이야기로 《최후의 유혹》은 끝을 맺는다.

십자가에서의 죽음

결국 메시아 예수는 최후의 유혹을 이겨내며 십자가에서 처절한 죽음에 이르게 된다. 기독교인의 입장에서 그리스도의 죽음은 자연스럽고 당연한 대속적 죽음이라고 한 줄 평하고 쉽게 받아들이겠지만, 카잔차키스는 그 안에 담겨진 인간적 고통과 슬픔, 고뇌와 외로움까지 담아 보려 했을 것이고, 이를 딛고 일어선 십자가에서의 승리를 해석해 내려 한 것이 아니겠는가?

그리스 정교회의 파문을 당하면서까지 그가 말하려고 했던 것이 무엇일까? 단순하고 불경스러운 호기심 어린 에피소드에 접근하려던 것은 정녕 아니었을 것이라 생각되고, 그는 오히려 그 어떤 것도 전제하지 않고 그리스도의 신성을 탐구해내기 위해 밑바닥부터 예수를 파헤치는 문학적 상상력을 사용하지 않았을까?

진리의 샘

한 부자 청년이 예수에게 나아와 "선생님이여, 내가 무슨 선한 일을 하여야 영생을 얻으리이까?"라고 물었다. 예수의 대답은 "가서 네 소유를 팔아 가난한 자들에게 주라. 그리하면 하늘에서 보화가 네게 있으리라. 그리고 와서 나를 따르라"였다. 그 청년은 재물이 많으므로 근심하여 돌아갔다고 성서의 마태, 마가, 누가복음은 전해 준다.

영생과 구원에 대한 갈망은 바로 진리에 이르고자 하는 몸부림이다. 이 세상에서 허깨비처럼 그렇게 세상을 배회하며 살다가 쓸쓸히 세상에서 퇴장하고 싶은 사람은 없을 것이다. 단지 동물적 본능으로 이 세상을 허접하게 살고 싶은 사람도 없을 것이다. 욕망과 고통을 이겨내고, 죽음까지도 정복하며 영원한 것에 안착할 수 있는 길은 없는 것인지 인류는 끊임없이 도전해 왔다. 철학적인 방법, 종교적인 방법, 금욕적인 수행과 고행을 통해서라도 진리에 도달하고자 수많은 노력을 기울여 왔다.

일본의 우치무라 간조는 "돈이 있으면 침대는 살 수 있지만 잠은 살 수 없으며, 책은 살 수 있지만 두뇌는 살 수 없고, 약은 살 수 있지만 건강은 살 수 없다"라고 했다. 눈에 보이는 물질의 한계가 얼마나 극명한지를 보여 주는 단적인 예라 하겠다. 진리는 물질 세계와는 확연히 다르고, 보다 본질적이요 영원한 세계의 것임이 분명하다.

한 티베트 수도자가 건넨 말도 생각난다. "그래, 사람들은 거짓에 빠진 채 진실을 찾으려 하지. 하지만 거짓은 그것을 제대로 직면할 때까지 계속 남아 있을 것이고, 직면한 후에라야 사라질 거라네. 거짓은 진실을 담을 수 없고 무지는 이해를 담을 수 없는 법이지." 거짓을 없애기 전까지는 진실과 조우할 수 없고, 무지로부터는 어떤 이해나 진리의 세계에 접목할 수 없다는 것도 수긍이 간다.

목마른 사슴처럼
성서의 시편 42편은 진리에 목마른 영혼의 절규를 그대로 나타내 보여준다. "하나님이여, 사슴이 시냇물을 찾기에 갈급함같이 내 영혼이 주를 찾기에 갈급하나이다." 진리를 찾는 이들은 목마른 사슴이 시냇물을 찾아 헤매듯 때로는 갈급해하고, 또 헐떡거리기까지 한다. 고뇌의 밤이 점점 칠흑같이 에워쌀 때도 있고 피곤하여 지치기도 일쑤다. 사막의 수도자들은 어떠했을까? 내리쬐는 태양빛 아래 나무에 매달려 어떤 깨달음을 얻으려 한 것일까?

사막 교부들의 기도에 관한 금언 가운데 이런 대목이 나온다.

1. 사막의 모래처럼 기도는 끊임없이 쌓여 하나님께 닿는다.
2. 가장 메마른 마음도 기도의 물로 다시 샘 솟는다.
3. 사막의 밤, 기도는 별처럼 길을 비춘다.
4. 기도는 사막의 바람, 보이지 않아도 강하게 움직인다.
5. 폭풍 속에서도 기도는 나침반이 되어 방향을 잡는다.
6. 사막의 태양 아래 기도는 그늘을 드리운다.

이런 깊은 기도의 신비에 들어간 교부들이 실제로 하나님을 만나고 진리의 빛을 체험할 수 있었으리라 믿음이 간다. "마음이 청결한 자는 복이 있나니 그들이 하나님을 볼 것임이요"(마 5:8)라는 말씀처럼 진리에 대한 목마름은 사막의 고행조차 마다하지 않는 구도자들의 진심 어린 모험을 통해 마침내 하나님을 만나며 진리의 빛에 쬐이는 영광을 얻게 되었을 것이다. 우리가 쉽게 생각하는 구원이나 편하고 쉽게 획득할 것만 같은 구원 혹은 영생도 한순간의 자기 최면이나 자기 선언으로 가능하다면 얼마나 얕고 값싼 것이겠는가. 물론 꼭 고행을 통하거나 복잡한 통과 의례를 치러야만 한다는 얘기는 아니다. 그러나 예수를 통한 구원조차도 자기를 부인하고 제 십자가는 필수이며 그를 따르는 제자도의 험난한 여정을 각오해야만 되는 것 아니겠는가?

진리는 무거울 수 있다. 거기에 이르는 길이 험난할 수 있다. "순전한 마음으로 헌신한 이들이 맛본 하나님의 신비"라는 어떤 책의 제목처럼 말이다.

빛을 좇아

트라피스 수도회의 젊은 수사 토마스 머튼의 《칠층산》은 구도자의 치열한 진리의 빛에 가 닿기 위한 여정을 보여 준다. 자서전적 이야기이기도 한 《칠층산》은 세속적인 욕망의 늪으로부터 어떻게 그리스도의 영광에까지 이르게 되는지에 대한 수행록이다. 성 아우구스티누스의 《참회록》에 비견될 정도의 영성 탐구의 여정이요 정신사의 기록이라 할 만하다. 미국인이었던 모친은 위암으로 사망했고, 뉴질랜드 태생이며 화가였던 아버지는 뇌종양으로 사망했다. 동생 폴은 캐나다 공군에 입대하나 임무 중 그의 공군기가 북해에 추락하여 사망한다. 이 슬픈 가족사가 그의 진리를 향한 탐구의 출발이 되었음이 분명하다.

그는 동생의 죽음에 대한 처절한 상처를 이렇게 노래한다. "오라, 내 고심 속에 쉴 자리를 찾고 내 슬픔에 머리 기대라. 내 목숨, 내 피를 모두 줄 테니 보다 편한 잠자리를 마련하여라. 내 입김, 내 죽음을 네게 줄 테니 더 나은 휴식을 취하도록 해라." 동생이 당한 고난을 그리스도와의 관계 의미 속에 연결하는 노래를 통해 절망에서 위로받는 해법의 길을 제시하기도 한다. 그리고 궁극적인 그의 갈망을 표현한 대목에도 이르게 된다.

"내가 필요로 했던 것은 식물이 햇볕 속에 잎사귀를 펴듯, 넓고 깊은 고독 속에 잠겨 하느님의 응시 속에 파묻히는 삶이었다. 즉, 나를 세상으로부터 격리시키고 하느님과의 일치에만 거의 전적으로 지향하는 규칙이 필요하였다."

《칠층산》에 나오는 '하느님의 응시 속에 파묻히는 삶'과 같은 겸손과 온전한 투신의 결의는 진리를 향한 갈망과 진리의 빛을 좇아 가려는 수행자의 결연한 자세가 아니고는 불가능한 일이다.

진리가 자유케 하리라

진리가 우리를 자유케 할 것이다. 모든 본능적인 것, 세속의 거친 인연과 파도, 사회화의 강권적인 요구 앞에서 왜소해진 자아와 존재에 대한 속박에서 벗어나는 것이 진리를 향한 도정이다. 수동적인 존재가 능동적인 자유인으로 변화되는 순간이다. 그리스도의 빛에 이르는 길이 왜 그리도 험난할까? 교리의 아성 안에선 진리가 없고, 참 진리만이 날마다 새로운 생을 이끌어 가게 될 것이다. 더불어 깨닫는 자유와 희열을 선물하게 될 것이다.

"너희가 내 말을 마음에 새기고 산다면 참으로 나의 제자이다. 그러면 너희는 진리를 알게 될 것이며 진리가 너희를 자유롭게 할 것이다"(요 8:31-32, 공동번역)라고 주 예수가 우리에게 전해 주었다면 진리를 향한 길은 극명해졌다. 그 말씀을 마음에 새기고 이제 그 말씀을 실천하는 제자가 되는 길에 답이 있다는 것이다. 즉 그리스도와의 인격적 관계 속에서 삶을 끊임없이 새롭게 변화시키는 힘이 진리라는 것이다.

20세기 최고의 기독교 변증가라 하는 C. S. 루이스는 말했다. "어떻게 하나님을 만날 수 있는가? 그것은 하나님이 자신을 보여주시려는 사람에게만 보인다"라고 했다. 그 사람은 '참다운 사람'이라 했다. 참다운 사람이란 단순히 선한 사람을 뜻하지 않고 한 몸 안에서 서로 연결되어 하나님을 보여 주고자 하는 그리스도인 공동체 안에서 발견되는 사람이다. 그렇다면 진리란 공동체를 통해 자기를 주장하지 않고 온전히 맡기고 사랑과 섬김과 평화로 그분을 만나려는 사람들에게서 발견된다는 이야기가 될 것이다.

내가 목마르다

신약성서 요한복음에 보면 십자가에 못 박힌 예수가 "내가 목마르다"라고 절규한다. "다 이루었다"라고 하기 전 마지막 토로한 고백이라 더욱 주목을 받는다. 이미 채찍을 맞으며 골고다 언덕으로 향하였고 쓰러진 예수를 대신해 구레네 출신 시몬이 십자가를 대신 지고 왔으나 그 고통과 허기짐과 목마름은 가히 짐작도 할 수 없는 처절한 것이었다. 그런 상태에서 다시 십자가에 못 박히고 가시관을 쓰고 옆구리에 창까지 찔린 형편이 되었으니 이미 초죽음에 이른 상태다.

겟세마네에서 제자들과 땀방울이 핏방울이 되도록 기도할 때부터 갈증과 긴장은 시작되었을 것이다. "아버지여 만일 아버지의 뜻이거든 이 잔을 내게서 옮기시옵소서 그러나 내 원대로 마시옵고 아버지의 원대로 되기를 원하나이다"(눅 22:42)라는 절절한 기도에 이미 처절한 고독과 아픔이 서려 있고, 기드론 골짜기를 내려오면서 제자의 배반을 목격해야 했으며 군병들에게 체포당하기까지 했으니 기진맥진 목말라 있었다. 대제사장과 총독에게 연이어 심문을 받고 마침내 십자가에 달리게 된 것이다.

예수의 십자가

십자가형은 그 어느 형벌보다 참혹하고 잔인하다고 여겨졌다. 로마에 대항해 반란을 꾀한 자들에게나 가해지던 고통의 십자가이다. 십자가상에서 "엘리 엘리 라마 사박다니"라고 울부짖기까지 하다가 아버지에게서조차 버림을 받는다는 소외의 고통이 메아리쳐 골고다에 울려 퍼진다. 인류 구속의 대사명을 완수하기 위한 파라독스와 같은 본인의 처절한 소외와 고독이 밀물처럼 몰려드는 장면이다.

그리고 메시아이면서도 인간의 고통을 모르는 왕이 아니라 그 고통을 공유하고 함께 연대하는 선상에서, 그 참혹한 목마름에 신의 승리를 보여주는 극적인 장면이 되었다. 메시아라도 진리에 대한, 그리고 그 진리를 얻기 위한 멈출 수 없는 목마름을 모두에게 보여주는 모습이다. 시편에서 노래하듯 "사슴이 시냇물을 찾아 갈급함같이 내 영혼이 주를 찾기에 갈급하나이다"를 실제로 재현해 보여주는 절규이다.

인생의 목마름

인생에게도 고해와 같은 세상에서, 그리고 가도 가도 끝이 보이지 않는 사막에서 느끼는 목마름이 있다. 아니, 인생은 목마름 자체라고 할 수 있다. 아무리 마셔도 채 채워지지 않는 갈증투성이,

한 모금 물을 찾아도 영영 찾을 길 없는 절박한 목마름이 인생에게는 있다. 지지리도 풀리지 않는 인생 유전을 계속하면서 목마름을 호소한다. 사업도 안 풀리고 직장도 안 풀린다. 가정사는 말할 것 없고 인간관계도 갈증과 분노로 점점 꼬여 간다.

대부분 부질없는 욕망을 주체하지 못해 생겨나는 갈증들이다. 소유욕에서 영혼이 가뭄 들고 메말라 가면서 느끼는 헐떡거림이다. 부정한 야심이 이 목마름을 가속화시킨다. 이런 갈증과 목마름은 육체를 병들게 하고 영혼을 피폐하게 해 죽음에 이르게 하기까지 한다.

어느 날 갑자기 유행병처럼 나타나는 스스로 목숨을 끊는 유명인들을 목격하게 되지 않는가? 그렇다면 이렇다 할 시선도 끌지 못한 채로 죽음에 이르는 이들은 또 얼마나 될까? OECD 중 자살률 1위라니? 대부분이 목마름을 알코올이나 환각성 약물에 의존하여 해소하려다 중독이 되어 결국 헤어나오지 못하는 결과에 이르고 만다. 이런 것 말고 생존을 위한 허덕임이나 목마름에 지친 이들도 많이 본다. 하루 노동자들이나 일거리를 찾지 못해 거리에 빈둥거리는 젊은이들에게서 슬픈 목마름을 만난다.

우리에게는 진리의 빛에 대한 목마름도 있다. 탐구하고 깨달으려는 간절한 목마름이 인생에게는 있다. 노자가 말했다던가. "학문은 매일 쌓아 가는 것이지만 도는 매일 덜어내는 것이다"(爲學日益 爲道日損)라는 말에 공감한다. 매일 덜어내는 목마름이 있어야 한다. 예수의 목마름은 자신을 온전히 덜어내고 빛으로 온통 둘러싸여 빛을 보여 주고자 하는 데서 오는 목마름이었을 것이다.

넘치는 잔

목마름은 고통이면서 충만한 채움을 야기한다. 목마름은 고독이면서 평화를 몰고 온다. 목마름은 슬픔이면서 말할 수 없는 희열과 만족을 가져온다. "내 잔이 넘치나이다"(시 23:5)에 이르게 되니 말이다. 목마름에 빠져 볼 때 인생의 대해가 열리고 그 속에서 자기 존재의 본질을 깨닫게 되는 데까지 나아간다. 실존성을 앞세워 불안하고 조급한 행동에 매달려야 하는 실존철학자들의 고뇌를 이해는 하지만 결국 본질에 이르는 진리의 빛이 우리에게 열려 있는데 이것을 두려워하거나 무시하고 지나칠 필요가 뭐가 있겠는가! 한 마리 사슴이 되어 목말라 시냇물을 찾는 그 헤매임에 살고 싶다. 예수의 목마름도 크게 다르지 않았을 것이다.

십자가 언덕

리투아니아 여행 중 시울라이에 있는 십자가 언덕에 왔다. 갑자기 뭉클하고 무언가 압도되는 감정에 사로잡히게 된다. 가히 10만 개가 넘는 십자가가 작은 언덕에 꽂혀 있어 십자가 밭을 이루었다. 십자가는 그리스도의 죽음과 관련이 있고 수많은 묘지의 십자가를 연상하기에 다소 무겁고 어두운 느낌이 올 수 있으나 이곳에서는 오히려 경건하고 거룩한 희생의 분위기가 방문자들을 숙연하게 한다.

골고다 언덕

예수 그리스도가 십자가를 등에 지고 오르던 예루살렘의 골고다 언덕이 떠오른다. 라틴어에서 유래한 갈보리라 불리는 십자가 언덕은 비단 그리스도인들뿐 아니라 이곳을 찾는 모든 순례객들에게 장엄과 비통, 새로운 광명의 언덕이 되었다. 이미 로마 군병들의 채찍에 맞아 피 흘리는 고통으로 초죽음된 그리스도는 몇 번이고 쓰러져 구레네 출신의 시몬이라는 이에게 대신 지워져 골고다 언덕에 오르게 되었다.

마침내 세 개의 십자가가 세워졌고 좌우편 강도와 더불어 예수 그리스도는 중앙의 십자가에 매달리게 되었다고 성서는 증언한다. 머리에는 가시관, 양손과 양발에 못이 박혔고 옆구리는 창으로 찔렸다. 마침내 "다 이루었다"(요 19:30)라는 외마디와 함께 그리스도는 운명했고 이로부터 성소의 휘장이 위로부터 아래까지 찢어져 둘이 되고 땅이 진동하며 바위가 터졌다(마 27:51). 골고다의 십자가 사건은 극적이었고 인류 역사의 일대 분기점이었다.

리투아니아의 십자가

이곳 십자가 언덕은 구슬픈 리투아니아 역사의 상징처럼 되었다고 한다. 외세의 침략과 지배 아래 편안히 잠잘 날 없었던 이 나라 리투아니아인들은 19세기 러시아의 지배 이후 끌려가 죽은 사람들, 소리 없이 사라진 사람들, 민중봉기로 체포되어 끔찍한 고문에 희생된 이들을 기념하여 몰래 이곳에다 십자가를 세우곤 했다고 한다. 소련 점령군이 이 언덕의 십자가들을 쓸어버려 한때 흔적도 없이 지워지기도 했지만 다시 찾아와 십자가를 세우고 가는 시민들의 행렬은 끊이지 않았고 지금도 이곳을 찾는 방문객들은 저마다의 십자가에 방문 일시와 자기 이름, 그리고 이름 없는 용사들의 희생을 기리는 추도문을 적어 이곳에 세우고 간다고 한다.

나만의 십자가

예수 그리스도의 십자가와는 비교할 수 없지만 누구나 져야 할 십자가가 있다. 뭉크의 '골고다 언덕'에서 보는 이해받지 못하는 고통, 그리고 인간 존재의 본질적인 고독이 담겨 있는 십자가가 있을 수 있다. 뭉크의 그 그림에는 십자가에 매달린 예수가 있고 이를 둘러싸고 있는 수많은 군중들의 모습이 보인다. 그러나 여기 둘러싼 사람들은 누구도 슬퍼하거나 고통을 나누는 것 같지 않은 모습이다. 그래서 뭉크는 "가장 고통스러운 순간에도 우리는 철저히 혼자다"라고 했다. 이는 그가 세상을 바라보는 시선, 철저히 외면받고 그로 인한 불안과 고독으로 세상을 살았던 그의 삶을 한 폭의 그림으로 표현하고 있다고도 할 수 있다.

그러나 사실 누구나가 다 이런 세상 속의 고독과 불안, 고통과 시련 속에 십자가를 짊어진 삶이 아니겠는가? 그리스도는 제자들에게 제자도를 전하면서 "제 십자가를 지고"(눅 9:23)라고 했다. 어쩌면 이 십자가는 갖은 시련과 고초를 이겨내야 할 십자가이기도 하고 특별히 공동체를 위한 희생과 섬김 그리고 그리스도의 정언적 명령을 수행해야 할 책임으로서의 십자가이기도 하다.

십자가를 피하고 싶은 저마다의 육신적 성향을 이겨내기란 쉽지 않다. 오히려 십자가를 지는 일에 역행하여 타인들을 이유 없이 핍박하거나 자신의 안전을 위해 이웃들을 해치는 일을 식은 죽 먹듯이 일삼는 현대인들의 야만적 모습을 생각하다 보면 그리스도가 전한 "제 십자가를 지고"가 얼마나 요원한가 하는 생각을 머금게 된다.

그래도 용사들은 있다. 이름 없는 수많은 순교자들과 애국지사들과 거룩한 영혼들이 핏물 젖은 십자가 행렬을 이어오고 있다. 지금도 어느 수용소에서는 모진 고문과 학대에 스러져 가는 맑은 영혼들이 있을 것이다.

나라를 되찾기 위한 저항과 양심적 투쟁의 제물이 되었던 저 리투아니아의 십자가들을 생각한다. 오늘따라 바람이 불고 날씨가 차다. 사울라이의 십자가 언덕은 거대한 공동묘지가 아니다. 정의와 평화를 위한 인류의 위대한 깃발이며 저항과 순결한 용기가 서로를 향해 속삭이는 거룩한 정원이다. '나'라는 존재를 더 이상 외롭거나 불안하게 하지 않는 포근한 품이었다.

설교자를 위한 변명

나는 평생 설교자로 살아왔다. 수없이 설교해 왔을 것이다. 설교는 이미 내 입에서 누에 실타래처럼 끊어지지 않고 계속 나오는 지경이 되었다. 너무 익숙한 일이고 쉬운 일이기도 하다. 그러나 항상 두려운 것도 사실이다.

설교란 신언을 전하는 일 아닌가? 헛소리가 아닌 성서에 입각한 증언이어야 하고 기도하면서 영감을 얻은 언어여야 한다. 청중의 영혼을 살리기도 하고 쇠하게도 하는 무서운 파급력과 영향력을 가진 언어 작업이다. 그 설교가 단순한 언어의 유희가 아니라 실제 행동으로까지 연결되어야 진정한 설교일 수 있다고 한다면 그 책임감은 더 무거워진다.

병색이 있을 때도 강단에 올라가야 한다. 감정이 언짢고 괴로움이 있을 때도 설교단에 서야 한다. 물론 기도하며 맡기고 올라가는 일이지만, 설교자는 항상 위태로운 지경에 서 있기도 한다. 설교에 대한 반응이 좋으면 내심 안심하거나 우쭐할 때도 있고 무덤덤해

하거나 항거하는 자들이 생기면 우울해진다. 이제 설교는 점점 더 어려워지고 더욱 두려운 것이 되었다. 설교자가 단순한 엔터테이너나 쇼맨이 아닐 바에야 설교는 결코 가벼운 일이 아니고 가시 떨기 불꽃 앞에서 신을 벗는 일일 것이다.

상황 설교에 매달려

목회 초년병 때는 주로 상황 설교 위주로 강단을 채웠던 것 같다. 당시 시대 상황이나 현실이 엄혹하였기에 현실을 풀어나갈 지혜를 성서에서 찾고자 몰두해 있었던 것 같다. 때로는 너무 강경한 어조로 시국을 진단하고 비판했기에 이미 정파에 기울어진 것 아니냐 하는 오해를 받기도 했다. 초창기 설교 제목 중에 '4월이 오면', '민족 지도자의 길', '분단을 넘어 통일로', '지리산에서 감람산으로', '오늘 통곡할 이유', '통일의 영성' 등의 제목들이 눈에 띈다.

그러나 생각해 보면 예언자적인 고발은 당연했고, 나는 언제나 세계를 향해 설교한다고 스스로에게 다짐하고 있었다. 허나, 상황 설교가 가능하기는 하지만 성서 해석과 깊이 있는 말씀에 대한 묵상으로 균형을 잡아가지 않으면 결코 온전한 통전적 설교에 이를 수 없다는 사실도 점점 깨달아 가게 되었다.

선포인가 설득인가

설교자는 항상 양 갈래에서 고뇌하게 된다. 하나님이 세상을 향해 던져주는 말씀이라면 청중의 이해도를 떠나 어쩌면 일방적인 선포가 맞다고 생각할 수 있다. '듣든지 아니 듣든지 선포해야 한다는 식일 수 있다. 한편 아무리 하나님의 말씀이라도 받아들여야 하는 회중들의 형편이 있을 것이고 그들의 환경이나 이해 정도를 고려해서 그들에게 맞게 설득해 가는 과정이어야 한다고 주장할 수도 있다. 그래서 설교가 어렵다는 말 아니겠는가?

'설교가 어렵다'라는 말을 나는 비교적 많이 들었다. 잡다한 설명조보다 응축된 언어 사용을 선호했던 까닭에 "목사님 설교는 논설이나 에세이를 전하시는 것 같아요"라는 이야기를 듣곤 했다. 아무리 쉽게 해 보려고 해도 생각처럼 쉬운 설교가 나오지 않았다. 아무리 선포해야 하는 메시지라도 청중에게 맞게 쉬운 어조로 설교해야 되는 것이 마땅할 것이다.

그렇다고 설교가 우스개를 늘어놓는 코미디 만담 시간으로 끝나버린다면 정녕 남는 게 없는 울리는 꽹과리가 되고 말 위험성도 있다. 그래서 설교는 늘 위험하고 그 균형을 놓치지 않아야 한다는 게 쉽지 않은 일이다.

원고인가 영감인가

대부분의 설교자가 우선 원고 설교로 시작할 것이다. 그러나 세월이 지나고 이력이 나다 보면 원고 쓰기가 귀찮아지고 번잡하다고 생각될 때가 온다. 여기서 대부분의 설교자들이 함정에 빠지게 되고 원고 없이 강단에 올라가 영감을 핑계 삼아 허튼소리를 하거나 알맹이 없는 설교로 시간을 때우는 위험한 일이 벌어진다.

초기 나의 설교는 원고에 충실한 설교였다. 원고를 읽어 내려가는 설교 수준이었다. 후에는 설교에 원고는 반드시 준비하되 원고에 있는 설교 어구에 매이지 않고 자연스러운 대화 수준의 설교를 행하기도 했다. 설교 원고는 반드시 준비되어야 하되 원고에 매이지는 않는 영감 받은 설교가 더 필요할 것이라고 생각한다.

아직 헤매는 중

설교한다는 것은 평생 해왔어도 어렵고, 두려운 일이다. 설교는 단순한 연설도 아니요, 흑판 앞에서 가르치는 일도 아니요, 재미있게 청중들을 웃기며 무료함을 해소해 주는 일도 아니다. 하나님의 말씀이 흘러 들어가는 시공간이요, 듣는 이들 속에서 감동과 결단으로 살아나야 한다. 헛된 말장난 같았던 지난날 설교의 과오를 심각하게 받아들이면서 앞으로 설교한다면 좀 더 하나님의 의도를 가까이 따라가야지 하면서도 도통 확실한 해법은 떠오르지 않는다. 설교는 계속 배워가고 깨달아 가는 것인가 보다.

설교의 대가 장공 김재준은 말하기를 "설교란 첫째로 '하나님의 말씀을', 둘째로 '특정한 인간' 즉 하나님의 부름을 받고 교회에 의하여 세움을 받은 '설교자'를 통하여, 셋째로 청중에게 인간의 언어로 선포하고 전달하는 것이다. 따라서 설교자는 선포, 증거, 가르침, 예언으로서의 설교를 최선을 다해 준비하고 실연함으로써, 하나님 자신의 계시와 구원 행위를 세상에 끊임없이 전해야 한다"라고 했다. 설교의 본령을 잘 설명해 주는 언급이다.

이어서 그는 자전적 고백일 수도 있는, 90세 가까운 노인이 이유 없이 슬퍼지게 된 이유를 밝혔는데, 육체적으로 쇠잔해진 이유 때문이 아니라 첫째, 남북 통일에 대한 안타까운 염원과 둘째, 하나님의 사랑을 선포하는 교회, 설교자, 더 나아가 전 그리스도인들이 하나님의 사랑을 삶으로 살아내지 못하는 현실 그 자체 때문에 슬퍼진다고 했으니, 복음과 삶을 관통해 일치시켜 살려고 했던 장공은 이 시대의 진정한 설교자가 아니었을까?

교회엔 미래가 있을까

교회는 끈질긴 생명력으로 초대교회 이후 이 땅에 건재해 왔다. 물론 역사의 부침을 따라 위기를 겪기도 하고 회복의 시대를 누리기도 했다. 그리고 그 신앙과 공동체성을 계승해 가는 데 부단한 투쟁과 노력을 해 온 것도 사실이다. 신앙인들에게 교회는 신비다. 교회 밖의 사람들에게는 저들만의 제의 의식에 갇혀 자기들만의 세상을 꿈꾸는 집단으로 비춰질 수 있고 그 근거지가 교회라 여기기도 할 것이다.

그래서 때로는 백해무익한 무리들이거나 사회에 역기능 요소가 많은 곳이라고 폄하하기도 한다. 그들의 보는 눈이 다 잘못되었다고 볼 수는 없지만 교회는 교회 나름대로 신앙의 생명력을 담지하고 '그 나라와 그 의'를 세워 나가기 위해 헌신하고 섬기는 제자의 행진을 계속해 가고자 해왔다. 교회는 사회를 견인하기도 하고 때론 거센 외부의 물결에 매몰되기도 했지만, 자신의 정체성을 잃지 않기 위해 끊임없는 개혁의 자구책을 궁리해 오기도 했다. 그런 의미에서 교회는 신성의 임재를 경험하는 곳이기도 하고 그 은총을 입어 이 세상에서 선교적 사명을 수행하려는 무리들의 공동체성이 버무려진 신비이다.

난맥상

교회는 교회다움을 실천하고 고유의 사명을 다하기 위해 시대마다 다양한 시도와 몸부림을 계속해 왔다. 그럼에도 서구 교회에서 보듯 점점 더 그 기세가 약해지거나 사회적 영향력도 미미해 가는 것도 사실이다.

여기에는 사회적 성공 방식을 답습해 보려는 교회의 조급증, 그리고 진정성 없는 신학으로 인한 혼란의 가중과 덧붙여 일부 교회 지도자들의 부패와 신뢰 추락 등이 큰 영향을 미치게 되었을 것이다.

신뢰 추락

한국 교회도 예외는 아니어서 내외에서 위기 의식이 고조되고 있다. 지나온 한국 교회 역사에서 우리가 지켜온 자존감과 크리스천으로서의 긍지가 한순간 우르르 무너지는 아찔한 위기의 절벽에 지금 서 있는 게 사실이다. 시혜적 선교의 한계 논란에도 불구하고 초기 선교사들의 헌신적인 구령 활동에 힘입어 학교, 병원, 보육 기관 등이 문을 열고 한국 사회의 저변을 튼튼하게 할 수 있었던 아름다운 유업이 있지 아니한가?

억압의 시대, 독재 학정의 때를 견디면서 민주 항쟁의 선봉에 섰던 선지자들의 수난과 희생의 전통이 여전히 살아 있지 않은가? 그럼에도 오늘 한국 교회는 절망적 위기 상황에서 갈피를 잡지 못하고 있다. 팬데믹 이후의 사회 구조 변화가 말하듯 신도 수의 급격한 감소, 타락한 일부 목회자들과 사이비 집단들의 준동이 한몫을 하고 있는 듯하다.

성경을 왜곡하고 아예 비신앙적 선동으로 게토화된 광신적 집단을 형성해 가는 이들 말고도 극도로 보수화된 무리들이 정치 모리배들과 결탁, 광기 어린 행동까지 자행하고 있으니 이것이 큰일 아니겠는가? 이들이 다 같이 교회라는 이름을 팔고 싸잡아 교회로 치부되고 있으니 더 큰 화가 아닐 수 없다. 그도 그럴 것이 저들의 뿌리가 교회였고 사회 일반의 눈에는 모두 교회가 하는 짓으로 보이지 않겠는가. '교인들은 말쟁이거나 이기적인 인간들이다'라는 생각들이 교회에 대한 신뢰 추락을 부추기기도 한다고 생각된다.

또다시 부흥이 가능할까

한국 교회는 다시 일어설 수 있을까? 허다한 시험과 고난을 견디고 이겨내면서 교회가 여기까지 올 수 있었듯이 교회는 여전히 희망을 말하고 희망을 개척해 가야 한다. 70~80년대의 성장과 부흥을 그리워하고 또다시 꿈꾼다면 단순한 허영적 성장 아닌 진정 그리스도의 제자로서의 실천을 담은 부흥을 꿈꾸어야 한다. 경영적 교회 관리에 대한 집착에서 벗어나 신학적 진정성을 추구하는 목회자, 제자화되어 가는 건강한 교인들이 보여야 한다.

사회에서 제대로 행세하지 못하는 열등감을 교회 안에서 해소하려는 탐욕쟁이들을 적절히 통제할 수 있는 치리 구조를 만들어 가야 한다. 그리고 무엇보다 교인들이 이기적이지 않고 겸양과 헌신의 자기 수행적 관록이 축적된 인격으로 모든 이들에게 신뢰를 획득해 갈 수 있어야 한다.

위대한 개혁가 존 칼빈을 기억한다. 칼빈과 그의 아버지 제라드 칼빈의 세상을 대하는 태도 비교는 어쩌면 암울한 교회의 미래에 하나의 단서를 제공할 것이라고 감히 생각해 본다. 아버지는 프랑스 지방 소읍인 누아용 성당의 주교 비서로 출세와 성공을 추구해 온 지방 유지였다. 아들 존도 그가 못 이룬 더 큰 성공을 위해 성직자로 키워야 하고 그러기 위해 성직을 좌지우지하는 귀족들의 눈에 들어야 한다고 생각했다. 그러한 아버지의 생각의 한 방편으로 존은 파리에 보내지고 그곳에서 신학과 신부 수업을 받게 된다. 그러나 존의 아버지는 돌연 생각을 바꾸어 법률을 공부하도록 존을 오를레앙 대학으로 보내기에 이른다.

칼빈은 그곳에서 오히려 인문주의의 광대한 세계를 접하게 되고 시야를 넓히는 계기가 된다. 아버지는 한참 열기를 더해 가던 루터의 종교개혁 운동이 대세를 이루어 가자 성직자가 더 이상 인기 있는 직업이 될 수 없다고 판단, 돈과 부를 보장해 줄 수 있는 법률 전문 대학에 아들을 보냈던 것이란 추측이 가능하다.

이후 극단적 충돌 양상을 보이는 신·구교 간의 대립을 피해 스위스에 활동 근거지를 찾게 되고 그곳에서 개혁가 기욤 파렐을 만나 본격적인 개혁 운동에 나서게 된다. 본디 소극적이고 연구에 몰두하던 존 칼빈이 마침내 '거룩한 도시'를 꿈꾸는 제네바에서 설교와 교육, 도시 의회와 행정을 개혁하는 일에 투신하게 된다.

부와 성공을 추구하여 아들까지도 그 길을 좇아가길 원했던 제라드 칼빈, 그 모습은 지금 한국 교회 모습과 흡사하다. 조용하고 신중했지만 어느 날 깨달음을 얻은 날부터 줄곧 교회와 도시의 개혁에 생을 바쳤던, 그래서 《기독교 강요》를 쓰고 '시민법'을 제정하여 제네바 시민들이 거룩한 도성의 진실한 그리스도인으로 살아가게 하는 데 온 삶을 바쳤던 존 칼빈은 이제 한국 교회가 꿈꾸어야 할 진정한 교회의 미래여야 한다고 추론해 볼 수 있지 않을까?

칼빈은 마지막 죽음의 순간 목회자들에게 이런 고백을 남겼다고 한다. "내가 해 온 일은 아무 가치가 없는 것이었고 나 자신 역시 누추한 피조물에 불과했습니다. 확신컨대 그러나 나는 선한 일만 추구하며 나아가려 했고 내 부족함 때문에 나는 늘 괴로웠습니다. 그리고 하나님을 경외함이 내 마음속 깊이 늘 뿌리 내리고 있습니다."

예수의 제자

그리스도인들은 당연히 예수의 제자가 되고자 한다. 그래서 그리스도의 가르침에 주목할 뿐 아니라 공생애 중에 그를 따르던 제자들에게도 눈길을 돌리지 않을 수 없다. 그들은 어부, 세리, 열심당원 등 다양한 일을 하던 인물들인데 예수의 제자가 되었다.

공생애 중 예수와 동행하던 제자들의 면면을 볼 때 그리 신뢰할 만한 모습을 보여준 제자들은 드물다. 베드로만 하더라도 천방지축의 불안정한 모습으로 등장하기 일쑤다. 예수의 수난 예고 뒤에 "절대 그런 일이 있어서는 안 됩니다"라고 했던 그에게 예수는 "사탄아, 내 뒤로 물러가라 너는 나를 넘어지게 하는 자로다"라고 꾸짖었다. 도마복음과 도마행전과의 연관성을 고려하지 않고 도마를 평한다면 그는 의심 많은 제자의 대명사. 가룟 유다는 어떠한가? 그는 예수의 발에 향유 붓는 여인 뒤에서 불평하며 "향유를 팔아 가난한 자들이나 돕지 뭐하는 거냐"라고 했던 자다. 급기야는 스승을 은 삼십에 대적들에게 넘겨주고 배신자의 아이콘이 되었다.

그 외의 제자들에서는 이렇다 할 활약이나 눈에 띌 만한 행적을 찾아보기 힘들다.

순교한 제자들

예수 부활 이후에 그들의 사역이 신약성서에 대부분 등장하지 못하고 잊혀진 제자들이 되어버린 것은 안타까운 일이다. 실제로 그들은 변화되었다. 예전의 허울뿐인 제자들이 아니었다. 그들은 모두 예수의 복음에 목숨을 걸었던 것으로 알려졌다. 짐작컨대 예수의 죽음과 부활, 그리고 승천이 그들에게는 진정한 회심의 분수령이 되었던 것 같다. 오늘날 기독교가 그 정체성을 지켜가며 기독교가 될 수 있었던 것도 제자들의 변화 때문 아니었을까? 만약 예수의 죽음, 그리고 부활이 가까이 있던 그들에게 사실적 체험이 아니었다면 한결같이 모두가 복음 전파에 목숨을 걸고 나설 수 있었겠는가?

베드로는 로마에서 거꾸로 십자가에 못 박혀 순교했고, 야고보는 예루살렘에서 헤롯 아그립바에 의해 참수되었으며, 베드로의 동생 안드레도 X자 십자가에 처형당했다. 도마는 인도까지 가서 선교하다 창에 찔려 순교했다고 알려지며 그 무덤이 인도 남부 첸나이에 있다고 전해진다. 작은 야고보(알패오의 아들) 역시 복음을 전하다 유대에서 돌에 맞아 순교했다는 전승이 남아 있다. 나다나엘이라 알려진 바돌로매는 인도, 아르메니아, 메소포타미아, 페르시아 등지에서 선교하다 역시 순교했다고 한다.

제자들 중 요한만이 밧모섬에 유배되었다가 에베소에 돌아와 예수의 모친 마리아를 돌보다 자연사한 것으로 알려졌다. 가룟 유다 대신 제자가 된 맛디아 역시 튀르키예, 이집트, 에티오피아에서 선교하다 AD 80년경 콜기스에서 돌에 맞아 순교한 것으로 알려졌다.

예수의 직계 열두 제자뿐이겠는가? 막달라 마리아와 여인들 역시 예수의 지근거리에서 제자의 역할을 충성되이 감당하던 제자 중의 제자들 아니었겠는가? 그 당시 여자들을 하대하고 무시하던 상황을 고려해 본다면 이들이 시몬 베드로보다 앞선 제자들일 수도 있었겠다고 생각한다. 성경에 들어오지 못한 문서인 '막달라 마리아의 복음'에 보면 베드로도 마리아가 예수의 사랑을 많이 받은 제자로 보고 있음을 발견할 수 있고 그럼에도 "여자가 어찌 구원에 이를 수 있겠느냐"라고 제자 집단 안에서 수군거리는 것을 보면 성경에 오르지 못한 숨겨진 제자들은 더 있었으리라 짐작해 볼 수 있다.

열두 제자 외에 70인도 있었고 바울도 언급한 '500여 형제들' 역시 오순절 성령 강림 이후 제자의 역할을 담당했으리라 추정이 가능하다. 그들 모두가 목숨을 건 희생과 순교에 이르기까지 모든 것을 다 바쳐 복음을 위해 헌신했음이 분명하다.

나를 따라오려거든

예수는 제자들에게 일갈했다. 제자도를 선포한 것이었다. "누구든지 나를 따라오려거든 자기를 부인하고 자기 십자가를 지고 나를 따를 것이니라"(마 16:24). 철저한 자기 부숨의 과정이요 자아 소멸의 연단을 거치기를 요구한다. 그리고 자기가 짊어져야 할 십자가를 찾아내고 기꺼이 어깨에 메는 것이다. 그것으로 끝이 아니다. 마침내 예수를 따라가는 것이다.

그를 따른다는 것은 무엇일까? "자기의 생명을 사랑하는 자는 잃어버릴 것이요, 이 세상에서 자기의 생명을 미워하는 자는"(요 12:25)에서 읽듯 자기 목숨을 버리는 데까지 가는 길이요, "나를 사랑하면 내 말을 지키리니"(요 14:23)라는 명령대로 행하는 것이요, "아직 잠시 동안 빛이 너의 중에 있으니 빛이 있을 동안에 다녀 어둠에 붙잡히지 않게 하라"(요 12:36)는 권고를 무시하지 않고 따르는 길에 있다고 할 수 있다. 그러나 이같은 제자도 역시 두리뭉술하고 희미하여 그대로 행하기가 쉽지 않다. 뒤늦게 교회도 이 제자도를 다시 회복하고 실천하는 일에 관심을 기울여야 한다고 생각하는 것 같다.

그리스도인은 누구인가? 예배드리는 사람, '주는 그리스도'라고 고백하는 신자, 교회 울타리 안에서 신앙적 신비 세계를 좇아 자신의 세속적 괴로움을 카타르시스로 걸러내는 사람들, 사회에서의 일정한 위상을 위해 교회에 속했다는 것을 이용하는 사람들, 다 해당될 수 있을 것이다.

그러나 초기 기독교 공동체 안디옥에서 비로소 '그리스도인', 즉 제자로 불려졌다는 사실을 기억한다면 오늘의 신자들은 무엇인가 다른 어떤 진정성을 보여주어야만 하지 않을까. 예수를 진심으로 따르는 제자들은 그를 닮고자 할 것이요, 그의 가르침을 실천하려 해야 할 것이다. 목숨을 거는 데까지 이른다 해도 말이다.

교회에서 세례받고 직분을 얻고 상당한 캐리어가 쌓였는데도 상투적 예배의 회중, 봉사 흉내내기, 그리고 한 주간의 삶을 '예수 구원'의 구호로 마음의 안정을 누리는 식의 표층적 신자로서 만족하려 한다면 제자의 길은 암담하다. 교회사에서 보듯이 왕권과 결탁한 교회가 콘스탄티누스 황제 이후로 조직과 제도를 강화하고 교리 체계를 단순화시키며 거북스럽게 생각되는 집단들을 제거시키고 내면의 공고화가 아니라 허울 좋은 외연 확장에 몰두해온 결과 오늘의 병든 교회, 힘 없는 교회를 낳은 것은 아닌지 통렬히 성찰해 볼 때다. 부활 사건 이후 일대 전회를 결행한 제자들의 불굴의 노선을 되찾아야 할 때다.

나는 제자인가

카알 아이들먼이 지은 《팬인가, 제자인가》라는 책이 있다. 팬은 단순한 열광을 헌신으로 착각한다는 것이다. 예수에 관한 지식을 친밀함으로 오해한다는 것이다. 행동하지 않고 말로만 때우려 한다는 것이다. 심층적인 제자가 아니라 표층적인 신자로 안주하려 하는 모습을 깨우치는 일반적인 이야기다. 그러나 오늘의 우리가 제자로 살고자 한다면 제자 됨을 깊이 이해하려는 피나는 훈련과 성찰이 필요할 것이다.

바울은 "내가 그리스도와 함께 십자가에 못 박혔나니 그런즉 이제는 내가 사는 것이 아니요, 내 안에 그리스도께서 사시는 것이라"(갈 2:20)라고 고백했다. 나는 죽고 그리스도께서 자기 안에서 사신다는 정체성을 토로한 것이다. 물론 나는 없어지고 그리스도의 품성, 인격, 존재적 능력, 품위가 발휘된다면 제자로서는 안성맞춤이다. 그러나 거기에 도달하기까지 빛에 가까이 가려는 수도자적인 탐구와 성찰과 관조를 이어가지 못한다면 허사가 되고 말 것이다. 기능적 제자의 활동 범위에만 만족한다면 '빛의 아들'(요 12:36)로서의 제자는 요원하다.

나는 아직 그리스도의 제자가 되지 못했다. 나를 버리지도 부인하지도 못했다. 내 몫에 태인 십자가를 제대로 짊어지지도 못했고 예수를 제대로 따르지도 못했다. 얼치기 제자로서의 자화상이 못내 부끄럽다. 평생 목회를 해 왔다면 예수를 섬기고 예수를 가르치고 예수 닮기를 일과처럼 해 왔을 터인데 정작 그의 제자는 되지 못했다. 예수 팔이로 자신의 안위나 교회 조직의 지탱에만 더 관심이 팔려 있었던 것은 아닌가?

예수를 위해 허공을 치는 말은 많이 해 왔지만 진정 자신을 깨뜨리고 그리스도의 빛에 가까이 가려는 일에는 성과가 없었다. 기도 생활도 해왔고 기도를 가르치기도 했다. 그 영적 공간에서 '그분의 임재 체험'이라는 것도 신비한 불빛을 바라보고 체험한 것이 아니라 주관적 체험으로 '그분을 만났다'로 애써 과시하며 일시적 자기 위로나 믿는 자들의 표식처럼 굳어진 의식에 참여하고 있다는 그릇된 자긍심 정도로 만족하고 있었던 것은 아닐까? 과연 그런 유의 체험을 통해 일상이 어떻게 달라졌으며 과연 변화는 나타났는가?

그리스도인들에게서 빛의 열매를 찾아보기 힘든 요즘의 세태를 보면 답은 자명하다. 이현주 목사께서 했던 이야기가 생각난다. 닭이 때가 되면 계란에서 부화하고 껍질을 깨뜨리고 밖으로 나와야 하는데 우리의 교회는 그 껍질 밖으로 병아리가 나오지 못하도록 껍질을 더 단단히 구성하고 부화하지 못하도록 하는 상태라는 말에 공감이 간다. 교권화된 교회 구조, 교리 체계가 점점 더 강고하게 되어 가는 교회, 제자의 길이 멀기만 하다.

나도 기도원에 다니기도 했고 골방에 들어가 보기도 하고 강단 뒤의 십자가 밑에 무릎을 꿇어 보기도 했다. 신비한 은사를 좇아 열광적으로 기도의 삼매경에 빠져 보기도 하고 깊은 관조와 관상의 침묵 기도로 자신을 비워내는 일도 수없이 시도했다. 신학적 전통과 맥락을 탐구하기 위해 공부도 게을리하지 않았고 교인들과의 교통을 통해 공동체적 삶과 평강을 도출해 내는 일도 모색해 보았다. 그러나 나는 제자인가? 나는 여전히 대답에 자신이 없다. 이제 남은 세월 '그 빛'에 더 가까이 가기 위해 '빛의 아들'의 길에 걸음을 재촉해야 할 뿐.

기도의 골방

　그리스도인에게 기도는 생명선과 같다. 이 기도를 붙들고 이 기도에 빠지고, 이 기도를 행하지 않고는 신앙을 이어가기 어렵다. 이 기도를 통해 자신을 비워내고 부인하는 영적 훈련에서부터 시작해 주를 만나고 주 안에서 그의 가르침을 듣고 깨달음의 시간을 가지며, 소원과 더불어 응답의 경험과 성장의 열매들을 맛보게도 된다.

　기도는 신비한 공간이고 기나긴 영성으로의 행진이며 진리의 빛에 가까이 가려는 식지 않은 열망이다. 그래서 성서는 "쉬지 말고 기도하라"(살전 5:17) 했고 예수께서 마지막에 감람산에서 기도하실 때 제자들에게도 "시험에 들지 않게 기도하라"(눅 22:46)라고 재촉하는 장면이 나온다. 그리고 친히 주께서 힘쓰고 애써 간절히 기도하는 모범을 제자들에게 보여주었다.

　앤드류 머레이는 영적 성장의 비결을 "하나님과 교제하고 그리스도를 알고 거룩함을 회복하여 말씀을 좇으라"고 하면서 그 통로로서 기도를 제시한다. 그는 말하기를 "기도의 방은 당신을 하나님과 묶고 하나님으로부터 오는 힘을 공급받아 하나님만으로 살 수 있게 한다. 하나님은 그곳에서 감사를 받으시고, 축복된 삶을 경험하게 하시며, 삶을 더 풍성하게 해 주신다"라고 했다. 기도의 왕도는 없고 기도의 대가도 따로 없다. 낮고 낮은 자리에서 다만 가까이 나아가 그분을 만나려는 영적 탐구를 계속하는 영적 모험가들이 있을 뿐이다.

깊은 곳으로의 기도

기도는 자신의 신앙 정체성을 세우기 위해 시작되기도 하고 그리스도를 만나려는 갈급함으로 계속될 수 있다. 그러나 기도의 골방을 찾는 것은 자신의 절박함 때문임을 부인할 수 없을 것이다. 돌아보건대 나의 기도 생활도 여러 모양, 동기, 장소에서 행해졌다고 보여진다. 일상적인 규칙적 기도, 강단 밑에 나아가 하는 기도, 성도들을 보살피는 과정에서의 상담과 심방, 그리고 여러 훈련을 통해 하는 기도 그리고 산에 들어가 퇴수하는 심정으로 절박한 기도를 했던 것들이 기억된다.

교인들과 더불어, 혹은 홀로 기도원을 찾았던 경험도 많다. 서울 용마산 골짜기에 있는 서울기도원, 수유동의 영락기도원, 한얼산, 대한수도원, 흑석산, 갈멜산 등 수도 없는 기도원을 찾아 기도 의지를 불태우기도 했다. 이러한 기도 생활이 내 목회에 자양분이 되었고 목회자 아무개의 퍼스낼리티 형성에 중요한 부분이 되었을 것이라 생각한다. "내가 이미 얻었다 함도 아니요 온전히 이루었다

함도 아니라 오직…그것을 잡으려고 달려가노라"(빌 3:12)라고 바울도 고백했듯이 기도로 달려가는 도상에 우리는 서 있을 뿐이다.

완성은 없고 끝없는 도제의 삶, 기나긴 영적 탐구가 있을 뿐이다. 기도를 통해 특별한 은사 방언이나 예언 등에 자부심을 갖고 기도의 대가가 된 양 경거망동하는 이들이 교회 주변에 많다. 그들의 신비 충동의 결과물들이 기도의 능력을 나타낸다고 할 수는 없다. 기도의 진행과 성장을 통해 말씀이 더욱 익숙해지고 자기 비움과 섬김이 실행되어 온전한 인격을 어느 정도까지 끌어올리느냐가 오히려 기도의 용사 여부를 결정 짓는다고 할 수 있을 것이다.

성찰과 관조

기도는 내면으로 내려가는 통로이기도 하다. 기도를 통해 자신을 들여다본다. 자신의 무가치와 비겁함, 허탄한 욕구에 쩔쩔매는 모습, 온갖 불의로 가득하지만 그럴 듯한 처세로 포장된 위선, 그리고 진리를 갈망하나 가까이 가기엔 너무 왜소하고 무능한 자신의 정체를 적나라하게 들여다보는 과정이다. 기도는 관조의 경지에까지 간다. 나와 세계, 그리고 타자와 절대자 사이의 공간을 헤엄치며 빛을 찾아가는 침묵이며 몸부림이다. 기도 시리즈의 앤드류 머레이는 기도의 5가지 원칙에 대해 이렇게 조언한다.

1. 기도의 방에 들어갈 때 하나님께로 인도됨을 감사하고 자유롭게 하나님과 대화하라.
2. 성경 탐구를 통해 기도를 준비하라.

3. 그대의 마음속에 말씀을 받았다고 생각되면 기도를 시작하라.
4. 다른 이들의 필요를 위해서도 기도해야 됨을 알아야 한다.
5. 기도의 방과 바깥 세상이 가깝게 결속되어 있음을 잊지 말라.

그가 제시한 원칙대로 기도의 골방에 들어가면 기도의 성공자가 될 수 있을까? 많은 도움은 되겠지만 결코 기도의 성공자가 된다고 보장할 수는 없다. 인생이 도상의 나그네인 것처럼 기도도 항상 끝을 향한 도상에 있을 뿐이다.

훗날 메시아의 기도이기도 했던 다윗의 기도를 들어 보자. "내 하나님이여 내 하나님이여 어찌 나를 버리셨나이까…나를 보는 자는 다 나를 비웃으며,…그가 여호와께 의탁하니 구원하실 걸, 그를 기뻐하시니 건지실 걸 하나이다"(시 22:1, 7, 8).

기도 후에도 대답 없는 메아리와 같은 공허와 외로움이 사방을 우겨싸고 덤벼들 때 기도자는 어떻게 해야 할까? 소외와 고독을 즐겨 영접하는 것이 또 다른 기도의 시작이 될 것이다.

자기를 부인하고

삶의 길을 찾는 데 있어 자기 부정은 첫 번째 조건이요 수양의 덕목이기도 하다. 그리스도도 제자도의 제1조건으로 '자기를 부인하고'를 제시했다. 물론 세상을 살아가는 데 '자기 긍정'이라든가 자존감의 회복도 필요할 것이다. 그러나 세상의 늪에서 살아남기 위한 생존의 법칙 말고 존재의 정체를 탐구하고 진정한 삶을 추구하고자 한다면 자기 부인의 아픈 과정을 넘어서야 한다.

본능적인 자기 자랑, 소유욕과 이기심, 아집과 독선, 이런 것들을 딛고 일어선다는 것은 쉬운 일이 아니다. 그래서 인생은 끝없는 수행자의 길에 서 있는 것이며 결코 '이루었다'고 할 것이 없다.

성서에 나오는 아브라함의 경우, 본토 친척 아비집을 떠나 미지의 땅을 향한 부름에 복종했다는 것은 자기 부정의 예를 보여준다. 독자 이삭을 모리아산에서 제물로 바치라는 신의 명령 앞에서 자기 부정의 길을 선택한다는 것은 죽기보다 어려운 일이지만, 그는 역시 자기 부정을 결단했다.

야곱은 번번이 자기 부인에 실패했지만 하란에서 돌아오는 길에 얍복강가에서 밤중에 홀로 남아 어떤 사람과 밤새 씨름하던 중에 허벅지 관절이 어긋나는(창 32:25) 쓰라림을 겪은 후에 야곱이 아니라 '이스라엘'이 되는 자기 부인의 길에 서게 되었다. 그의 아들 요셉 역시 형들의 미움을 사서 애굽에 팔려가고 보디발의 집에서 유혹을 받아 투옥되는 곡절을 겪으면서도 정욕을 이겨내고 자기를 이겨내는 결단의 모습을 보여준다.

자아 부정

자기와의 싸움은 쉽지 않다. 세속의 한복판에서 가정을 꾸리고 자식을 양육하며 다양한 사람들과의 이해 관계 속에서 살아야 하는 현실은 녹록지가 않다. 돈에 속아 존재를 실추시키고 타락의 길에 미끄러지기도 한다. 권력욕에 무너져 비굴한 인생으로 낙인찍혀 평생 후회하며 살게 되기도 한다. 순간의 감정을 참지 못해 치명적 실패를 불러오는 경우도 허다하다.

과연 자기 부정의 도는 산속 깊은 곳에서 수도하는 중에서나 얻을 수 있는 경지일까? 세상 모든 사람들이 다 사막이나 산속에 들어가 홀로 독처하며 살 수는 없는 노릇이다. 탐욕에 충동되는 자아를 무너뜨리는 것은 부단한 자기 성찰과 수련의 노력에서 시작되고 높은 인격과 심도 있는 신앙으로 나아가는 길에서 가능할 수 있다. 명예에 경도되는 길이 극한 불행에 이르는 길이라는 사실을 짐작은 하면서도 왜 그 끈을 놓지 못하고 그 굴레에서 자신을 풀어 놓지 못하는 걸까?

"모든 육체는 풀이요, 그 모든 영광은 풀의 꽃과 같다"(벧전 1:24)라는 성서를 떠올릴 필요도 없이 인생은 가고 다시 오지 못하는 바람과 같은 것임을 쉬이 인정하기가 싫은 인간의 기본적 성정 때문일 것이다. 자기를 남보다 더 낫게 보이려는 얄팍한 욕심이 사실은 그 자신을 더 추하게 한다.

인위적인 세계와의 작별

지구적인 문명이 인간에게 필요한 것이어서 등장한 것이긴 하겠지만 그 모든 것들이 모래 위의 성처럼 내구성 없는 일시적 안전판이었고, 오히려 수없는 허위의식을 양산하고 인간을 불편하게 만들어 버린 현실을 직시해야 한다.

문명으로 포장된 인간의 모든 위선으로부터 벗어나야 하고, 땅에 있는 동안 근근이 버티면서 조작과 음모로 세상을 속이며 생존한다 한들 그것은 한순간에 지나지 않을 것이다. 인생의 종말은 도적같이 오고 생각지도 않은 순간에 끝은 오고야 만다. 존재의 진정한 가치, 삶의 진실한 의미에 다다른다는 것은 얼마나 소중한 일일까?

"모든 것을 버리고, 소유조차 처분하여 가난한 이들에게 나누어 주고 나를 좇으라"고 했던 예수의 가르침에 영생의 길을 물으러 왔던 청년은 근심하여 돌아갔다고 성서는 말한다. 인위적인 모든 구조들을 떨쳐버리고 진정한 자아의 길을 찾아가야 한다. 전통, 관습, 고리와 교권의 굴레에서도 벗어나야 한다. 자유로운 행보를 탐색해 봐야 할 때다. 그것이 자기를 버리고 부인하는 길이다.

날마다 덜어내며

더하려고만 하는 자아에서 이제는 덜어내고 지워야 할 때다. "자기를 줌으로써 받고, 자기를 잊음으로써 찾으며, 용서함으로써 용서받고, 죽음으로써 영생으로 부활하리니"라는 '평화의 기도'의 한 구절이 생각난다. 전쟁에 참전하기 위해 가던 중 환상을 보고 아시시로 돌아온 성 프란치스코는 세속적 생활에 즐거움을 느끼지 못했고 대성전 문 앞에서 구걸하는 걸인들을 보고 평생 가난하게 살겠다고 결심하게 되었다고 한다.

프란치스코가 보았던 환상을 보며 우리도 자기를 떨쳐버릴 수 있을까? 아니라면 사막의 수도사들처럼 절제·금식·침묵의 길을 택한다면 자아 부정의 신비를 경험할 수 있는 것일까? 세속의 울타리 안에 싸여 사는 우리가 정녕 자기 비움의 거룩한 수행을 어떻게 이루어 나갈 수 있을까? 기도와 침묵, 말씀 묵상과 경건의 연습이 지속되어야 하고 상처 입을 각오로 자기가 무너지는 아픔을 겸허히 받아들여야 한다. 그리고 자신의 첫 단계 성과가 그 다음의 생을 결박하도록 디딤돌을 자꾸 놓아야 한다. 더 이상 곁길로 새는 법이 없도록 자기를 단속해 가는 법 말이다. "주여, 나를 평화의 도구로 써 주소서." 성 프란치스코의 기도는 자기 부정이 평화를 앞당기는 지름길임을 예시한다.

예수와 함께

　내가 예수를 처음 알게 된 것은 유년 시절, 초등학교 3학년 때로 기억한다. 동네 아이들 중에 교회 다니는 친구들이 많이 있어 자연스레 이끌림을 받고 교회에 나가게 되었다. 이렇게 예수를 만나게 되고 알아가게 되었다. 당시 유행하던 쪽복음은 천금 같은 교과서였다. 누가복음, 요한복음 등 단권의 작은 책으로 된 복음서들을 손에 넣게 되고 부지런히 읽어 내려갔다. 신기하기도 하고 영영 이해할 수 없는 또 다른 세상에 들어가는 느낌이었다. 서울에서의 고등학교 시절을 제외하곤 이후 교회 생활은 계속되었고 예수와의 만남도 이어졌다.

　나자렛 예수
　나와 예수와의 만남은 지난한 인생길만큼이나 굴곡지고 우여곡절을 겪어 왔던 것 같다. 본격적으로 예수 탐구, 예수와의 만남을 시도하게 된 것은 신학교 시절이었다. 신학교에 들어가게 된 것도 엄혹한 시대 상황에서 꽉 막혀 버린 나의 자리를 타개하기 위해 보다 근본적인 도전의 일환으로 입학을 결심하게 되었고, 당연히 '나자렛 예수', '갈릴리 예수'에 심취하게 되었던 것이리라.

가난한 자, 병든 자, 억압 받는 자들에게 찾아가 그들과 함께하고 그들을 일으켜 세우는 해방의 예수, 혁명의 예수를 좇아 그 근거를 탐색하기에 몰두했다. 당시 한국 교회와 신학계에 거센 물결처럼 다가왔던 서남동, 안병무 선생 등의 민중 신학론이 내게는 신선하게 다가왔고, 이 절망적인 민족 문제를 풀어 낼 수 있는 것도 이와 같은 민중 담론을 접합시키는 데서 가능하겠다는 생각이 들었다. 물론 그 이전 교회 생활을 통해 경건 훈련에 정성을 쏟기도 하고 산기도의 신비에 눈이 열리게 되었던 것도 사실이지만, 나의 신학 입문 동기가 그랬듯이 교회의 전통과 제도, 관습에 대해서 강한 거부감이 있었고 민중 예수, 역사적 예수의 실존에 오히려 눈을 크게 뜨고 탐구 여정에 열을 올렸다.

나의 길, 예수와 더불어

이후 신학 수업을 통해 점차 래디컬한 생각들이 정돈되고 걸러지는 또 다른 변화를 겪게 되었던 것 같다. 지루하기만 하게 보이던 교회 전통, 예식 등을 존중하게 되었으며 구속론적 성서 해석이나 '구속자 예수'의 면모를 탐색하게 되었다.

그렇다고 '갈릴리 예수'를 포기할 수는 없었다. 시민 운동에 몸을 담으면서도 어떻게든 시민 연대와 사회 개혁의 한복판에 갈릴리 예수의 정신과 그의 공생애의 핵심인 '하나님 나라' 실현을 깔고 가고자 의욕을 보였던 것 같다. 결국 행선지는 교회로 바뀌었고 목회가 나의 필생의 사역이 된 셈이다.

내 목회의 주제는 통전적 예수 이해와 그를 따르는 삶의 모형을 보여주고 함께 실천해 나가는 데 있었다. 신앙은 육신의 안목으로는 다 설명되거나 이해할 수 없는 신비한 공간이다. 교회 목회는 의당 신비한 영적 체험을 수반하고 '구속자 예수'에 대한 교리 연습과 고백적 예전들을 신자들에게 익숙하게 하는 데 큰 비중을 둔다. 성령의 은사들을 강조하고 이를 경험하고자 열망하는 것이 자연스럽다. 이러한 동력으로 교회는 그 자리를 지켜가고 신앙인들 또한 신앙 생활의 힘을 얻게 되는 것이 당연하다. 그러나 나의 목회 후반은 그가 우리의 길이요, 진리요, 생명이라면 그를 믿고 영생에 이르게 되는 구원의 요체는 예수의 뒤를 충실히 따르는 '제자의 길'에서 찾아야 한다는 사실을 강조하게 되었던 것 같다.

나의 주, 나의 하나님

부활의 예수가 두 번째 제자들에게 나타났을 때 제자 도마가 고백했다. "나의 주님이시요, 나의 하나님이시니이다"(요 20:28). 처음에는 부활의 예수를 목격한 여타 제자들의 말을 믿지 못하겠다고 손을 내저었던 그가 아닌가. 부활한 예수의 몸을 만져보고 손 못 자국이나 옆구리에 손을 넣어 보지 않고는 믿지 못하겠다고 하던 그가 돌연 "나의 주, 나의 하나님이십니다"라고 고백하게 되었다.

나의 목회의 결산, 그리고 나의 예수 탐구의 기나긴 여정의 결론은 '나의 주, 나의 하나님이십니다'이다. 예수는 나의 주님이시요,

살아 계신 하나님의 아들이시라는 사실이다. 그 사실이 너무나 고맙고 감사하다. 그리고 평생 그를 가르치고 설파해 왔던 사역이 행복하고 감사하다. 다만 은퇴 이후 내가 묵상하는 예수 만남의 길은 신앙인들이 전가의 보도처럼 여기는 '주님과의 만남' 그 신비한 체험의 한계를 이제 인식할 때가 되었다는 것이다.

신앙은 총체적인 것이요 통전적인 해석의 길이요 따름이라고 한다면, 역사적 예수, 구속주 예수에 대한 균형 잡힌 이해와 실천이 절실하다는 것이다. 역사적 예수 연구의 성과물들을 폄하하지 말고, 기독교에 이의를 제기하거나 비판하는 목소리의 진정성을 찾아 경청해야 하는 것이 기독교의 지평을 더 심오하고 견고하게 세워 가는 계기가 될 것이라는 생각이다.

주 예수의 어록의 집합인 복음서의 Q에 나타난 예수의 정언적 명령을 이 땅에 사는 동안 어떻게 실천하고 '진리의 빛 예수'를 좇아 그 빛에 이르기 위해 피땀 어린 구도자적 수행을 병행해 갈 것인지를 교회와 기독교는 더 무겁게 받아들여야 할 때가 됐다.

교회와 함께

　교회와 함께 지내 온 인생이다. 조그만 언덕배기에 상당히 높은 종탑이 있고 한참 건축 중인 교회당에 유년 주일학교 시절 처음 나갔던 기억이 선명하다. 양쪽 길가의 코스모스가 제철인 그때 벌, 나비가 춤추고 교회는 목가적인 분위기가 충만했다. 이북에서 월남하신 목사님의 경건과 엄숙함이 항상 강단을 에워싸고 있던 그 교회는 성결교회였다. 어쩌면 유년 시절의 교회 생활이 나의 평생 신앙과 영성에 크게 영향을 주었던 것이 아닌가 생각해 본다.
　그리고 중학교 시절 목포로 나와 학교 경내에 있는 그 지역 최초의 교회이기도 한 기장교회에서 채플을 경험하고 성서에 대한 가르침과 교회의 경건미에 빠져들기도 했다. 얼마 못 가 어머니를 따라 인근 예장 통합교회에 출석하게 되었는데 많은 시내 타학교 친구들과의 사귐이 큰 기쁨이었다.
　서울에 올라간 뒤로는 예장 통합교회에 자리를 잡게 되었다. 누이 가정이 출석하던 광나루 근처의 교회, 그리고 대학 시절 다시 자리 잡게 된 동네 자그마한 교회가 그곳이었다. 어린이대공원 인근의 작은 교회는 내 젊은 날의 치열한 신앙 수업의 지성소였다. 고신 출신의 예장 통합 목사가 되신 목사님의 가르침에 많은 감화를 받았고, 함께 기거하던 대학 친구들과 성수동 일대의 공장에서 일하던 젊은 청년들과의 사귐과 신앙 활동들은 내 신앙 생활에 깊은 울림을 주었던 계기가 되기도 했다. 시국 사건으로 학교를 떠나게 된 좌절의 시기에 교회는 부러진 화살 같은 청춘의 피난처였으며, 제2의 비상을 꿈꾸게 해 준 보금자리이기도 했다.

한신에 들어가게 된 이후 사역지를 찾아 아랫동네의 기장교회에 몸담게 되었고 그 교회는 신학생으로서의 수련과 초보적 목회 사역의 문을 열어 준 곳이기도 하다.

1980년 봄과 함께 대학에 복교하게 된 나는 학업과 목회 사역을 병행해야 하는 기쁘지만 버거운 시간들을 보내야 했다. 신학교 졸업반 시절 1년 남짓 설교 사역자로 섬기게 되었던 금강교회에서의 경험은 목회자로서의 나의 인생에 빼놓을 수 없는 거름이었으며 맑은 샘물 마시기와 같은 것이었다.

이후 목포에 내려가 YMCA 사역을 하는 동안 청년들과의 교우, 다양한 인사들과의 교류를 통해 나의 신앙 지평을 크게 확장할 수 있었던 것은 행운이었다. 목포남부교회의 부름을 받아 본격적인 교회 목회를 시작하게 되었고, 정들었던 고향을 떠나 다시 정읍제일교회에 둥지를 틀고 목회를 지속해 가게 되었다.

목회의 길

목회는 생명을 살리는 일이기에 결코 쉽지 않다. 그릇된 설교로 신자들을 오도할 수도 있고, 인격의 미성숙으로 신자들과의 관계가 틀어질 수도 있다. 함께 배워 가고 생명을 키워 가는 교회 공동체 안에서의 경험을 통해 말할 수 없는 기쁨과 행복을 만끽하기도 하고 알 수 없는 거센 도전 앞에 상처받고 무너지기도 한두 번이 아니었을 것이다. 말씀과 기도로 다시 일어서고 완전 막혔던 칠흑 같은 어둠 속에서 한 줄기 빛을 발견하고 비전을 움켜쥐고 일어서기도 한다. 목회란 신기하고 놀라운 일의 연속이다. 목회란 아름다운 일이다.

목포에서의 목회는 순정적인 목회로 출발한 나에게 교인들이 순정적으로 응답한 꿈 같은 시절이었다. 교회에 오르는 길은 언제나 햇살로 가득했고 온기가 넘쳤다. 인생의 갖가지 사연을 안고 그리스도를 만났을 것이며, 그리고 신앙에 의탁하려 했던 그 수많은 얼굴들을 하나하나 떠올려 본다. 인생에 자신감 있는 사람들도 있었을 것이고, 허기진 인생 끝에 실패담과 절망감에 속태우는 이들도 있었을 것이다. 특별히 슬픈 사람들, 가난한 이들도 많았다. 목사의 기도에 감사했고, 함께 더불어 위안을 받으며 용기를 낼 수 있었던 많은 사람들이 생각난다.

정읍에서의 목회는 궁극적인 내 목회의 실현을 위한 제2막이었다. 물론 어느 현장에서나 목회자가 전적인 자기 의지대로 목회한다는 것은 불가하다. 주변을 살펴야 하고 최선 아니면 차선이라도 가급적 교인들과의 충돌을 피하는 길을 선택하기도 하고 때아닌 도전에 직면하여 우회의 길을 걷기도 한다. 그러나 정읍은 따뜻한 고장이고 단풍색만큼이나 교인들도 선하고 아름다웠다. 기쁨과 감사의 연속이었고, 특별히 제자훈련에 큰 비중을 두기도 했던 시절이다.

함께한 무리들

목회는 언제나 희비 쌍곡선을 넘나드는 험난한 길이요, 묘책이 따로 없는 퍼즐 풀기와 같다. 목장의 양들 중에도 뿔을 들이밀며 목자의 신호를 거절하며, 속상하게 하고 마음 아프게 하는 양들이 있듯이 교인들도 마찬가지다. 그럼에도 목회가 가능한 것은 그들의 과거와 미래까지도 헤아려 보면서 이해해 보려는 마음가짐이요, 또 한편 사랑과 애틋함으로 이해하고 돌봐 주는 사람들이 곁에 늘 있었던 까닭이다.

허릿춤에서 삶은 계란 한 알을 어렵사리 내어놓거나 거친 손으로 사과 한 톨이라도 싹싹 비벼 목사 앞에 내어놓는 나이 많은 성도들, 목사의 가족을 자기 가족으로 여기며 챙겨 살피는 것을 소명으로 여기는 아름답고 선한 이들이 지금도 떠오른다. 그리고 허약한 사람들, 바람 불면 쓰러질 것 같은 연약한 인생들도 늘 교회 곁에 있었다. 결국 목회란 하늘의 뜻에 순명한 사명이기에 가능하고 주의 뜻이 성취되어 가는 과정이기도 하다.

스스로 갇혀버린

물론 기나긴 목회 여정에 회한도 있다. 목회가 그분의 뜻을 받들어 가리키는 대로 따라가는 길이요, 교인들에게도 그 길을 안내해 주는 신호수의 역할이겠는데, 그분의 뜻을 잘 받들지도 못하고, 믿고 확신하는 바도 제대로 결행하지 못한 못난 목회자의 얼굴이 내게서 자꾸 떠오르기 때문이다.

현재의 교회 구조와 교회가 전통적으로 답습하고 있는 교리 체계, 이 모든 것들이 교회를 교회 되게 하고 목회를 목회 되게 하는 데 걸림돌이 되고 있는 것은 아닌지 되돌아보게 된다. 과연 내 설교와 가르침이 정당했는가? 어쩔 수 없이 교회 현실과 타협하고 교인들 입맛에 맞추기 위한 허공을 치는 말의 잔치는 아니었을까? 진정 예수 닮기 원하고 주를 따르기보다는 이미 정형화된 구속론의 멍에에 갇혀 '실체 예수'와 그의 명령을 좇고 따르는 일을 외면한 것은 아니었을까?

단순한 구원론을 주문처럼 반복하거나 신앙과 생활의 이중성을 쉽게 용인하고 '얕은 기독교'에 안주하려 했던 것은 아닐까? 좀 더 무거운 기독교는 진정 목회자나 신자들에게 한없이 버거운 것일까? 구도자적인 진지함이 어느새 사라져 버린 한국 개신교에서 어떻게 '예수의 본질', '구원의 실체'를 회복할 수 있을까? 지나온 목회 여정에서의 어두운 장면들이 내 인생 후반전에 풀어야 할 또 다른 숙제로 나를 눌러 온다.

교회가 아름다운 이유

요즘처럼 교회가 욕먹고 사회로부터 따가운 눈총을 받은 적이 또 있을까? 한국 개신교 역사상 최악의 위기라는 이야기가 공공연히 회자되는 시대이다. 코로나 사태를 겪으면서 교회는 자체 동력마저 급격히 저하되고 좀처럼 회복의 기미가 보이지 않는다는 진단을 여기저기서 내놓고 있다.

한국 교회가 갖고 있는 신학적 취약성, 치리 구조상의 결함, 기복주의적 신앙 양태 등 교회의 교회다움을 저해하는 많은 요인들이 작용하고 있다고 볼 수 있다. 그럼에도 불구하고 교회에 나가지 않는 일반인들 중에도 교회에 대한 아련한 그리움, 향수 같은 감정들이 남아 있다는 사실이 위로라면 위로라고 할 수 있을지 모르겠다. 그들은 유럽의 위용 있는 오래된 교회 건물들을 보고 경외심을 느껴왔기 때문일 수도 있고, 어렸을 적 시골 고향교회에 대한 좋은 이미지 때문일 수도 있겠다는 생각이 든다. 그러나 이런 막연한 정서 말고도 교회는 충분히 아름다움을 품고 있는 곳이다.

겸손과 섬김

교회는 겸손과 섬김의 터 위에 세워지고 무한한 헌신에 압도되는 곳이다. 물론 인간의 죄성과 부패한 인간성이 없을 수 없기에 교회도 교만한 자들의 소동이나 공로주의, 자기 자랑의 유혹으로부터 완전히 자유롭다고 말할 수는 없다. 죄인들이 모여든 교회 안에 한없이 추한 모습이 여전하고, 불의가 공동체 전체를 흔들 수도 있다.

그럼에도 교회는 아름다움이 있다. 한없이 겸손한 사람들, 예수 그리스도의 십자가에 완전히 부서지고 깨어진 무리들이 그 안에서 기도하고 있고 말씀을 받아들이고 있기 때문이다. "그는 흥하여야 하고 나는 쇠하여야 하리라"는 세례자 요한의 고백이 몸에 밴 성도들이 그곳에 있다. 자신이 손해 보고 어려움을 겪을지라도 목회자를 선지자로 대우하고 섬기는 헌신에 익숙한 성도들이 있기에 교회가 흔들리지 않는 터전일 수 있다.

지나온 목회 생활에서 만났던 수많은 교인들, 그 한 사람 한 사람이 너무도 소중한 인연들이지만, 특별히 목사에게 두고두고 기억되며 기도 제목이 되는 겸손과 섬김의 제자들이 쉽게 잊혀질 수 없다. 교회가 여러 부정적인 면에도 불구하고 여전히 그리스도의 현존을 지킬 수 있는 것은, 별과 같은 성도들 때문일 것이라고 감히 생각해 본다.

초기 한국 교회가 감당했던, 의료·교육·봉사 등의 많은 열매들 역시 교회를 쉽사리 무시하고 폄하할 수 없는 소재이기도 할 것이다. 흑암의 시절, 모두가 숨 죽여 말 한마디 제대로 할 수 없을 때,

예언자 교회들은 권력의 부당한 탄압에 맞서며 투옥을 마다하지 않고 복음의 진정성을 파수하려 했던 역사도 있다. 이 모든 일들이 한국사회를 사랑과 정의로 섬기려는 교회의 노력들 아니었겠는가?

이름 없이 빛도 없이

"부름 받아 나선 이 몸 어디든지 가오리다. 괴로우나 즐거우나 주만 따라 가오리니 어느 누가 막으리까 죽음인들 막으리까 어느 누가 막으리까 죽음인들 막으리까"(찬송가 323장 중에서). 모든 목회자들이 소명감으로 사역을 시작할 때의 결의를 잘 표현해 주는 찬송이다. 그러나 이를 실천하며 평생 목양한다는 것은 난공불락의 요새를 오르는 일처럼 쉽지 않은 난제다.

찬송은 늘 부르지만 점점 허약해져 가는 목회 소신, 이미 돌이킬 수 없을 정도로 세속과 타협해 버린 얼룩진 자신의 모습을 보면서 모든 목회자들은 괴로워할 것이다. 교인들에게도 이미 속을 보이거나 사방 눈치를 보느라 진리의 메시지는 부러지고 어느새 비겁한 삯꾼이 되어버린 자신의 모습에 오열하기도 할 것이다. 그러나 교회가 아름다운 것은 진리를 따르고 진리를 행하는 몇 안 되는 스승들이 한국 교회 안에 여전히 남아 있기 때문일 것이다.

모든 목사들이 목회를 시작하기 전, 어느 목회 스승에게 감화를 받고 "나도 저런 목사가 되어야지" 하면서 감동을 멈출 수 없었기에 목회자가 될 수 있었을 것이다. 한국 교회에서 존경받는 스승들이 없는 바가 아니며 그들 때문에 교회가 완전 오염을 피하고, 정화 능력을 아주 잃지 않을 수 있었을 것이다. 이름도 없이 빛도 없이 생활조차 뒷받침되지 않는 오지 시골 마을에서, 오직 복음을 전하기 위해 겸손과 정성을 다하는 목회자들이 남아 있어서 교회가 아름답다.

　진리는 스스로 빛을 낸다. 진리에 가까이 가는 이들에겐 진리의 빛이 강하다. 오늘도 그 진리를 좇아 교회를 섬기고, 세상의 사도로서 그 빛을 전파하려는 내적으로 빛나는 스승들 덕에 교회는 그 자리를 지켜 간다.

구도의 열망

　한국 교회 신자들이 '얕은 기독교'에 중독되어 있다고 비난을 받곤 한다. 왜 그렇게 되었는지는 목회자들의 책임이 더 크겠지만, 단순한 복음, 단순한 교리가 어쩌면 교회를 유지하고 교인들을 다루기가 편리하다고 착각한 때문도 있을 것이다.

　주문 외우듯 중독되어 버린 '예수 구원'이 잘못된 말은 아니라 해도, 그 구호의 단순함과 깊이가 결여된 표층적 기독교가 교회를 더욱 허약하게 만들고 신자들을 '믿음이 안 가는 사람들'로 만들어 버렸다는 비난을 피하기가 어렵게 됐다.

　과연 진리란 그렇게 단순한 것일까? 그 진리에 이르는 과정은 아무런 구도의 고통이나 모험 없이 직선으로만 이루어질 수 있는 것일까? 물론 이렇게 말하면, 고행주의나 공로주의를 말하는 것이냐고 시비하는 사람들이 생기겠지만, 그러나 구원에 이르는 길은 멀고도 험한 길임을 성서도 밝히 우리에게 증거하는 것이 아니겠는가?

'예수 구원', 그 구호에 함축된, 예수의 삶, 말씀, 그것들을 내 자신의 삶 속에 화육시키기 위한 기나긴 여정에 우리는 서 있다는 이야기다. 대개 교인들은 성경 공부를 하고, 나름 교회도 많이 신경 쓰고 교인 자신들도 뭔가 성경 지식과 믿음에 자라기 위해 노력을 많이 한다. 그러나 대부분 교리 공부 수준에 머물 정도이며 진정으로 말씀을 듣고, 그것을 깨달으며 실행에 옮기는 훈련까지는 미흡한 것 같다. 그럼에도 불구하고 한국 교회에는 하나라도 더 깨우치고 그것을 실천하려는 진지한 구도자들이 있기에 교회는 아름다움을 지켜 간다.

목회자는 아니지만, 인간의 절망적 환경에서 빠져나와 주 예수의 빛에 다가가기 위한 기도와 경건, 성경 연구에 열정을 가지고 있는 성도들, 그리고 그 깨달음을 하나하나 행해 보이려 하는 '심층적 기독교'에 속한 무리들이 있어 교회는 희망이 있다.

영성의 맥을 찾아

교회에서 영성이란 말이 유행된 지 오래다. 물론 그 전에도 없었던 바는 아니지만 급격히 영성에 대한 관심과 강조가 유행처럼 번져 가게 되었다. 영성이란 무엇일까? 어떤 특별한 의미를 내세울 필요는 없을 것이다. 신비한 영적 체험, 혹은 신앙적 성격, 영적 성향일 수 있을 것이다. 좀 더 구체적으로 생각해 본다면 예수 정신, 예수와의 만남, 예수 닮기로 설명해 볼 수도 있겠다. 단순히 교리적 신앙 고백 수준이 아니라 심층적 신앙 탐구와 신앙 행위 등을 영성의 범위에 둘 수 있다. 이는 껍데기 교회 생활로는 얻기가 힘들고 성서 읽기와 꾸준한 기도 생활 그리고 예수의 가르침을 실천하는 행동에서 도달할 수 있을 만한 것이다.

더 깊은 곳으로

위대한 영성가 토마스 머튼은 말했다. "사람이 기계적 힘에 밀려 다니게 될 때, 비인격적 무리와 함께 하게 될 때, 인간성, 성실성,

사랑하는 능력, 결단력을 잃어버리게 된다. 사회가 내적 고독을 알지 못하는 사람들로 구성될 때 사회는 더 이상 사랑으로 결합하지 못한다"《고독 속의 명상》 중에서). 내적 고독과 침묵을 중시하는 그의 영성은 세상의 외로움이나 고독은 수동적이지만, 즉 사람들이 떠나고 어쩔 수 없이 혼자만 남게 되는 외로움이지만 내적 고독은 자발적이고 하나님을 만나기 위한 자기 비움의 과정임을 보여주었다.

우리의 귀가 내적 고독과 침묵에 잠기지 않으면 진정으로 들을 수가 없다고도 했다. 그는 내적 고독과 침묵을 통해 예수 그리스도의 고독과 만나게 되고 타인들의 고독과도 연대하게 되며 마침내 사랑의 큰 능력을 얻게 된다고 했다.

영성의 사람들

예수를 찾아왔던 청년도 이 영성의 갈급함과 그 영성의 길을 찾기 위해 예수를 방문했을 것이다. 그러나 그는 "모든 것을 나누어 주고 나를 따르라"는 권고에 심히 근심하여 돌아가고 말았다. 영성에 실패한 자들의 초라한 모습을 보여준다.

'화순의 성자'로 알려진 이세종의 영성은 참으로 전설적인 감동을 오고 오는 세대에 전해 주기에 부족함이 없다. 머슴살이로 시작한 그는 결혼하고 재물을 모아야 한다는 일념에 누구보다 열심히 일했고 마침내 동네에 최고가는 부자가 되었다. 자식이 없어 무당을 찾으니 천태산에 산당을 지어 정성을 다하라고 주문했고, 온 정성을 다했으나 무당이 죽자 이 모든 것이 허사라는 깨달음에 성경을 보기 시작했으며, 그 길로 성경에 빠져들었다고 한다. 그리고 '예수살이' 실천에 들어갔다. 있는 재물들을 나누어 주고, 빚진 자들의 문서를 불태우고 탕감해 주었으며, 나무 십자가를 만들어 이 동네 저 동네에 예수를 전하는 전도자가 되었다.

스스로를 '이공', 아무것도 아닌 자로 일러 겸비를 실천했고 이런 그의 삶에 지친 아내가 집을 나가 다른 사람을 만나고 또 다른 결혼을 하였으나 '조선의 호세아' 이세종은 훗날 다시 돌아온 아내를 맞아 주며 성경을 실천했다는 이야기다. 그 후 아내는 그의 용서에 감복하고, 예수의 제자 된 그의 삶에 자신도 따르기로 작정하게 된다.

그는 유언했다. "언덕을 벗 삼고 천기로 집을 삼아 만물을 먹이로 삼고 지내시오." 아내는 남편의 유언을 따랐다. 그는 생전에 제자들에게 "어디 가서 이세종의 가르침을 받았다고 하지 마라"고 다독이고 자기 자랑은 꿈도 꾸지 않았으며 교회나 목사에 대한 험담을 중지시켰다고 한다. 과연 그의 영성은 어디까지였을까?

맨발의 성자 이현필도 이세종에 버금가는 영성가다. 같은 화순 출신이었던 이현필은 이세종의 수제자가 되었고 처음엔 읍내에 닭장사를 하러 나갔다가 예수를 전해 듣고 교회를 중심으로 신앙생활을 시작했다고 알려졌다. 그후 남원 서리내 산골에 들어가 성경 읽기와 기도 생활을 통해 구도자의 길을 걸어갔다.

기성교회에서는 그를 산중파 혹은 금욕주의자라 경계했지만 그는 금욕, 순결, 청빈을 실천한 예수 닮기의 참 제자였다. 빈자들의 농삿일을 도와주거나 옷을 벗어 거저 내어주는 희생에서부터 탁발 전도와 구제에 앞장서 나갔다. "사랑은 주려는 것이다. 받으려는 것은 미움이다"라고 가르친 대목에서 그가 어떻게 그리스도를 닮으려고 했는지 짐작이 간다.

생의 마지막에는 결핵으로 피를 토하는 고통 속에 힘든 시간들을 지냈지만 그는 "주여, 고통을 주심을 감사하나이다. 더 큰 결핵의 고통을 주소서"라고 기도했다니 범인의 상식을 뛰어넘는 수도자의 수준을 엿보게도 한다. 임종의 순간에는 제자들이 둘러앉은 가운데 "그리스도의 보혈밖에는 의지할 데 없다. 선행과 절제와 금욕도 거기에 미치지 못한다"라고 유언했다고 하니 깊은 수행과 피나는 고행적 영성의 길이 마지막 목표 지점에 이르게 되는 결말을 보여주었다고 할 수 있다. 보혈에 대한 접근이 주술적 구호의 반복이거나 피나는 구도의 자기 비움을 생략한 채 습관적으로 그 대목을 외우는 형식적 크리스찬과는 사뭇 다른 영성이다. 고아와 장애인들을 돌보는 최초의 개신교 수도원 동광원도 그에게서 시작되었다.

깨달음을 향해

깨달음을 향해 가는 길은 쉽지 않다. "내가 곧 길이요 진리요 생명이니 나로 말미암지 않고는 아버지께로 올 자가 없느니라"(요 14:6)는 증거대로 예수를 따르며 '예수 닮기'를 실천하는 영성의 길은 험난하다. 영성은 단순히 영적 성향을 갖고 있다거나 예수를 통한 어떤 일시적 신비 충동을 구하는 이들에게 적합한 말이 결코 아니다. 진정으로 그의 가르침과 삶을 따르겠다는 결단이 깊은 곳에서 이루어져야 하고 자신을 점점 더 비워 내적인 빛의 쏘임을 받고 진리의 각성뿐 아니라, 산 아래로 내려가 친히 예수의 '길'을 실천하는 데 있다. 이현필이 동네 앞을 지날 때 아이들이 놀려댔다고 한다. '문둥이, 비렁뱅이'라고 조롱하는 아이들에게 꾸짖었던 것이 아니라 "그래, 맞다. 나는 내적으로 문둥병보다 더 더러운 죄로 가득하고 천하에 내 것이 없고 빌어먹는 형편이니 그 말이 맞다"라고 했다. 이 깊고도 순수한 영성에 어떻게 도달할 수 있을까? 이 강철 같은 결기와 내적 힘으로 뭉쳐진 그의 영성을 어찌 온전히 따라갈 수 있겠는가?

나는 목사로 살아왔다. 교회를 중심으로 교인들을 돌보고 가르치며 지내왔다. 그러나 그 세월들이 자긍심과 만족감으로 남는 것이 아니라 부끄러움을 더 느끼는 것으로 소모되었음을 슬퍼한다. 물론 깨달음 없이는 가르침이 불가능하다. 단순히 경전을 전해 주는 것이 가르침은 아닐 것이다. 그런 깨달음 없이도 훈도에 빠르고 선생 노릇 하기에 바빴던 내가 오히려 영적 맹아였다. 빛으로 오신 예수의 빛에 제대로 쏘이지도 못하고 십자가를 말하거나 부활을 서슴없이 입에 담았던 영적 무지의 어두움이 있었다.

산다는 게 조심스럽다. 사람을 대하는 것도 조심스러워진다. 세상을 대하고 평가하는 것도, 인생을 논하는 것도 조심스럽다. 이제 이 영성의 길을 새로이 시작해야 할 때이다. 토마스 머튼의 고백을 다시 읽어 본다.

"아버지, 제가 알지 못하는 당신을 저는 사랑합니다.
제가 보지 못하는 당신을 껴안습니다.

제가 마음을 상하게 해 드린 당신께 저 자신을 맡깁니다.

당신은 제 안에서 당신의 외아들을 사랑하십니다.

당신은 제 안에서 그이를 보십니다.

당신도 제 안에서 그이를 껴안으십니다. 왜냐하면 그이는 저를 위해 자신을 십자가의 죽음으로 몰고 간 그 사랑으로 저와 완전히 하나 되기를 원하셨기 때문입니다."

-《고독 속의 명상》중에서

기나긴 영적 순례 길에서 건져 올린 그의 깨달음이 부럽다.

6. 인물 탐구

우사 김규식
몽양 여운형
늦봄 문익환
간도의 스승 김약연 목사

우사 김규식

 우사 김규식, 그는 독립운동사에서 빠질 수 없는 인물이요 해방 전후로 우익 진영에서는 이승만, 김구와 더불어 3영수로 추앙받았던 분이다. 그러나 상대적으로 두 사람에 비해 덜 알려졌으며 이는 아마도 그의 죽음이 6·25전쟁 중 납북되는 과정에 북한 땅에서 병사하고, 남쪽에서 그의 삶과 활동을 드러내려는 시도가 미미했던 때문이기도 했을 것이다.
 광이불요(光而不耀), '빛이 나지만 그것이 지나치면 안 된다'는 말이 그에게 딱 맞는 말이라고 하는 이들도 있다. 결코 자신의 우월함이나 업적을 내세우는 법 없이 자신의 삶을 '자주 독립'과 '통일 조국'에 헌신했던 분이 우사 김규식 박사였다.

왜 그를 이야기하는가
 지금처럼 남북 관계가 위험 수위를 넘나드는 초긴장 상태에 빠져버린 민족 분단의 현실을 생각해 볼 때 좌우 합작과 통일 협상에 온몸을 불살랐던 그가 생각나지 않을 수 없다. 해방 공간에서 선생은 줄기차게 이념 장벽을 뛰어넘어 민족의 하나 됨과 자주 독립의 결연한 의지를 보여주었다. 미 군정하 입법 의원 의장으로서 이른바 '중간파'를 이끌어 여운형과 더불어 좌우 합작 운동을 전개하기도 했다. 미소 공동위원회 미국 측 수석대표였던 아놀드 소장조차도 "한국에 대한 마음으로부터 우러나오는 헌신적인 지도자는 단지 극소수일 뿐, 그 명단의 제일 꼭대기에 있는 것이 김규식이다"라고 했을 정도로 그는 실력과 현실 인식, 앞날에 대한 경륜 면에서 탁월했다.

그가 이승만에게 건넸다는 이야기가 있다. "좌우 합작은 독립을 위한 제1단계요. 이 단계를 밟지 않으면 둘째 단계인 독립을 얻을 수 없다 할 때 내가 희생하겠소. 형님이 나를 나무 위에 올려놓고 흔들어 댈 것도 알고 있소. 또 떨어뜨린 후에는 나를 짓밟을 것도 알고 있소. 그러나 나는 독립 정부를 세우기 위해 나의 모든 것을 희생하겠소. 내가 희생된 다음에 형님이 올라서시오"라고 했다는 것이다.

남북 협상차 3·8선을 넘으며 한 이야기도 회자된다. "남북 회담이 성공하리라고 너무 믿어서는 안 된다. 북한 쪽에서 도저히 용납할 수 없는 조건을 내놓기가 쉽다. 그러므로 북행하는 사람들은 희생을 각오하고 가야 한다"라고 했다. 이미 주변 강국들의 속내를 간파하고 북쪽의 음모도 헤아리고 있었으니, 그의 통찰과 혜안이 오늘에도 그리워지는 것이다.

좌우 양 진영에서 매도되거나 비난받기 일쑤였지만, 끝내 '자주 독립'과 하나 됨을 위해 테러 위협을 감수하면서도 민족 지도자의 길을 묵묵히 걸어갔던 우사 선생의 길이 참으로 그립다.

상해에서 평양까지

그는 본래 부산 동래 출신이다. 어머니는 일찍 세상을 떠났고 아버지는 일제의 간계를 지적한 혐의로 귀양간 처지에서 불우하고 어려운 유년 시절을 보내게 된다. 다행히 미국 선교사 언더우드의 눈에 띄게 되어 거의 죽게 된 지경에서 구출되어 보호받게 되었다.

경신학교를 거쳐 언더우드의 후원으로 미국 유학길에 올라 로어노크 칼리지, 프린스턴 대학교 대학원 등에서 공부를 하게 된다. 대학원에서 박사 과정 장학금을 제안하며 미국에 남아 있기를 권유했지만 그는 조국의 앞날이 걱정된다며 귀국했다. 이후 YMCA 간사를 지냈는데, 이때 그의 특출한 영어 실력에 총독부가 동경 유학과 교수직을 제의하기도 했지만 일언지하에 거부했다는 일화도 있다.

1913년 중국으로 망명하여 다양한 독립운동에 발을 들여놓고, 임시 정부 국무위원을 맡는가 하면 모스크바에서 열렸던 극동 피압박자 민족대회에 한국 대표 의장 자격으로 참석, 미·영·불을 강도 높게 비판하기도 했다.

북양대학교 영문학 교수로 초빙되어 생계를 이어가며 김원봉의 남경 중앙정치학원에서 가르치기도 하고, 중·한 민중 대동맹, 대일 전선 통일 연맹, 한국 광복 동지회 등을 결성하는 등 눈코 뜰 새 없이 독립운동에 매진했다.

민족 혁명당 대표가 되어 임시정부 부주석이 되었고 마침내 1945년 12월 그립던 고국 땅에 임시정부 귀국단의 일원으로 돌아오게 되었다. 미 군정하 입법 의원 당시 우사는 친일파 청산과 토지 개혁에 관심을 쏟았다. 그의 친일파 청산은 극우파의 경제적 기반, 토지 개혁은 극좌파의 정치적 기반을 흔드는 묘수라고 평가되기도 한다. 특히 그는 친일 반민족 행위자야말로 자주적 통일 민족 국가 수립을 반대하는 세력이라고 생각했고 극우파는 물론 미 군정까지 이들 법안에 부정적이었지만, 김규식은 결코 타협할 줄을 몰랐다.

1946년 5월 미소 공동위원회의 결렬로 남북 분단의 위기가 고조되자 우사는 여운형과 함께 좌우 합작 운동을 펼치게 된다. 미국은 원래 김규식을 해방 이후 통일 한반도의 가장 적합한 지도자로 지목했음직하고 초기에는 그의 노선을 지원하는 듯했으나 한반도 문제 해법에 대한 미소 간의 대립과 갈등이 노골화되면서 결국 이승만과 한민당 연합 쪽으로 선회하게 되었으니 이것도 민족의 운명이 꼬여가는 불행한 흐름이 되고 말았다.

이후 그는 중도파를 결속하여 민족 자주 연맹 총재가 되고 남한 단독 총선거에 반대하며 김구와 더불어 '남북 연석회의'에 참석차 북행을 결심한다. 38선을 넘으면서 그는 "이제 이 말뚝을 뽑아 버려야겠소"라고 일갈했다고 하니 민족 분단을 우려하고 필사의 각오로 남·북 협상을 성공하려는 굳은 의지를 가지고 있었다고 할 수 있다.

분단의 슬픔

그러나 무심한 정세는 그의 뜻대로 움직여지지 않았다. "남북 정치 지도자 간 통일 정부 수립 방안을 논의하자"고 시작했지만 '북한만의 단독 정부 수립 반대' 의사를 김일성은 끝내 들어주지 않았고, 김구의 담판마저 거부한 채 대표자 연석회의를 통해 북측의 계획대로 모든 것이 진행될 뿐이었다. 성과 없이 남북 협상은 끝나버렸고 김규식이 그토록 염원했던 마지막 기대가 수포로 돌아가 버리고 말았다.

김구는 극우 테러리스트에게 암살당했고 우사는 6·25전쟁 중에 북으로 피납되는 불상사가 벌어졌다. 그해 12월 10일 자강도 만포에 있던 한 병원에서 천식과 뇌출혈, 동상 등으로 허망하게 병사하고 말았다 하니 우국지사의 마지막이 너무도 애처롭기 짝이 없다.

"지난 세월 나는 미국의 장단에 맞춰 춤을 추었지만 지금부터는 조선의 장단에 맞춰 춤을 추겠다"라고 했고 1945년 11월 광복 후 돌아와 한 연설에서는 "독립을 이룩하기 위해 한 손으로는 하나님을 붙들고 다른 한 손으로는 내 민중을 붙들자" 했으나 분단에 막혀 버린 그의 염원과 의지가 너무 슬프다.

몽양 여운형

몽양 여운형은 해방 전후 한국 현대사에서 빠질 수 없는 독립운동가이자 민족주의자 혁명가였다. 우익 진영에서는 공산주의자로 폄하되기도 하고 좌익들에게는 기회주의자로 매도되기도 했지만 한결같은 애국심과 미소 양국의 한반도 분할이라는 의도에 정면으로 도전하고 좌우 통합과 민족 통합 전선에 선봉이 되었던 특별한 인물이었다고 평가받을 만하다. 일제 치하 그 험난한 시절에도 결코 일제에 부역하지 않고 오히려 일본인들을 이용할 줄 아는 처세가 특출했다고 증언하는 사람들도 있다.

국내에서 독립운동을 하는 일이 거의 불가능했던 시절에도 그는 조용히 지하 조직들을 결성하며 광복 이후를 준비하는 치밀함을 보였고 이것이 기초가 되어 후일 건국 동맹, 건국 준비 위원회로 결실을 맺기도 했다. 그에 대한 강원용 목사의 평가는 재미있다.

"비록 몽양의 노선은 내가 따를 수 없는 다른 길이었지만 인간적으로는 그를 무척이나 좋아했다. 우선 그는 로맨틱한 사람이었고 한 인물을 평가하는 기준이 되는 '신언서판'에서 모두 뛰어난 남자였다"라는 그의 말을 생각한다면, 왜 몽양이 그 당시 조선 민중에게 인기가 있었고 그만큼 영향력이 큰 인사를 해방 전후 공간에서 찾아보기 힘들었는지 수긍이 간다.

뛰어난 연설가 몽양

그의 뛰어난 언변은 모두에게 익히 알려진 바다. 한일 병탄 무렵, 이를 비판하는 연설에서 일진회 소속 군수를 울게 만들었다는 일화뿐 아니라 해방 직후 처음으로 맞는 어린이날에 했던 연설은 유명하며, 외국 대표들이 어린이들에게서 꽃다발을 받고 관례적으로 인사했으나, 몽양은 화동을 번쩍 안아 들고 청중들 앞으로 걸어 나갔고 청중들은 이를 열렬히 환호하며 남산이 울릴 정도로 뜨거운 반응이었다는 전설적인 이야기도 전해온다. 그를 만나는 이들마다 그의 논리적 설득에 탄복했고 그가 뛰어난 언변가요 외교가가 될 수 있었던 이유도 거기에 있었다고 본다.

그는 YMCA를 중심으로 체육 활동에도 선구적 노력을 아끼지 않았고 경성 축구단을 결성하는 등, '체육계의 아버지'라 일컬을 정도가 되었다. 〈조선 중앙일보〉 사장으로 일하던 당시 '손기정 일장기 말소' 사건의 장본인이기도 했다.

좌우 합작의 꿈

그가 특별히 돋보였던 것은 해방 전후의 정국에서였다고 보여진다. 재빠르게 건국 준비 위원회, 즉 건준을 결성하고 한반도 내에서의 권력 공백기에 치안을 유지하고 정부 수립을 위한 준비에 박차를 가하기도 했다. 하지만 상해에서 돌아온 임시 정부나 건준 모두를 미군정이 인정하지 않음으로 혼란은 극에 달하였다. 그럼에도 미군정 관리였던 리처드 로빈슨은 몽양에 대해 이런 평가를 했다.

"그는 권력을 추구하지 않고 국민을 최우선으로 생각했다. 그가 공산주의자라는 생각은 틀린 생각이다. 그는 최대한 공산주의를 이용했을 뿐이며, 그는 민중 정치 기구를 도왔지만 결코 공산주의자가 아니라고 확신한다. 그는 공산주의 이론을 신봉하지 않았고, 소련 편이 아니었다. 그는 언제나 한국 편이었다"라는 평에서 보듯 그는 오직 조선인의 입장에서 좌우 통합을 이끌어 내려는 보기 드문 지사 중 한 명이었음이 분명하다. 이후 김규식, 안재홍과 더불어 중간파의 입지를 넓혀 가려는 노력을 했지만 좌·우 양편에서 모진 공격을 당해야 했고 오히려 입지는 좁아 들었다.

제1차 미소 공위가 결렬된 후 몽양의 생각은 분명해졌다. 격화된 양극단의 대립 상황에서 통일이 이루어질 수 없을 것이 명백하다고 판단, 양극단을 제외한 좌우익을 총망라, 통일 민주 정부 수립을 위한 기초를 닦아야 한다는 생각에 이르게 되어 좌우 합작 운동을 벌여 나가게 되었다.

1946년 6월 14일 2차 4자 회합에서 ① 대내 문제: 부르조아 민주 공화국을 수립한다. ② 대외 문제: 선린우호 정책을 수립한다. ③ 참가 대상: 좌우 막론하고 진정한 애국자 또는 혁명가는 이를 제외하지 않는다는 합의에 이르게 되었다.

그 후에도 좌우 합작 7원칙 발표 등 활발한 움직임이 계속되었으나 결국 남한 단독 정부 수립을 위한 5·10 총선거가 시행되고 남북 협상마저 결과물을 얻지 못하게 되니 좌우 합작 운동도 그 명을 다하게 되었다.

흉탄에 쓰러지다

1947년 7월 19일 몽양은 계동 자택으로 돌아오던 중 혜화동 로터리에서 극우 테러리스트의 흉탄에 허망하게도 서거하고 만다. 이미 열두 차례나 피습, 납치를 당했고 급기야 그의 자택이 폭파되는 위기 속에서도 살아남았던 몽양은 그렇게 숨지고 말았다. 몽양의 정적들이 오래도록 그를 증오했던 것이 사실이고 냉전 초기 그 실험장이었던 한반도에서 중간파가 설 자리가 현실적으로 없었다는 점을 생각해 보면 이 비극이 어쩔 수 없는 귀결이라는 측면도 있지만, 탁월한 지도자를 비극적으로 잃었다는 아쉬움이 두고두고 남을 것이다. "혁명가는 침상에서 돌아가는 법이 없다. 나도 서울 한복판에서 죽을 것이다"라는 그의 말이 그대로 맞아 떨어진 얄궂은 운명이 되고 말았다.

1919년 11월 일본 동경제국 호텔에서 했다는 그의 연설 내용도 있다. "조선의 독립운동은 세계의 대세요 신의 뜻이요, 한민족의 각성이다. 우리가 건설하려는 나라는 인민이 주인이 되어 인민이 다스리는 민주 공화국이다"라는 이야기는 그가 꿈꾸던 이상 국가, 조선의 미래를 여실히 보여 주었다고 할 것이다. 일제에 가장 강하게 저항했지만 일제가 오히려 가장 정중하게 대했던 인물이 몽양이었다는 도올 김용옥의 평가대로 참 아이러니하면서도, 어쩌면 그의 고견과 지식, 인물 됨됨이에 식민 지배 본가에서도 함부로 할 수 없는 걸출한 지도자가 바로 그였음이 증명된 게 아닌가 하는 생각이 든다.

만약 좌우 합작이 성공을 거두었다면 어찌 되었을까? 많은 이들이 당시 정세 환경으로 봤을 때 불가능한 추정이라고 일축할 수도 있겠으나 나는 그 결실을 맺지 못하고 쓰러져 간 지도자들이 못내 아쉽다. 거의 실용주의 노선의 모델이라고까지 여겨지는 몽양의 주장과 행적이 민족의 운명과 관련 다시금 우리의 시선을 그에게 집중하게 하는 이유는 무엇일까?

여전히 우리 앞에 놓인 민족 문제, 민족 통합과 번영의 활로를 열어갈 경륜과 신념을 몽양에게서 배워야 하기 때문이다. 거의 적대 수준으로까지 갈등이 최고조에 달한 오늘의 남북 환경에서 그의 좌우 합작 노선이나 민족 연합의 꿈이 여전히 우리에게는 지혜가 될 수 있기 때문이다. 다시 우사 김규식이나 몽양 여운형을 떠올리는 이유이기도 하다.

늦봄 문익환

 늦봄 문익환 목사는 시인이요 성서학자이며 목회자요 통일운동가이다. 그는 친구 장준하의 죽음 이후 장준하가 못다 이룬 통일의 꿈을 완성하기 위해 민족 제단에 자신을 바친 예언자이기도 하다. 유신 독재의 서슬 퍼런 탄압과 감시가 일상이 되어버린 암흑기에 3·1민주구국선언을 기초하여 윤보선, 함석헌, 김대중 등을 설득하여 이른바 3·1명동성당 사건의 중심에 서게 되었다. 이우정 교수가 명동성당 미사에서 낭독한 민주구국선언을 빌미로 체포되어 18명이 재판을 받고 투옥되게 된다.
 김근태가 회고한 대로 그는 조직가가 아니요 시인이었지만 오히려 그 시대는 그런 인물을 필요로 하는 시대였고 당연히 그런 이들이 리더가 되어야 하는 시대였다. 문익환은 6차례 수감생활을 하는 동안 어느새 재야의 중심에 서 있었고 민족통일운동의 선봉에 있게 되었다.

북간도

일제하 북간도 출생의 윤동주, 문익환은 그의 친구였다. 간도 대통령이라 불리던 김약연 목사의 지도 아래 이들은 자랐고 간도의 은진중학, 평양 숭실중학을 거쳐 윤동주는 연희전문을 졸업하고 일본 유학길에 올랐고 문익환도 일본 유학을 통해 성서비평을 공부하게 되었다.

그러나 친구 윤동주가 뜻하지 않게 일경에 체포, 투옥된 후 감옥에서 죽게 된 사건은 문익환에게 충격이었다. 훗날 그는 윤동주를 그리며 '동주야'라는 시에서 "너는 스물아홉의 나이에 영원이 되고 나는 어느새 일흔 고개에 올라섰고나"라고 술회하기도 했다. 이들에게 또 다른 친구가 있다. 평양 숭실중학에서 잠시 함께했던 장준하였다. 이들 세 친구는 한국 현대사에서 빼놓을 수 없는 특별한 족적을 남긴 인물들이 되었다.

간도의 자연과 바람, 독립운동의 모기지로서의 숨결 등이 문익환에게 지울 수 없는 낙인처럼 그의 가슴속에 새겨졌으리라 생각해 본다. 친구 윤동주는 하늘의 영원한 별이 되었고 또한 친구 장준하는 광복군을 거쳐, 해방 후 〈사상계〉를 중심으로 민주, 민족, 통일운동의 물꼬를 튼 재야 대통령으로 한 시대를 풍미하게 된다.

장준하의 꿈

유신 치하에서 독재자에게 눈엣가시처럼 여겨지던 장준하는 포천 약사봉 골짜기에서 의문의 주검으로 발견되었다. 이즈음 신·구교 공동 번역 성경 작업에 한창이던 문익환은 일생일대의 생의 전환기를 맞는다.

필시 독재정권의 배후를 의심하면서 친구의 장례를 치른 문익환은 민주, 민족통일운동의 최전선에 나서게 된다. 친구 장준하의 뒤를 잇겠다는 결연한 의지 표명이었다. 그리고 그의 통일운동의 클라이맥스는 1989년 3월 27일 돌연 방북하여 김일성 주석과 만나 포옹하는 장면이었다. 세계도 놀라고 남한도 경악했던 이 세기적 방북 사건은 마침내 민간 통일운동에 불을 당기는 계기가 되었고 신호탄이 되었다.

휴전선을 넘어 남쪽에 돌아왔을 때 그는 곧바로 체포되어 국보법 위반으로 기나긴 감옥 생활에 처해지게 되었다. 그는 방북 중 김일성을 만나 합의서를 체결하게 되었고 이는 이후 6·15 남북공동선언에 거의 그대로 반영되었다고 한다.

수감 중 문 목사는 그가 쓴 편지에서 북한 체제가 사회주의의 이상과 거리가 있으며 남한 체제 역시 문제가 있다는 입장을 밝히고, 따라서 북한은 평등을 자유에 이르기까지 추구하고, 남한은 자유를 평등에 이르기까지 추구함으로써 자유와 평등 모두가 온전히 실현된 진정한 민주주의를 실현하도록 해야 한다는 게 자신의 통일관이라고 밝히기도 했다. "민주화를 가로막는 장벽, 그게 바로 분단이었습니다. 분단이 독재의 명분이 되어왔기 때문입니다. 민주화 운동과 통일 운동이 하나의 운동일 수밖에 없는 것은 이 때문입니다"라고 말한 대목에서는 왜 그가 '빨갱이 목사'란 오해를 받으면서까지 평양행을 결행했는지를 잘 보여준다고 할 수 있다.

늦봄의 꿈

"전태열 열사여! 김상진 열사여! 김의기 열사여! … 이한열 열사여!" 이한열의 추모 집회에서 늦봄 문익환 목사의 울부짖음에 온통 광장은 눈물바다가 되었고, 노예언자의 절규는 이 땅의 민주화와 통일에의 비통한 염원을 심장에서 심장으로 전하는 전율이 되었다.

민주화와 통일 운동에 나선 그의 양심과 진정성이 삼천리를 흐느끼게 만든 명연설이었다. 감옥을 제 집 드나들 듯했던 늦봄의 건강은 더 이상 지탱할 수 없는 지경이 되었고 1994년 1월 결국 소천했다. 그의 시 '꿈을 비는 마음'을 온 민중들에게 전하면서 말이다.

"벗들이여!
이런 꿈은 어떻겠소?
155마일 휴전선을
해 뜨는 동해 바다 쪽으로 거슬러 오르다가 오르다가
푸른 바다가 굽어 보이는 산정에 다달아
국군의 피로 뒤범벅이 되었던 북녘땅 한 삽,
공산군의 살이 썩은 남녘땅 한 삽씩 떠서
합장을 지내는 꿈, …비나이다 비나이다
천지신명님 비나이다
밝고 싱싱한 꿈 한자리
평화롭고 자유로운 꿈 한자리
부디부디 점지해 주사이다"

늦봄은 그렇게 우리 곁에서 갔다. 그러나 그의 친구 윤동주와 장준하가 그렇듯 그는 아주 가지 않았다. 여전히 오늘 민주, 민족, 통일 산맥에 살아 숨 쉬는 바람으로 일렁대고 있다. 북간도 용정의 따스한 봄볕을 머금고 아버지 문재린 목사와 어머니 김신묵 슬하에서 자랐던 그는 명동학교, 은진중학, 일본 신학교와 미국 프린스턴 대학에서 신학을 공부했고 한국신학대학의 구약 교수가 되었으며 재야 민중 운동의 대부가 되어 민주화와 통일 운동에 온몸을 던졌다. 늦봄 문익환 목사는 암흑과 공포의 시대, 용기와 도전의 예언자였다.

간도의 스승 김약연 목사

중국 연길 여행 중 명동촌에 들렀다. 이곳 용정 명동촌은 일제 강점기 함경도에서 이주해 온 조선 이주민들을 중심으로 북간도 개척에 의해 생겨난 기독교 공동체 마을이다. 그 중심에는 독립운동가 김약연 목사가 있었고, 그를 통해 명동학교에서 배출된 수많은 제자들이 북간도 독립운동의 주역이 되었다. 그 당시 간도에서 가장 존경받는 영웅이요, 스승이었던 김약연을 빼놓고서는 동북만주 일대의 항일운동을 논할 수가 없을 정도이다.

북간도

1868년 함경도 회령 태생인 김약연 목사는 여타 다른 네 가문 120명과 함께 북간도에 이주하여 명동촌을 조성하고 명동서숙, 명동학교를 설립했다. 상동교회 청년회에서 민족주의자들에게 영향받은 정재면이 용정에서 활동하던 중 교사로 초빙되었고 그는 "학생들과 마을 사람들에게 성경을 가르치고 예배를 드릴 수 있어야 한다"는 조건으로 교사 초빙을 수락했다고 한다.

정재면에게서 민족 구원의 기독교를 주목하고 희망을 찾은 김약연을 통해 명동촌은 교육과 기독교, 독립운동의 온상이 되어갔다. 원래 기독교인이 아니었던 김약연은 정재면의 설득에 기독교인이 되었고 훗날 장로가 되고 목사가 되었다.

그는 만세운동을 조직하고 1919년 3월 13일, 용정 교회들의 종소리를 신호로 3만여 명이 만세 시위에 동참했으니, 이 일로 인해 일경에 체포되어 2년간 옥고를 치르기에 이르렀다. 일제 토벌대는 명동학교를 불태웠고 폐쇄했다. 그러나 여기에 굴복하지 않고 김약연 목사를 필두로 북간도의 민족교육 운동은 더 가열차게 전개되어 나갔다고 한다. 명동촌은 용정의 일송정, 해란강과 더불어 민족 독립운동의 기운이 여전히 맥박치고 있는 곳이다.

명동학교

시인 윤동주, 독립운동가 송몽규, 통일운동의 선구자 문익환, 아리랑의 춘사 라운규 등이 이 학교 출신이며 1920년 군자금 마련을 위해 조선은행의 15만 환을 탈취한 사건, 1930년 간도 폭동 등을 주도한 인물들이 명동학교 출신이며 봉오동 전투와 청산리 전투에도 이 학교 출신들이 대거 참여하였다고 한다. 가히 김약연과 그의 영향을 받은 젊은이들이 북간도에서 어떠한 꿈을 꾸고 조국 독립 투쟁에 선봉이 되었는지를 명동학교의 역사는 잘 말해주고 있다.

간도의 대통령

그의 사상과 신앙은 행동으로 솔선수범하며 실천되었다. 그는 1천 평 되는 밭농사를 손수 짓고 농군들과 함께 밤을 새워 타작을 했다. 장공 김재준 목사는 "김약연이 제자를 가르치는 모습은 마치 공자가 제자들에게 도를 행하는 것과 흡사했다"라고 했다. 독립투쟁의 군자금을 모금하는 일에도 앞장섰고, 이 일로 중국 당국에 체포되어 감옥에 연금되는 일도 있었으며, 봉오동 전투와 청산리 대첩에서 패배한 일본군은 이른바 '경신년 대토벌'을 통해 북간도의 조선인 마을을 불태우고 조선인을 학살하는 일이 벌어졌다. 그러나 김약연은 이에 굴복하지 아니하고 폐허 위에 임시 교사를 세우고 민족교육을 계속해 갔다.

1932년 용정으로 이주하여 은진중학에서 가르쳤으며 은진중학교와 명신여학교의 이사장으로 활동하기도 했다. 은진중학에서 그의 가르침을 받은 이들이 강원용, 안병무, 문동환 등이고 교목으로 있었던 이가 김재준 목사이다. 평양 숭실중학에서 문익환과 함께 공부했던 장준하에게까지 김약연의 영향은 흘러갔을 것이라고 상상해 본다면 그가 왜 간도의 대통령으로 불렸는지 이해가 간다.

그는 독립투쟁의 스승이었으며, 삶과 신앙을 일치시키는 목사였으며 북간도 명동촌 조선인 공동체의 지도자로 생을 불태웠다. 그는 마지막 유언으로 "나의 행동이 나의 유언이다"란 비장한 한 마디를 남겼다고 한다. 암울했던 일제 강점기 북간도의 별이었던 김약연 선생, 김약연 목사는 선구자였다.

"일송정 푸른 솔은 늙어 늙어 갔어도 한 줄기 해란강은 천 년

두고 흐른다. 지난날 강가에서 말 달리던 선구자 지금은 어느 곳에 거친 꿈이 깊었나"는 그를 두고 만든 노래가 아닐까 생각해 본다. 이 노래의 시를 쓴 시인이 일제의 만주국을 칭송했던 친일 행각이 문제되어 논란거리가 되기도 했지만 '선구자'는 여전히 우리의 가슴에 뭉클하게 다가오고 이 노래를 통해 김약연 목사의 초상을 그리게 된다. 명동교회 터와 윤동주 생가, 용두레 우물, 대성중학에 이르는 연길 용정 순례는 우국지사들의 숨결을 느끼는 가슴 먹먹한 여정이다.

7. 칼릴 지브란과 함께 생각하기

기쁨과 슬픔에 대하여
자유에 대하여
자아를 아는 것에 대하여
우정에 대하여
아름다움에 대하여

기쁨과 슬픔에 대하여

 인생 순간순간마다 기쁨이 찾아온다. 물론 일생에 기뻐한 순간이 한 번도 없었다고 절망적인 선언을 하는 우울한 사람들도 분명 있을 것이다. 그러나 기쁨이 있기에 삶은 살 만하고 풍성해질 수 있다. 기쁨은 사람을 변화시킬 수도 있다. 기쁨과 만족의 감정은 자신감을 북돋우고, 다음 순간에 대한 용기를 일으켜 준다.
 그러나 그 기쁨은 가벼운 것일 수 없다. 잠깐 동안 육체를 즐겁게 해 주는 쾌락적 요소들로부터 스포츠나 코미디, 예능에 이르기까지 가볍게 스쳐 지나가는 기쁨이 있을 수 있지만, 자신의 이성이 수긍하고 만족하거나, 깊은 영혼까지 울림을 주는 기쁨이 아니라면 진정한 기쁨이 될 수 없다. 나는 기쁜 날들에 대해 감사한다. 내 인생에 찾아왔던 행복감, 기쁨, 만족 모두가 고맙다.

바람결에도

 스쳐 가는 바람결에도 기뻐할 수 있다. 공기가 상쾌하고, 나를 에워싼 대자연이 내 품 안에 들어오는 듯 포만감을 느낀다. 그 바람이 나뭇가지를 흔들리게 할 때도 기뻐한다. 보이지 않는 바람이 무슨 힘이 있어 이 모두를 춤추게 하는 걸까? 신비한 동력이 작용하고 있다는 것이다. 이 원시적 바람은 내 사랑하는 사람들에게도 불어서 저들을 서늘하게 하고 우주의 태고적 신비를 느끼게 하며, 사랑을 느끼게 하겠지.

풀과 숲과 강물 모두가 친구요 나의 기쁨이다. 때로는 저들이 서러움을 더욱 북받치게 하지만, 본래는 기쁨을 선사한다. 자연에 압도되어 내 가슴은 일렁이고 큰 기쁨이 폭발한다. 월든 숲의 소로가 되기도 하고 자연에 경외감을 품는 워즈워스가 되기도 한다. 시인 워즈워스가 어린 시절 보았던 무지개에 대한 설렘과 경이로움이 나이 들어갈 즈음에도 자신에게는 경탄스러움 그 자체라고 노래했듯이, 자연은 언제나 국면 전환의 새로운 기쁨으로 우리 앞에 서 있다.

기나긴 강 물줄기를 바라보거나 웅혼한 폭포 앞에 설 때도 기쁨은 빈약한 내 앞에 달려온다. 나이아가라 폭포를 처음 찾았을 때의 그 놀라움과 기쁨은 말로 다 할 수 없다. 이미 몇 킬로미터 전부터 느껴지는 자연의 굉음은 나를 신비한 세계로 끌고 가기에 충분했다. 하얀 물보라와 거대한 폭포의 쏟아짐을 통해 정신마저 정화되었다. 영혼마저 우주적 설렘에 빨려 들어갔다. 황홀과 환상의 세계에서 나는 벅차오르는 감동을 주체할 수 없었다. 이 거대한 신의 정원에서 인간들이란 한바탕 놀이를 즐기는 한 점 피조물에 불과하다는 느낌에서 한동안 빠져나올 수 없었다.

인간, 그리고 신 앞에서

사람들로 인한 기쁨은 더 깊은 곳에 있다. 만남이 기대되고 함께 있는 것만으로도 기쁨이 떠날 줄 모른다. 물론 사람들로 인한 갈등이나 불편함이 더 많을지도 모르지만, 만나면 기쁘고 행복이 한동안 계속 더해 가는 이들이 옆에 있다는 사실이 감사하다. 그들의 인격에 취하기도 하고, 몸에 밴 품위와 향기가 기쁨을 줄 때가 많다. 그래서 그리움이 생기나 보다. 다른 어떤 것보다 사람에게 우리는 그리움을 품지 않는가?

독서나 영화를 통해서도 감동을 받고 기쁨을 얻는다. 어쩌면 자기 생의 비워야 할 부분들이 분명 있는데 그것들이 카타르시스의 출구를 열어 주는지도 모른다. 깨달음은 가장 깊은 기쁨을 제공한다. 머리를 스치는 새로운 각성과 깨어남은 그 어떤 것과도 비교할 수 없는 즐거움이요 기쁨이다. 진리를 만나는 희열과 감격은 마치 숨이 멎는 듯한 충격과 기쁨이다. 진리의 빛을 순간 쏘이고, 진정 '주님'을 만나는 신앙적 깨어남은 신비한 기쁨이다.

슬픔도 있다

슬픔도 기쁨만큼이나 깊다. 참으로 오묘한 것은 기쁨과 슬픔이 함께 있는 것이다. 그리고 균형까지 맞추고 있다는 것이다. 물론 슬픔의 시간이 더 많고 그로 인한 고통이 오히려 인생에서 지배력을 행사하고 있다고 느끼는 이들이 많을 것이다.

슬픈 일이 더 많을 수 있다. 그 슬픔과 불행감은 상실에서 오는 것 같다. 순간적으로 잃어버렸다는 생각이 자신에게 상처가 된다.

조금 전까지도 나와 함께 했는데, 아니 원래 내 것이었는데, 그래 내 눈앞에 분명 있었는데 갑자기 사라지거나 영영 잃어버리게 될 때 감정이 다치고 슬픔에 빠져들게 된다. 비통함은 인생의 어두움이다. 어둠 속으로 추락하는 슬픔이다. 그 대상으로부터 만족이나 큰 기쁨이 있었는데 잃어버리는 마음의 고통이 오래 간다.

슬픔은 또한 채워지지 않음에서 오는 고독과 슬픔이다. 자기가 원하는 수준에 채 오르지 못하거나 그 분량을 채우지 못할 때 슬픔에 빠진다. 자신의 미성숙이 부끄러워지고 자괴감에까지 빠지게 될 때가 있다. 그리고 더군다나 진리에 이르지 못하고 그 언저리에서 겉돌거나 허공을 치는 고백에 머물러 있게 될 때 한없는 슬픔을 당하게 된다. 죽음을 생각하면 당당함보다 슬픈 감정이 우선한다. 자신의 종말 앞에 여유 있는 이가 얼마나 되겠는가마는 영생에 대한 신앙 고백으로도 죽음 앞에서의 두려움을 쉽게 메울 수는 없다.

그러나 이런 감정들조차도 사실 부질없는 것일지도 모른다. 본래 내 것이 없었고 소유 자체가 이 우주 안에서 무상한 것 아니겠는가? 채워지지 못한 불만족이나 슬픔의 감정도 오히려 비워 가야 하는 것이 인생이라면, 미완의 인간, 미성숙한 존재 자체를 평상심으로 받아들여야 하지 않겠는가.

칼릴 지브란의 생각

레바논 태생의 20세기 예언자 칼릴 지브란, 그의 시 '예언자'에서 인생 전반에 대한 그의 생각과 예언을 만날 수 있다. "기쁨과 슬픔에 대하여"라는 주제에 그는 "그대들의 기쁨은 가면을 벗은 슬픔입니다. 그대들의 웃음이 피어오르는 우물은 때로 그대들의 슬픔으로 가득 차 있습니다. 슬픔이 그대들 안에 깊이 새겨진다면, 그대들은 그보다 더 큰 기쁨을 맛볼 것입니다"라고 속삭였다.

그리고 "그 둘은 서로 나눌 수 없습니다. 둘은 함께 찾아오니, 하나가 그대들과 함께 식탁에 앉아 있을 때 다른 하나는 그대들의 침대에 잠들어 있음을 기억하십시오"라고 덧붙였다. 기쁨과 슬픔은 함께 있고 연결되어 있음을 탁월한 시인은 통찰했다. 기쁨과 슬픔으로 나누는 것조차 부질없는 일이겠다. 그들이 함께 우리 내면의 바다에서 공생함으로 인생은 아름다워진다.

들꽃 하나가 모진 겨울을 이겨내고 봄기운에 고개를 내밀며 잔잔한 미소를 보내듯 개화할 때 바라보는 내가 기뻐하는 것은 당연하다. 그러나 어느 결엔가 그 꽃이 시들고 떨어지게 되면 낙조처럼 슬퍼진다. 이 모든 느낌이 무어란 말인가. 그렇다. 그것들을 대상으로만 바라보니 우리 안에서 각각 다른 감정으로 다만 요동치고 일렁일 뿐이라는 것이다. 그런 감정과 기분이 사실 무상하다. 어차피 인생은 한 묶음의 감정으로 사는 것이다.

자유에 대하여

자유는 성스러운 이름이다. 왜냐하면 정치적 자유를 얻기 위해 얼마나 많은 투쟁과 시민들의 피 흘림이 있었던가를 생각해 보면, 그 이름이 성스럽다는 이야기가 과장은 아니다. 자유의 깃발 아래 어둠을 뚫고 독재에 저항하며 핏빛 제단에 목숨을 던진 수많은 사람들, 이름 없는 용사들을 생각해 보자. 군인들을 비롯해서 청년 학생, 그리고 자유 시민, 부녀들까지 그들의 고귀한 희생으로 자유는 확대되고 적어도 국가라는 미명 하에 개인의 권리를 억압하고 자유를 통제했던 흑암의 시대로부터 벗어날 수 있었다. 그러나 아직도 지구상에서 정치적 자유는 미완이다. 더 나은 자유, 책임적이고 풍성한 자유를 위한 체제 변혁과 사회 진보를 위해 끝없이 달려 나아가야 한다.

희생을 치러 본 사람들은 자유가 숭고하다고 믿고 있다. 자유는 인간에게 없어서는 안 될 요소라고도 말할 수 있다. 실존주의자들은 특히나 자유를 금과 옥조처럼 여긴다. 본질을 말할 수 없는, 다만 실존일 뿐인 인간은 자유롭다는 것이다. 이 세계의 무의미에 대한 반항이 자유이고, 완성을 향해서 더 힘찬 자유의 날갯짓을 해야 한다는 것이다. 그러므로 신학적으로도 인간에게 자유 의지가 있다고 하는 것 아닌가!

이러한 자유에는 큰 책임이 따르는 것은 당연하다. 그러나 그 책임이 또 다른 족쇄가 될 필요는 없다. 자유는 정치적 자유 그 이상이다. 어떤 이유에서든 인간의 행동이나 정신을 억압하거나 부당하게 통제하려 드는 것은 자유에 대한 반역이다. 생각을 속박할 수도 없으며, 사상을 묶어 둘 수도 없다. 영혼마저 굴복시키거나 그 해방 공간을 침탈할 수 없고, 신 외에 그 어떤 것도 영혼을 빼앗을 수 없다.

자유의 날갯짓

"훨훨 날아라, 나비야. 힘찬 날갯짓을 해다오, 새들아." 자유를 갈구하는 인간들은 자유를 누리는 표상을 조류나 생명체에 빗대어 노래하기도 했다. 자유는 무한한 창의력을 발휘하게 하고 끝없는 미지의 세계를 개척하게 한다.

단적으로 문학에서 자유로운 표현들이 얼마나 많은 세계를 개척했으며, 미지의 꿈과 환상의 세계를 열어 보여 주었는지 우리는 알고 있다. 제도와 관습의 틀을 뛰어넘는 자유의 공간이 인간을 인간 되게 하고 존재의 의미를 심화시켜 간다. 인간이 꿈꾸는 세계를 있는 그대로 드러낼 수 있는 자유는 인간의 세계를 더욱 확장시켜 나갈 수 있다. 파격적인 행동이나 기존의 습관과 틀을 벗어난 자유를 사회는 두려워하고 경계한다.

그러나 기왕의 전통에서 설정한 경계선을 넘는 자유야말로 인간 사회를 더욱 풍성하게 하고 더 깊은 존재의 의미에 다가가게 할 것이다. 자연스럽게 자유로운 생각과 행동이 공동체 안에서 걸러지고 더 높은 인격과 품위로 진보해 가도록 물꼬를 터 줘야 한다. 아예 원천 봉쇄하거나 마치 전염병을 퍼뜨리는 이단아들처럼 취급하고 억압해서는 안 된다.

신앙인의 자유 또한 억압될 수 없다. 신앙인의 영적 자유를 방해할 어떤 것도 존재할 수 없다. 교리나 제도가 깊은 신앙의 심연으로 안내하는 그림자일 뿐 족쇄가 될 수 없다. 성서를 통한 깊은 묵상, 그 안에서 하나님과의 만남, 그것은 영적 자유의 날갯짓이다. 자신의 삶에 대한 성찰, 죄의 뿌리로부터 실패와 허물, 이 세계 안에서의 나의 행동, 그리고 하나님 존재에 대한 깨달음의 깊이에 이르기까지 자유로운 날갯짓, 그것이 신앙인의 자유이다.

오늘도 어쩌면 이 모든 근심에서 풀려날 수 있을까? 오늘도 어떻게 하면 세상의 편견, 다른 이들의 시선에서 해방받을 수 있을까? 어쩌면 이 미완의 존재라는 컴플렉스에서 조급함을 떨쳐 버리고 진정 자유할 수 있을까? 나만의 자유의 날갯짓을 꿈꾼다. 순간의 어색함이나 거부할 상대의 눈빛 앞에 작아지고 숨겨왔던 내 자유를 토로하고 싶다. 그것이 나를 나 되게 하고 성숙의 좁은 길을 안내하는 통로가 될 것이다. 지금까지의 내 경험과 수양, 이해력 위에 펼쳐질 나의 자유는 나라는 존재의 무게를 한층 업그레이드해 줄 것으로 확신한다.

더 깊은 자유

'예언자'의 시인 칼릴 지브란은 자유에 대해 이런 충고를 한다. "나는 성문 앞에서, 집안 난로가에서 그대들이 엎드려 자유를 비는 모습을 보았습니다. 마치 노예들이 죽음을 당할지라도 폭군 앞에서 스스로 머리를 조아리고 입이 마르도록 찬양하는 것 같더이다." 예언자 '알 무스타파라'라고 이름하는 이의 입을 통해 들려주는 이야기는 우리를 당혹스럽게 할 수 있다. 지금 우리가 추구하는 자유가 폭군 앞에서 머리를 조아리는 초보 수준의 자유, 그것이 아니라면 또 다른 족쇄를 채우는 자유일 뿐이라는 것으로 들린다.

계속해서 예언자는 들려준다. "정녕 그대들이 자유라고 부르는 것은 그 많은 사슬 중에서도 가장 강력한 것입니다. 설령 그 고리가 햇빛에 반짝반짝 빛나 그대들의 눈을 홀린다 하여도"라고 하는 이야기는 오늘 우리가 추구하는 자유도 족쇄에서 풀려날 때 더 큰 자유의 족쇄가 될 수 있다는 것을 경계하고 있다고 보여진다.

칼릴 지브란이 꿈꾸는 자유는 이런 자유와 또 다른 사슬의 고리를 끊어 버리고 범인들이 상상할 수 없을 정도의 우주적 자유가 아닐까? 자유에 대한 책임이라 함은 사회와 인습이 자신에게 지워준 규율이라고 할진대, 그 책임은 자기 자신 존재를 떠받치고 있는 인격적인 자아에게 지는 책임일 것이라고 생각해 본다. 자유여, 꺾이지 않는 날개여, 지금부터 영원까지 이 땅에서부터 천상까지 날갯짓하게 해다오.

자아를 아는 것에 대하여

파고 파고 또 파도 자신을 아는 것에는 자신이 없다. '나란 누구인가'에서부터 '무엇을 하고 있나, 무엇을 해야 하는 존재인가'에 이르기까지 탐구해야 할 영역이 넓다. '욕망과 본능의 존재다'라고 했을 때 너무 비루한 느낌이 들고, 또한 그 이상의 차원이 인간에게는 많이 있다고 할 수 있다. 인간은 생각도 하며 이성적 인식과 그로 인한 조절 능력도 갖추고 있다. 꿈과 환상, 나아가 신과의 교감까지 가능한 인간이 아닌가?

자아에 대한 성찰은 누구에게나 요구되고 마땅한 요구이기도 하다. 소크라테스의 말을 빌리지 않더라도 자신을 알아야 온전히 땅에 존재할 수도 있고 그럴 만한 가치 있는 인간이 된다.

주제 파악

맥락 없는 말을 계속 이어가거나 자기 자신의 위치나 역할 따위에서 현저하게 벗어난 언행에 붙들려 있을 때 주제 파악을 할 줄 모르는 사람으로 비난거리가 된다. 자아에 대한 인식, 타인에 대한 예의, 타이밍에 대한 감각의 결여 등이 얽혀 있다. 나서야 할 자리인지 아닌지에 대한 분별도 없다. 분수를 이야기하는 것은 인간의 발전 의욕을 제한하는 비방 수단도 되지만 '높은 데 처하지 않고' 겸허하게 자신의 수준을 인정하는 덕성일 수 있다. 너무 나대는 사람들 때문에 사회가 혼탁해지고 인간관계가 흐트러지게 된다. 다 된 줄로 생각하는 사람들은 항상 넘어질까 조심해야 한다.

성서에 나오는 부자 청년이 예수 앞에 나왔을 때 그는 어쩌면 율법 실천의 공로를 인정받고 싶었는지 모른다. 영생에 대한 질문을 빌미로 해서 말이다. "계명을 다 지켰느냐?" 했을 때 자신 있게 "다 지켰습니다"라고 답하자 예수는 곧바로 정곡을 찔렀다. "네 소유를 다 팔아 가난한 자들을 구제하고 나를 따르라." 완전히 허를 찔린 청년은 근심하여 돌아갔다고 성서는 보도한다. 아직 주제 파악이 덜 된 인간의 호기가 얼마나 어리석고 보잘것없는지를 잘 보여 준다.

성서에는 이런 경고도 있다. "사람에게 보이려고 그들 앞에서 너희 의를 행하지 않도록 주의하라"(마 6:1). 이 경고는 자아 파악의 실패에 대한 엄중한 경고다. 자신을 외향적인 성공으로 끌어올려 모든 사람에게 추앙받고 들림을 받는 것이 최고의 자아상이라고 착각하는 자들에 대해 일침을 가하는 것이다.

자아를 똑바로 성찰하고 파악하는 것은 이런 외식 행위로는 불가능하고, 오히려 자신을 낮추고 영혼 깊은 곳까지 침잠시켜 내적 충일함의 충만한 데까지 나아가는 것으로 기뻐하는 자아 파악에 있다.

주체적 자아

그래서 진실한 자아는 부화뇌동하거나 아부하는 것을 능사로 여기거나 군중들의 흐름에 생각 없이 따라가는 소극적 자아가 아니다. 자기 소견을 분명히 하고 주관적 의지가 뚜렷한 주체적 자아이다. 이 주체적 자아야말로 역사 변혁의 동력이 될 수 있으며 공동체의 발전과 진보에 기여할 수 있는 인자가 된다. 주체적 자아는 고집, 독선과는 구별된다. 타협할 수도 있고 상대의 의견에 흔쾌히 동의할 수도 있는 유연함은 큰 무기가 된다. 주체적 자아는 즉흥적 감정이나 생각이 아니다. 오랜 세월 연마되고 정립된 일관성 있는 의식의 흐름이요 자기 표현이다. 주체적 자아가 없다면 굴종이 편리한 덕이 되고 영원히 노예가 될 수밖에 없다.

왜 친일 역사 왜곡이 여전히 우리 사회를 오염시키고 반역사적 퇴행을 부추기고 있는가? 이른바 '동아시아 근대화론'에 감염된 일제 추종자들의 후예들이 대부분이다. 그들의 조상들이 식민지 근대화 이론을 자신들의 비굴함과 치부를 덮기 위해 활용했던 것처럼 그들도 자신들의 불명예스러움을 호도하기 위해 그들과 그들의 선조들의 친일 행각을 정당화하려는 만용을 부리고 있는 것은 아니겠는가?

이쯤 되면 자아 파괴, 자아 혐오까지 가는 것이라고 감히 말할 수 있다. 조선총독부 역사관을 신봉하고 조선사 편수회의 강단 사학에 맹존해 왔던 세력들은 독립운동가들을 폄하하고 단재 신채호의 역사학까지 능멸하는 지경에 이르렀으니 '친일'을 아직까지 청산하지 못한 우리네 처지가 애처롭기 짝이 없다.

단재는 《독사신론》에서 말했다. "역사를 쓰는 자는 반드시 그 나라의 주인 되는 한 종족을 먼저 드러내어 이것을 주제로 삼은 후에 그 정치는 어떻게 흥하고 쇠하였으며 그 산업은 어떻게 번창하고 몰락하였으며 … 이런 것들을 서술하여야 역사라고 말할 수 있다." 단재는 일제를 가리켜 '강도'라고 일컫는 것을 서슴지 않았으니 그의 자아 인식이 통쾌하기 그지없다.

세계 속의 자아

자아를 알아간다는 것은 주체적 자아 인식으로부터 당연히 세계를 향해서 인식의 폭을 넓혀가는 것이다. 세계의 드넓은 바다에서 자아의 정체성을 탐색하는 것은 큰 발전이다. 우물 안 개구리식의 자기 정체성 인식에서 보편적 인류 문화적 지평을 넘어 '신 앞에 솔직히'에 이르기까지 심층적 유영을 거쳐 얻게 될 '자아 알음'에까지 이르러야 한다. 나는 누구인가? 나의 소명은 무엇인가? 나의 가치는 어떤 것인가?

도상에 선 자아

그러나 자아에 대해 알기 위한 수많은 노력에도 불구하고, 그 길은 끝내 미완성일 뿐이다. 우리는 알아가는 도상의 인생일 뿐인 것이다. 칼릴 지브란은 '예언자'에서 이렇게 말했다. "그대들은 미지의 보물을 저울에 달려 하지 마십시오. 그대들 지식의 깊이도 지팡이나 줄로 헤아리려 하지 마십시오. 자아란 헤아릴 수 없는 드넓은 바다이기 때문입니다." 그는 '진실을 다 찾았다'고도 하지 말고 겨우 한 조각 진실을 찾았다고 말하라고 한다. '영혼의 길을 찾았다'고도 하지 말고 '내 길에서 걷고 있는 영혼을 만났다'라고 하라는 것이다. 결국 자아에 대해 깨우치는 것도 길을 걷는 무한한 도상의 여정과 같다는 의미다. 나를 결정적으로 알게 되는 것은 어쩌면 죽음 앞에서일지 모른다.

우정에 대하여

친구는 인생에서 빼놓을 수 없는 동반자이다. 친구 없는 사람은 한없이 쓸쓸하고, 친구를 둔 인생은 부요하고 풍성하다고 말할 수 있을 것이다. 물론 독불장군처럼 친구 없이도 외로움을 못 느끼고 얼마든지 만족한다고 우겨대는 사람도 있겠지만, 그렇더라도 친구 없는 세상은 얼마나 허전할까 생각해 본다. 친구와의 만남을 통해 영혼의 새로운 장이 열리기도 한다. 친구와의 교분을 통해 인격이 성장하고 사회성이 강화되기도 한다.

물론 친구란 일반적인 대인관계와는 구별되는, 더 사적이고 내밀한 공간 속에 함께하는 사람을 일컬을 것이다. 그러기에 친구란 깊은 곳에서의 만남과 서로를 보충할 수 있는 사이이기도 하다. 먼 길을 함께 떠나는 길동무처럼 서로 위로하고, 힘이 되어 주기도 하며, 인간애 너머의 동지애나 일체감을 느끼게 하는 그 사람이 친구라고 말할 수 있겠다.

'관포지교', '교칠지교'라는 말이 있다. 중국 춘추시대의 관중과 포숙아의 우정에서 비롯된 말이다. 관중은 재능이 있었으나 가난했고, 포숙아는 부유했으나 관중만큼의 재능은 없었다. 둘은 서로의 부족함을 채워 주면서 우정을 쌓았고, 관중이 어려움에 처했을 때도 친구 포숙아는 그를 탓하지 않았고 격려해 주었으며, 훗날 재상이 된 관중은 친구 포숙아를 천거하여 그의 능력과 인품을 널리 알렸다고 하는 친구들의 우정 이야기다. 그래서 '풀과 옻처럼 뗄 수 없는 끈끈한 사이'를 일컫는 말로 '교칠지교'라는 말이 나왔다고 한다.

그뿐이겠는가, 성서에 나오는 다윗과 요나단의 우정 또한 그에 못지않다고 할 수 있다. 아버지 사울이 다윗을 미워하는 것을 알면서도 끝까지 다윗을 변호하고, 그를 숨겨 주는 의리의 친구 요나단을 보게 된다. "다윗에 대한 요나단의 사랑이 그를 다시 맹세하게 하였으니 이는 자기 생명을 사랑함같이 그를 사랑함이었더라"(삼상 20:17)라고 성서는 다윗과 요나단의 친구됨과 그들의 우정에 대해 이야기해 주고 있다. 친구를 위해 목숨을 버릴 수 있는 우정이 귀하고 아름답다. 친구는 가족과는 또 다른 공간에서의 끈끈한 사귐과 사랑의 실체라고 말할 수 있을 것이다.

친구들과 함께

어려서부터 내 인생에 들어왔던 친구들, 그 이름과 얼굴들이 스쳐 지나간다. 학창 시절 만나서 아름드리 추억을 안고 있는 친구들도 있다. 목회하면서 함께한 친구들도 아직 곁에 있다. 너무 선하고 아름다운 친구들이다. 그들의 자라온 배경, 삶의 역정들을 헤아리고 이해하기에 더욱 애틋하고 정이 가는 것은 말할 것도 없다. 그뿐만 아니라 어려움을 함께 이겨내거나 고통을 서로 공유했던 친구들이 마음에 더 있다.

사안에 따라 의견이 다를 수도, 느끼는 감정이 상이할 수도 있지만 대체로 친구들은 인생관이나 세계관, 가치에 대한 인식, 시국관도 일치하거나 비슷하다. 유유상종이라 했던가, 그래서 오래도록 친구로 남고 함께 인생길을 가는 것 같다. 오랜 세월 동안 못 믿을 사람이 아니라 믿음이 가고 신뢰가 형성된 사람들이 친구로 남는다.

먼저 세상을 떠난 친구들도 있다. 나의 부족했던 점이나 잘해주지 못했던 것만 자꾸 생각난다. 부끄러운 친구가 되고 만 것은 평생 내가 짊어지고 가야 할 우정의 부채가 될 것이다. 성인이 된 이후에는 세상의 잔물결 때문에 이해관계로 우정이 흔들릴 수도 있고, 자신의 안위를 위해 친구를 부인할 수도 있을 것이다. 그렇다면 애초부터 친구가 아니었던 것이 아닐까? 물론 친구의 일시적 실수나 배반 때문에 절연하고 다시 안 보기로 작정할 수도 있겠지만, 피눈물 흘리며 용서하고 다시 친구로 돌아오는 경우도 있을 것이다. 오랜 세월 쌓아왔던 친구라는 무게가 한순간의 배반으로 그 모든 무게를 탕진해 버릴 수는 없을 것이라 생각하기에 용서와 포용이 가능한지도 모르겠다.

아무튼 친구는 친구다. 어린 시절부터 쌓여 온 잔정이 친구를 만들기도 하고, 가치관이나 이념 등으로 서로 연대하고 뜻을 같이해 친구가 되기도 하고 같은 일에 고락을 함께 하면서 친구로 굳어진 경우가 대부분일 것이다. 친구는 과거형도 아니고, 현재형으로도 만족하지 못하고 미래를 향해 계속 걸어가는 관계가 아닐까?

기왕의 우정을 깨뜨리지 않기 위한 서로의 노력도 필요하다. 함께 싸매기도 하고 먼저 양보하는 헌신이 친구 관계에 필요하다. 친구의 마음이 상하지 않을까 먼저 헤아려 보는 태도가 중요하다.

우정은 아름다워라

이쯤에서 우리의 예언자 칼릴 지브란의 생각을 따라가 보자. "친구는 그대들의 소망을 채워 주는 존재입니다. 그는 그대들이 사랑으로 씨를 뿌려 추수 감사절에 거두어들이는 들판입니다. 그는 그대들의 식탁이자 그대들의 따뜻한 집이지요. 그대들은 배고플 때 그를 찾고, 그에게서 평화를 얻기 때문입니다"라고 그는 의미심장한 말을 남겼다. 그의 말처럼 친구란 소망을 채워 주는 맑은 하늘과 같다.

칼릴 지브란은 "시간을 적당히 때우기 위해" 찾아지는 사람은 친구가 될 수 없다고 한다. "친구는 그대들의 공허함을 채우는 존재가 아니라 그대들의 부족함을 채우기 위한 존재가 되어야 합니다"라고 충고한다.

아름다움에 대하여

아름다움의 느낌은 인생에 환희와 희열을 가져다준다. 아름답다고 느끼는 순간에 행복하다는 감정을 갖는다. 세상은 추하고 불쾌한 면도 많지만 아름다운 부분도 많다. 특히 자연에 대한 아름다움의 감정과 경탄은 쉽게 마주할 수 있는 것이기도 하다. 나이아가라 폭포 앞에서의 느낌은 아름다움을 뛰어넘어 경외감마저 품게 하기에 충분했다. 장가계의 진풍경이나 융프라우의 설원과 그린델발트 알프스 마을은 두고두고 자연의 아름다움을 깊이 음미하게 한다.

외모가 풍기는 멋

사람에게서 느끼는 아름다움은 다른 것들과는 비교할 수 없는 깊고 그윽한 것이기도 하다. 외모만으로 아름다움을 논하는 것은 유치한 수준이겠지만, 그 화려함이나 균형 잡힌 용모 등은 쉽게 눈길을 끌 수 있다. 나와 동시대에 청춘을 살았던 사람들에게는 엘리

자베스 테일러나 비비안 리, 잉그리드 버그만 등의 아름다운 여배우들, 그레고리 펙이나 로버트 테일러, 험프리 보가트 등의 남자 배우들에 익숙할 것이다. 그들의 외모는 가히 누구도 흉내 낼 수 없는 미인, 미남에 속한다고 할 수 있다.

그러나 세월 따라 얼굴도 변하고 외모도 변하기 마련이다. 한때 흠모했던 배우들의 아름다웠던 자태는 영원히 지속될 수 없음을 알게 되었을 테고 인간의 아름다움에 대한 인식은 단순 외모가 아닌 더 깊은 차원의 것임을 깨닫게 되었을 것이다. 그렇다. 아름다움은 그 얼굴에서 보여 주는 숱한 인생 경험이 녹여낸 인격과 세상을 대하는 자연스러운 자태와 조화에서 발견될 수 있는 것이 아닐까?

'검은 것이 아름답다'는 말도 있지 않은가. 자신의 주체성이 확고하고 내면의 아름다움을 쌓아가다 보면 아름다움의 극치에 도달할 수 있는 것이다. 땀 흘리며 지게를 지고 가는 피곤하게 그을린 촌로의 얼굴에서도 우리는 아름다움을 볼 수 있다.

어머니가 영원한 아름다움의 인간, 그 자체임을 우리는 고백하게 된다. 내가 어떤 대상에 대해 아름다움을 느꼈다면, 상대도 내게 과연 아름다움을 느낄까 하는 생각은 왜 머금지 못할까. 자신의 아름다움을 늘 의식하면서 산다는 건 쉽지 않은 일일 테지만, 아름다움과 선함에서 비껴가지 않도록 자신의 삶을 조정하고 개발해 가는 것도 인간 된 도리인 듯싶다.

성품과 인격, 역사에 대한 통찰, 자연과 인간에 대한 예의가 자연스레 몸에서 우러나오고, 그의 용모와 조화를 이루느냐에 아름다움이 있다. 평생 캘커타의 가난한 자들과 함께했던 테레사 수녀에게서 보았던 아름다움, 민주화의 제단에 아들과 딸을 바치고 아스팔트에 나와 민주주의와 인권을 울부짖던 어머니들에게서 보는 아름다움은 길이 여울져 가서 또 다른 이에게 향기가 될 것이다.

인간, 세계, 미학

인간에게는 그 무엇과도 비교할 수 없는 아름다움이 있다. 그 안에 생명이 있고 또 다른 생명을 낳기도 한다. 이 과정에서의 생명 작용은 맑고 환한 아름다움을 보여 준다. 이 아름다움은 휴머니티, 그리고 신앙적 영성이 어우러져 조용히 번져 가는 세레나데와 같다. 이 세계가 복잡하고 혼탁한 듯 보이기도 하나 정의와 사랑과 평화가 조화를 이루는 진보를 계속해 가는 것도 아름다움이다. 문화와 예술의 아름다움이 그것일 수 있다.

그중에 꽃도 있다. 아름다운 꽃송이 하나에 몇 날 동안 행복할 수 있다. 봄에 피는 목련은 겨울을 지나서이기도 하고, 아름드리 터지는 송이에 큰 아름다움을 느낀다. 순백의 빛깔도 그러려니와 계절의 위용을 살며시 드러내고 앞으로의 시간대에 대한 큰 희망을 선사한다. 세계와 자연과 인간이 어우러진 기묘한 미학은 이 세상이 다만 헛것이 아니고 푸근한 행복이 묻어나는 무대임을 알려 준다. 이 세상이 전부는 아니라 해도 발을 딛고 서 있는 지금 이곳에 아름다움은 널려 있다.

"아름다움에 대하여 말씀해 주십시오." 그러자 칼릴 지브란의 '예언자'는 대답한다. "마음을 다친 이나 몸을 상한 이가 말하기를

'아름다움은 친절하고 온화한 것, 마치 젊은 어머니처럼 자신이 누리는 영광에 얼굴을 살짝 붉히며 우리 사이를 거닐고 있다'고 할 수 있는데, 사실 우리가 이야기하는 것은 아름다움이 아니라 채우지 못한 욕구일 뿐"이라는 것이다. "아름다움은 주름진 나무껍질 안에 흐르는 수액도, 발톱에 붙은 날개도 아닙니다. 오히려 늘 꽃이 피어 있는 정원이나 늘 날고 있는 천사의 무리인 것입니다.…아름다움이란 생명, 즉 생명이 그 거룩한 얼굴에 드리운 장막을 걷어낸 모습입니다"라고 그는 갈파한다.

또 그리움

1판 1쇄 인쇄 _ 2025년 9월 20일
1판 1쇄 발행 _ 2025년 9월 25일

지은이 _ 김천영
펴낸이 _ 이형규
펴낸곳 _ 쿰란출판사

주소 _ 서울특별시 종로구 이화장길 6
편집부 _ 745-1007, 745-1301~2, 747-1212, 743-1300
영업부 _ 747-1004, FAX 745-8490
본사평생전화번호 _ 0502-756-1004
홈페이지 _ http://www.qumran.co.kr
E-mail _ qrbooks@daum.net / qrbooks@gmail.com
한글인터넷주소 _ 쿰란, 쿰란출판사
페이스북 _ www.facebook.com/qumranpeople
인스타그램 _ www.instagram.com/qrbooks
등록 _ 제1-670호(1988.2.27)
책임교열 _ 최진희·오완

© 김천영 2025 ISBN 979-11-24013-05-2 03230

책값은 뒤표지에 있습니다.
이 출판물은 저작권법에 의해 보호를 받는 저작물이므로 무단 복제할 수 없습니다.
파본(破本)은 구입처에서 교환해 드립니다.